Repenser la gouvernance alimentaire et nutritionnelle au Niger

La crise alimentaire dans le département de Gouré (2005)

Collection « Études africaines »

dirigée par Denis Pryen et son équipe

Forte de plus de mille titres publiés à ce jour, la collection « Études africaines » fait peau neuve. Elle présentera toujours les essais généraux qui ont fait son succès, mais se déclinera désormais également par séries thématiques : droit, économie, politique, sociologie, etc.

Dernières parutions

Alhousseini MOULOUL, *Les Touaregs du Niger. Chroniques des années de braises*, 2016.

Emmanuel KAMDEN, *Innovation entrepreneuriale et développement durable en Afrique : défis et opportunités*, 2016.

Albert B. KALONGA LUSE-LUA-NZAMBI, *Désarmement, démobilisation et réintégration des enfants-soldats. Échec au Sud-Kivu ?*, 2016.

Zakaria FADOUL KHIDIR, *Anthropologie des populations tchadiennes. Les Béri du Tchad*, 2016.

Célestin HITIMANA, *Rwanda : deux siècles de crimes contre l'humanité*, 2016.

Maximin Lucien DA, *La noix de cajou, levier de développement local au nord-est de la Côte d'Ivoire, Contribution au développement socialement durable, Cas du district du Zanzan : Gontougo et Bounkani*, 2016.

Ousmane KOUANGBE HOUZIBE, *L'impasse démocratique en Afrique francophone : le cas du Tchad. Les dimensions juridiques, politiques et institutionnelles de la démocratisation en Afrique subsaharienne*, 2016.

Titi PALE, *Les femmes victimes de la guerre civile ivoirienne. Récits d'atrocités et (auto) reconstruction*, 2016.

Blaise SARY NGOY, *La problématique de l'émergence des économies africaines*, 2016.

Maurice M'BRA KOUADIO, *Les religions ancestrales des Akan de Côte d'Ivoire. Ethnographie des pratiques contemporaines*, 2016.

Benoît KOUAKOU OI KOUAKOU, *La réussite paradoxale à l'école. Quand réussissent des élèves africains qui avaient peu de chance de réussir*, 2016.

Patrick DEVLIEGER, Jori DE COSTER, Lambert Nieme, Léon MBADU-KHONDE, *Handicap et technologie en contextes africains*, 2016.

Djilali BENAMRANE, *Sankara, leader africain*, 2016.

Ladji BAMBA, *La contrebande en Côte d'Ivoire. Le cas du district d'Abidjan*, 2016.

Ibou SANE, Jeau-Claude ANGOULA, *Famille et politique en Afrique. Entre le meilleur et le pire*, 2016.

Melchior MBONIMPA, *L'Afrique terre de jihad. Les groupes islamistes armés sur le continent*, 2016.

Enoch TOMPTE TOM, *Vérité philosophique et vérité théologique*, 2016.

André ENGAMBÉ, *Les méthodes coloniales au Congo-Brazzaville de 1886 à 1958. Analyse socio-économique et devoir de mémoire*, 2016.

Yves Gatien GOLO, *La réforme du secteur de la sécurité en République centrafricaine*, 2016.

Ibrahim MALAM MAMANE SANI

Repenser la gouvernance alimentaire et nutritionnelle au Niger

La crise alimentaire dans le département de Gouré (2005)

Préface de Gilles FERRÉOL

L'Harmattan

5-7, rue de l'École-Polytechnique ; 75005 Paris

www.harmattan.com
diffusion.harmattan@wanadoo.fr

ISBN : 978-2-343-09548-6
EAN : 9782343095486

REMERCIEMENTS

La thèse dont les résultats sont exposés dans les pages qui suivent est l'aboutissement du soutien de plusieurs personnes.

Toute ma reconnaissance et ma gratitude vont, tout d'abord, à l'endroit de Monsieur le Professeur Gilles FERRÉOL qui a bien voulu diriger cette thèse. Il m'aurait été difficile de franchir ce tournant important de ma vie, sans son soutien. Merci pour son suivi rigoureux et ceci, tout le temps qu'a duré ce travail. Je reconnais que ma dette à son égard est énorme. Ses conseils avisés me conduisent à retenir cette phrase qui a toujours habité mon esprit et qui guidera toute ma carrière de chercheur : *« Un travail scientifique s'applique chaque fois avec rigueur et dévouement »* comme pour m'encourager à affiner mes écrits.

Ce travail a aussi bénéficié des discussions avec Désiré Manirakiza, Claude Guillon, Bien-Aimé Mandja, Elsa Delcombel, Bruno Laffort et Nicolas Mensch.

Ce document doit en outre beaucoup à toute l'équipe du laboratoire C3S (Culture, Sport, Santé, Société), EA 4660, singulièrement Annick Rousseaux qui n'a ménagé ni son temps ni ses moyens pour de multiples services rendus.

À tous ceux qui se reconnaissent directement ou indirectement dans la réalisation cette thèse, et dont les noms ne figurent pas, qu'ils comprennent que le chemin a été tellement long, qu'il m'est difficile d'avoir souvenance de tous. En conséquence, c'est le moment de témoigner, une fois de plus, de toute ma gratitude.

À mes défunts, père, MALAM MAMANE Sani et grand-père, BOUKARY KOLO Mahamane, qui m'ont toujours inculqué l'impérieux besoin d'étudier, non sans oublier le soutien de ma tendre maman, toujours présente à mes côtés.

LA CARTE DE LA RÉPUBLIQUE DU NIGER

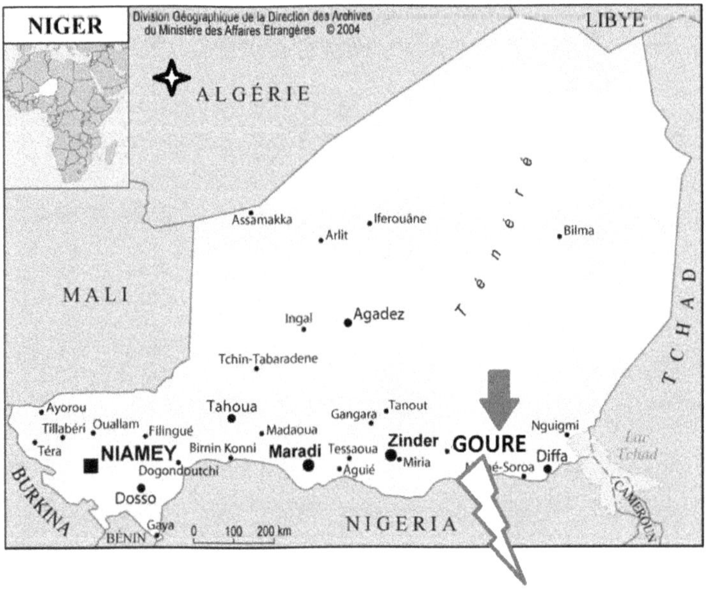

Zone d'étude : département de Gouré
- Population : 68 148 habitants (2011)
- Superficie : 95 182 Km²
- Densité : moins d'un habitant au Km²

Source : Institut géographique du Niger.

PRÉFACE

Cet ouvrage, issu d'une thèse de doctorat réalisée sous ma direction et soutenue à l'Université de Franche-Comté le 7 décembre 2015, est structuré en dix chapitres, eux-mêmes regroupés en quatre grandes parties.

Le plan adopté est de facture classique : exposé de considérations théoriques et méthodologiques, descriptif de l'espace alimentaire et de ses ambiguïtés, analyse des mécanismes d'adaptation en contexte de vulnérabilité (catastrophes humanitaires, tensions sociales, instabilité des marchés), évaluation des dispositifs mis en œuvre (dans le sillage des préconisations de la Banque mondiale ou du PNUD) et des modes d'évitement ou de résilience.

Trois éléments positifs peuvent être mentionnés. La thématique retenue, tout d'abord, est à la fois intéressante et pertinente : elle se situe, en effet, au carrefour de différents champs d'investigation, de nature socio-anthropologique, ayant trait aux famines et à la malnutrition, aux politiques agricoles et aux programmes de développement, aux types de gouvernance et de régulation.

En second lieu, l'enquête – *par délégation* – qui a été effectuée dans le département de Gouré (70 000 habitants, répartis sur un territoire peu peuplé) joue la carte de la triangulation et prend appui sur divers outils de collecte comme les guides d'entretien, les *focus groups* auprès d'autorités coutumières, de leaders d'opinion ou de responsables administratifs, ainsi qu'un questionnaire ACP (connaissances, attitudes, pratiques).

Par ailleurs, la prise en compte des déterminants culturels (croyances locales, rituels, valeurs, traditions, tabous) doit être soulignée : une telle approche permet de bien mettre en relief des logiques de prédation ou de pillage, sans oublier l'impérieuse nécessité d'assurer à tous moyens de subsistance et santé nutritionnelle.

Parmi les passages clés, je citerai ceux relatifs :

- au foncier, objet de toutes les convoitises (chap. 6) ;
- aux systèmes de veille et à leurs effets pervers (chap. 8) ;
- à l'initiative 3N, oscillant entre espoir et désenchantement, et à l'expérience SOSA ;

- aux banques céréalières communautaires et aux assemblées villageoises (chap. 10).

Le manuscrit – avec photographies, cartes, figures et tableaux – est plutôt bien rédigé, et la bibliographie n'omet rien l'essentiel (contributions de Médard, Brunel, Olivier de Sardan, Bessis, Sen…). D'aucuns regretteront toutefois le peu de références anglo-saxonnes et quelques imprécisions ou omissions (sur la pagination ou la datation des livraisons).

Dans le prolongement de ce travail, il conviendrait :

- de faire preuve de davantage de technicité lorsque sont évoquées la question du *don* et du *contre-don*, celle du *néopatrimonialisme* ou de la *chefferie*, du *totémisme* ou du *culturalisme* ;
- de ne pas négliger l'apport des paradigmes de la *mobilisation des ressources* (dans le prolongement de McCarthy et Zald), de la *transaction* (autour de Jean Remy et de Liliane Voyé) ou de l'*homo situs* (au sens de Hassan Zaoual et de Henry Panhuys) ;
- de mieux mettre en valeur le volet empirique (trop peu de témoignages ou d'extraits d'entretiens illustrent l'argumentation, et l'exploitation des données reste encore assez embryonnaire) ;
- d'étoffer la réflexion par la prise en considération de la dimension comparative (au-delà de quelques notations éparses).

Au-delà de ces interrogations, l'auteur met à la disposition de ceux qui le liront des pistes et des interprétations très instructives quant au poids des représentations (en particulier dans le domaine de la fécondité) et aux habitudes de consommation (rejet de l'entomophagie, résistance identitaire). Ils soulignent ainsi très justement que la recrudescence de ces crises est une réalité complexe, traduisant l'énormité des défis à relever.

Gilles FERRÉOL
Professeur de Sociologie à l'université de Franche-Comté
Directeur du laboratoire C3S (EA 4660)

INTRODUCTION

Le Sahel est connu pour son instabilité sur le plan des subsistances, conséquence des aléas climatiques qui caractérisent ce vaste ensemble. En d'autres termes, les productions agricoles sont soumises à des déficits vivriers quasi permanents qui se donnent à voir dans des situations de sécheresse avec les effets d'inondations qui se constatent un peu partout. Cette situation prive les Sahéliens de la nourriture et les expose à l'insécurité alimentaire. L'acuité de ce phénomène est telle que les décideurs publics sont incités à réorienter leurs efforts de développement vers des stratégies visant à promouvoir la sécurité alimentaire des populations comme en attestent les diverses actions dédiées à la sécurité alimentaire : l'Initiative « 3 N » (les Nigériens nourrissent les Nigériens), la grande offensive agricole pour la nourriture et l'abondance (GOANA) au Sénégal, le programme national de résilience alimentaire en Mauritanie, etc.

Dans le contexte nigérien, la situation de sous-pluviométrie, voire de « sur-pluviométrie » (inondations récurrentes), apparaît comme la première cause de l'insécurité alimentaire à laquelle font face quotidiennement les Nigériens. Ce phénomène est attisé par une démographie mal maîtrisée du fait d'une augmentation démesurée de la population eu égard à la richesse produite par l'économie nationale. Des années 1960 au cours desquelles les populations nigériennes tournaient autour de trois millions à 2015, la population a été multipliée par six, d'où ce constat fort évocateur de Barbara Cooper : *« Le Niger bénéficie du privilège contestable d'un accès à la visibilité internationale largement déterminé par la consternation que suscite son indice synthétique de fécondité qui est de 7,1 enfants avec un taux de croissance de 3,1 %. »*[1] Cela, sans compter qu'au même moment, le pouvoir d'achat des Nigériens connaît une dépréciation sans limite. Dans un premier temps avec la dévaluation du franc CFA puis, dans une seconde

[1] B. COOPER, « De quoi la crise démographique est-elle le nom ? », *Politique africaine*, n° 130, 2013, p. 69.

période, avec l'inflation généralisée sur tous les produits de consommation à commencer par ceux dits de « première nécessité ».

Comme il convient de le constater, les crises alimentaires au Niger restent une thématique d'actualité et complexe à cause d'une pluralité de facteurs qui accompagne ce genre de situation (catastrophes humanitaires, tensions politiques, crises sociales, instabilités des marchés.) Longtemps durant, les disettes ont été l'apanage du seul ressort des agronomes. Sauf qu'avec le temps, et, surtout, à la lumière des complexités qui caractérisent les mutations liées à ce phénomène, une autre lecture de la situation s'est redessinée avec l'implication des sciences sociales dans l'analyse, l'explication voire l'interprétation des situations de disettes qui sévissent au Sahel.

L'approche socio-anthropologique que ce travail se donne pour tâche, va au-delà des explications tendant à montrer la redondance des famines comme la seule conséquence de sécheresses, situation fréquente pour qui connaît le Sahel. Mais cette analyse met en lumière la prégnance des pénuries dans cette partie du monde, comme une transgression des logiques culturelles qui se donnent à voir dans les croyances locales. Partant de ce constat, il est question de mettre en exergue les interdits alimentaires qui, à défaut de constituer les causes premières des disettes qui sévissent en Afrique sahélienne, demeurent cependant des facteurs non moins importants dans l'explication des situations de famines.

L'exemple du Niger comme champ d'analyse, ne constitue pas un choix fortuit, étant donné que ce pays reste en proie aux famines récurrentes. Le Niger est un pays sahélien aux caractéristiques climatiques rudes et éprouvantes. Il est aussi un lieu où les populations restent confrontées à la pauvreté qui fragilise le pouvoir d'achat des ménages surtout en zones rurales. Le cycle des pénuries est régulier et ressemble plus à une fatalité pour bon nombre de Nigériens, qu'à des périodes séquentielles. Pour se rendre compte de l'ampleur de la situation, une année sur deux est synonyme de famine, d'où l'inquiétude des gouvernants qui commencent à s'interroger sur l'opportunité des stratégies jusqu'ici mises en œuvres depuis bientôt un demi-siècle.

Cependant, pour les populations locales et les dépositaires de la sagesse en Afrique, un autre regard tient lieu d'explication : la vulnérabilité, à laquelle sont quotidiennement confrontés les Nigériens, n'est rien d'autre que la conséquence logique d'un désintéressement de savoirs traditionnels au profit de la modernité. Cette situation n'est pas sans conséquence, dès lors qu'on se rend compte que l'Afrique, en tant que système complexe de croyances, ne peut déroger aux pratiques rituelles qui renseignent le fonctionnement des sociétés. Ainsi, pour les tenants de cette approche, ce continent est obligé de revenir à la source et, à cette condition seulement, réintégrer le monde des ancêtres pour enfin se voir soulagé de tous ses maux qui l'assaillent. Autrement dit, les problèmes dont il est question ne peuvent avoir un début de solution qu'en s'inscrivant dans une perspective culturelle, d'où le choix du modèle d'analyse : le culturalisme traditionnaliste africaniste.

En s'intéressant aux dynamiques qui organisent les modes et comportements alimentaires des Gouréens, ce travail cherche à redéfinir la place et le rôle des représentations sociales, singulièrement celles dédiées aux interdits de subsistance dans la survenance des famines. En d'autres termes, la recrudescence des crises alimentaires n'est pas du seul ressort d'une mauvaise pluviométrique qui se donne à voir dans le déficit de la production agricole, mais l'aboutissement d'un construit qui trouve son explication dans le social. Au-delà, cette réflexion aborde la problématique de l'insécurité alimentaire sous l'angle de la gouvernance politique et sociale pour montrer, comparativement au discours habituel relayé par les médias (les famines sont l'œuvre des sécheresses), que les catastrophes humanitaires sont aussi la résultante des actions de l'Homme.

L'exemple de celle de 2005 a été un révélateur d'autant plus que d'autres pays ayant les mêmes particularités géo-climatiques ont connu des déficits céréaliers beaucoup plus importants mais, malgré cela, leurs situations alimentaires ont été moins graves que celle qui a prévalu au Niger à la même période. À titre illustratif, le déficit céréalier de la Mauritanie était estimé à quelque 400 000 tonnes comparativement à celui du Niger qui tournait autour de 223 500 tonnes. Étrangement, cette situation a été plus durement ressentie au Niger que de l'autre côté de la Mauritanie. Face à ce constat alarmant et "anormal", nous nous sommes préoccupé de poser la question suivante : *comment comprendre la fréquence et surtout, l'ampleur des catastrophes alimentaires, et dans quelle mesure celles-ci renseignent-elles sur la façon dont est gérée la société dans son ensemble ?*

Comme tout travail de recherche, nous nous sommes attelé à formuler des hypothèses qui constituent l'un des temps forts d'une recherche scientifique car, comme le souligne Pierre Bourdieu, *« refuser la formulation explicite d'un corps d'hypothèse fondé sur une théorie, c'est se condamner à engager des présupposés qui ne sont autres que des prénotions »*[2]. Cette réflexion s'est bâtie autour d'une hypothèse principale : *la rémanence des crises alimentaires s'explique par une combinaison entre les éléments sociaux, environnementaux mais aussi politiques. La compréhension de ces crises est une fenêtre pour saisir les réalités politiques (comment l'État est géré) et socioculturelles (les interdits alimentaires et leurs conséquences).*

De cette hypothèse première, résultent trois autres que nous qualifions de subsidiaires puisqu'elles découlent de la principale.

D'abord, c'est de considérer *les tabous alimentaires et les habitudes de consommation comme des déterminants culturels qui influent*

---

[2] P. BOURDIEU J.-C. CHAMBOREDON *et al.*, *Le Métier du sociologue*, Paris, Mouton, 1983, p. 58.

significativement sur les attitudes et comportements d'un groupe social dans une situation de vulnérabilité alimentaire.

Ensuite, il est question de s'intéresser à la marche de l'État à l'aune des crises alimentaires et catastrophes assimilées. *Le dysfonctionnement de l'État, via une coordination inadéquate et inadaptée des secours, affecte significativement les actions de prévention et de gestion des crises alimentaires.*

Enfin, la troisième se focalise sur la gouvernance locale face aux politiques publiques dédiées à la sécurité alimentaire. Par exemple, l*e Projet d'appui à la sécurité alimentaire des ménages (PASAM) apparaît comme une stratégie de contournement des situations d'insécurités alimentaires dans la localité de Gouré.*

Au Niger, les stratégies d'actions et de coordination dédiées à la sécurité alimentaire échoient au dispositif national de prévention et de gestion des calamités et crises alimentaires (DNPGCCA) depuis bientôt deux décennies. Cependant, au regard des résultats obtenus, le bilan reste mitigé. Ce constat renvoie inéluctablement à la place et au rôle de l'État dans la survenance des calamités en général, et des crises alimentaires en particulier. Dès lors, il nous est difficile, voire impossible, de ne pas prendre en considération l'argumentation de Amartya Sen. Selon cet économiste, la survenance des famines peut se comprendre comme la résultante d'un déficit démocratique laissant peu de place à la liberté d'expression. L'auteur poursuit son analyse en assimilant la famine qui a sévi en 1943 au Bengale (Inde) comme étant la gestion politique des régimes dictatoriaux. Loin des caractéristiques types de la calamité en Inde, la situation alimentaire qui a sévi en 2005 au Niger peut néanmoins se comprendre, en partie, comme le produit d'un déficit de liberté d'expression. En d'autres termes, le déni des autorités de l'époque à vouloir méconnaître l'existence d'une tragédie humanitaire est bien confirmé par l'entretien cité ci-dessous :

> « *Il n'y avait pas de famine au Niger. Il y avait eu juste une situation de pénurie alimentaire dans certaines régions suite à une faible pluviométrie et à l'invasion des criquets. L'idée de famine est exploitée à des fins politiques et économiques par les partis politiques et les organisations des Nations unies. Si famine existe, des bidonvilles seraient visibles autour des grandes villes, les populations auraient fui vers les pays voisins et les mendiants seraient plus visibles dans les rues. Or, ça n'était pas le cas. Nous subissons comme tous les pays du Sahel une crise alimentaire due aux faibles récoltes et aux invasions acridiennes de 2004.* »[3]

Ce passage traduit aisément un refus catégorique des autorités de l'époque à reconnaître l'existence des difficultés de subsistance pour les populations nigériennes, en l'occurrence la famine de 2005. Outre ce refus

---

[3] Entretien cité par M. TIDJANI ALOU, *Afrique contemporaine*, n° 225, 2008, pp. 63-64.

« institutionnel », c'est la ligne éditoriale voulue et entretenue par les médias nationaux. *« La position du déni portée par le Président de la République se maintient, la presse publique lui donnait un écho, à travers les commentaires du porte-parole du gouvernement, largement diffusés à la radio et à la télévision nationale. »*[4]

L'autre aspect sur lequel il est important de s'appesantir, c'est le qualificatif donné à la situation de 2005. Il est question de crise à la lumière des interactions et, surtout, de la mobilisation convergente ou concurrente opérée par une multiplicité d'acteurs[5]. Ceci nous semble crucial au regard de la polémique née de ces événements[6] tant les controverses étaient grandes. Dans le contexte de Gouré, la crise alimentaire a été dramatique à telle enseigne que le déficit céréalier était estimé à 12 000 tonnes[7] pour une production normale estimée à 20 000 tonnes. Dans le même prolongement, les maigres disponibilités alimentaires sont annihilées par l'effet des invasions acridiennes, amplifiant davantage la vulnérabilité des Gouréens. Au même moment, beaucoup d'enfants âgés de 0 à 5 ans présentaient les signes cliniques de la malnutrition infantile. Devant l'ampleur de la situation, les professionnels de santé conseillaient aux parents de nourrir leurs enfants aux criquets et, cela, sans compter que l'entomophagie n'est pas forcément tolérée par la culture locale.

La méthodologie retenue ici est la combinaison du quantitatif et du qualitatif. Ainsi, pour le besoin de la collecte, il s'est agi de recourir aux outils tels que le questionnaire à l'attention des seuls chefs de ménages dans le seul but de produire des données chiffrées sur les revenus des ménages dans le budget alimentaire par exemple. Mais aussi, il a été question des guides d'entretiens propres à chaque catégorie socio-professionnelle : les autorités administratives, coutumières, les élus locaux, les leaders de la société civile et les responsables des organisations et/ou groupements paysans à l'échelle départementale de Gouré.

Cette recherche s'articulera en quatre parties. Dans la première, *Cadre et statut théorique et méthodologique,* il sera question, dans le premier chapitre, du sujet et de ses considérations théoriques. Il s'agira de décrire le contexte de l'étude et le dispositif mis en place pour atteindre les objectifs fixés. Viendra ensuite le second chapitre dans lequel la construction de l'objet d'étude occupera une place de choix.

---

[4] *Ibid.*

[5] M. DOBRY, *Sociologie des crises politiques*, Paris, Presse de la Fondation nationale des sciences politiques, 1986.

[6] Pour le gouvernement du Niger, c'était une crise alimentaire de faible ampleur, due à un déficit céréalier habituelle. Les organisations humanitaires et celles des Nations unies parlent, de leur côté, plutôt de la famine.

[7] Ministère de l'Agriculture et de l'Élevage, *Système d'alertes précoces. La situation alimentaire de 2005 dans la zone de Gouré,* rapport, Niamey, 2007.

La deuxième partie abordera l'espace social alimentaire et ses ambiguïtés. Ainsi, il sera question des liens qui entourent les notions de cultures et comportements alimentaires. Dans cette partie, seront abordées les différentes dimensions que peut revêtir l'espace social alimentaire dans une société plurielle où la construction des savoirs définit des pratiques dans un registre typiquement culturel.

Il sera question, dans la troisième partie, de porter un regard socio-anthropologique sur le mécanisme d'adaptation en contexte de vulnérabilité. Ainsi, cette partie traitera des différents acteurs qui interviennent dans la gouvernance humanitaire mais, surtout, elle visera à comprendre leurs logiques d'actions en situation de crise.

Enfin, il s'agira, dans la quatrième partie, de questionner les stratégies de développement agricole à l'aune de la décentralisation via l'exemple du Projet d'appui à la sécurité alimentaire des ménages dans la localité de Gouré.

PREMIÈRE PARTIE

Considérations théoriques et méthodologiques

La pertinence d'un travail de recherche s'évalue non seulement à travers les éléments contextuels mais aussi via le dispositif méthodologique qui a été suivi par l'auteur en vue de la production des connaissances. Cette partie, que l'on peut qualifier d'"introduction", vise à présenter tout d'abord le contexte de l'étude et, ensuite, le dispositif à la fois théorique et méthodologique qui a été observé pour sa réalisation.

CHAPITRE 1

Le sujet et ses considérations théoriques

L'étude d'un phénomène social est bien cernée dans un cadre contextuel et situationnel bien précis. Pour cela, il convient de bien comprendre le cadre dans lequel le phénomène se passe afin de mieux interpréter ses effets sur le vivre ensemble des populations. Ce chapitre vise, dans un premier temps, la présentation du terrain de l'étude et, dans un second moment, l'objectivation sociologique du sujet qui retient notre attention dans le cadre de ce travail.

1.1. L'insécurité alimentaire : un problème qui se pose avec acuité

Le déficit alimentaire est une réalité qui relève de la banalité en Afrique : au fil des années, le nombre de personnes qui vivent sous la menace de la faim en Afrique augmente. Mais cette réalité se donne plus à voir en Afrique subsaharienne qui semble être une partie « condamnée » fréquemment à l'insécurité alimentaire. Cependant, il faut s'intéresser au Sahel pour constater que ce problème devient une préoccupation majeure à laquelle les populations n'y arrivent pas à s'extirper. Les statistiques de la FAO indiquent que quelque 20 millions de personnes restent sous la menace de la faim rien qu'en 2014. Cette situation a poussé Valérie Amos, la coordinatrice des secours d'urgences des Nations unies à déclarer :

> *« Jamais autant d'êtres humains au Sahel n'ont été exposés à ce risque, et l'ampleur de leurs besoins est si colossale qu'aucune organisation, à elle seule, ne peut prétendre les affronter. »*[8]

---

[8] V. AMOS, *Appel à l'aide internationale à l'attention des partenaires techniques et financiers*, discours consultable sur le site www.pnud.ne.

1.2. Contexte de l'étude

L'idée d'entreprendre une recherche en sciences sociales vient toujours à la suite d'un constat fait par l'auteur ou vécu dans son entourage. Pour notre part, c'est l'expérience de la famine, par les pays du Sahel en général et du Niger en particulier, qui nous a conduit à envisager cette étude. Ce travail se réalise dans un contexte dominé par la crise alimentaire. La problématique de la famine en Afrique subsaharienne occupe une place de choix dans les priorités des gouvernants en ce sens que la plupart des pays concernés n'arrivent pas à couvrir leurs besoins sur le plan de l'alimentation. C'est dire qu'il est fréquent de constater la forme endémique des crises alimentaires dans beaucoup de pays, surtout dans le champ sahélien[9], comme c'est le cas du Niger. Pourtant, ce dernier pays dispose de plusieurs atouts.

Situé aux confins du Sahel, le Niger constitue un trait d'union entre l'Afrique noire et le Maghreb. Il est limité à l'ouest par le Mali et le Burkina Faso, à l'est par le Tchad, au nord par la Libye et l'Algérie, et au sud par le Bénin et le Nigéria. Niamey est la capitale administrative tandis que Maradi représente la cité des affaires. D'ailleurs, le pays possède beaucoup de potentialités sur le plan minier. Certaines de ces ressources sont en phase d'exploitation comme l'uranium, le pétrole, l'or, le charbon, alors que d'autres sont encore en période d'exploration (fer, phosphate, manganèse). Étant un pays enclavé, l'accès à la mer le plus proche est le port de Cotonou situé à 1 500 km de la capitale. C'est cette situation qui complique davantage le développement socio-économique. Mais l'un des domaines dans lequel le sous-développement est le plus criant, est le secteur alimentaire. Les différentes stratégies menées jusqu'alors dans ce secteur ont toutes, pour le moment, montré leurs limites.

Cela revient à dire que le plan de Lagos, élaboré au début des années 1980, qui prévoyait un investissement accru dans le secteur agricole n'a sans doute pas été à la hauteur des ambitions des décideurs publics. La faillite de cette politique a entraîné les différents pays concernés à se doter de leur propre politique nationale de sécurité alimentaire.

Au Niger, l'évolution du bilan céréalier a été marquée par de fortes fluctuations interannuelles au cours des 42 dernières années. Ainsi, après avoir affiché régulièrement un bilan céréalier excédentaire de 1960 à 1967, celui-ci était devenu déficitaire à partir de 1968 et la situation a encore empiré de 1968 à 1976, à l'exception des années 1969 et 1971 qui avaient connu des bilans céréaliers excédentaires. Au total, sur toute la période allant de 1960 à 2003 (soit 43 ans), le Niger n'a connu que 11 campagnes agricoles excédentaires.

L'impact de la pression démographique, conjugué à la faible productivité agricole, occasionne en moyenne chaque année un déficit vivrier de l'ordre

---

[9] B. GADO, *Une histoire des famines au Sahel,* Paris, L'Harmattan, 1993.

de 20 % par rapport aux besoins nationaux alimentaires[10]. Cela se traduit par une pression accrue sur les ressources naturelles physiques et une explosion de la demande de services sociaux. Cette forte augmentation démographique limite considérablement les efforts du développement comme en atteste le fort besoin en infrastructures, sanitaires, éducatives, hydriques et même alimentaire des Nigériens. L'accès, déjà limité, aux services sociaux en devient dès lors d'autant plus étriqué que la croissance démographique est forte. On peut déjà l'imaginer à partir de ce qui précède, ce travail est essentiellement consacré au problème de la carence alimentaires au Niger et ce, malgré les potentialités dont le pays regorge.

1.2.1. Gouré et la crise de 2005

La description de la localité de Gouré passe nécessairement par la présentation du Niger. C'est pour cela qu'il nous paraît primordial de donner les différentes caractéristiques socio-démographiques de ce vaste pays sahélien très enclavé avant de nous appesantir sur notre zone cible. La localité de Gouré reste la plus étendue de tous les départements de la région de Zinder. Avec ses 95 182 km², le département couvre deux tiers de la région. Sa population (68 148 habitants) est concentrée essentiellement dans la partie méridionale du département. Du point de vue administratif, il existe dans cette circonscription une préfecture, un poste administratif, un secteur indépendant, quatre cantons, onze groupements, six cent quarante-cinq villages administratifs, cinq cent soixante tribus nomades. On constate également une forte diversité ethnique dans ce département. On peut globalement y distinguer six grands groupes : les Kanouri, les Haoussa, les Peulhs, les Touaregs, les Toubou et les Arabes. C'est le département qui totalise le plus grand nombre de groupements nomades et le plus important espace pastoral de la région. Il se compose de sept communes et celle, pastorale, de Tesker fait à elle seule 72 000 km², soit 76 % du département de Gouré et plus de cinq fois le département de Mirriah, localité voisine. La carte de la localité fait ressortir que Gouré est une zone où le pastoralisme occupe bon nombre des habitants. Toutefois, il y a lieu de retenir que les Gouréens s'adonnent également aux activités champêtres uniquement pendant la période pluvieuse. Ce qui fait dire que dans l'ensemble, cette population pratique de l'agro-pastoralisme[11].

[10] L'évolution du bilan céréalier de 1960 à 2002 au Niger à travers une analyse de données via le logiciel SPSS fourni par l'Institut national de la statistique.

[11] Voir le document de Stratégie de Réduction de Pauvreté (DSRP) du Niger.

Figure 1 : La carte du département de Gouré

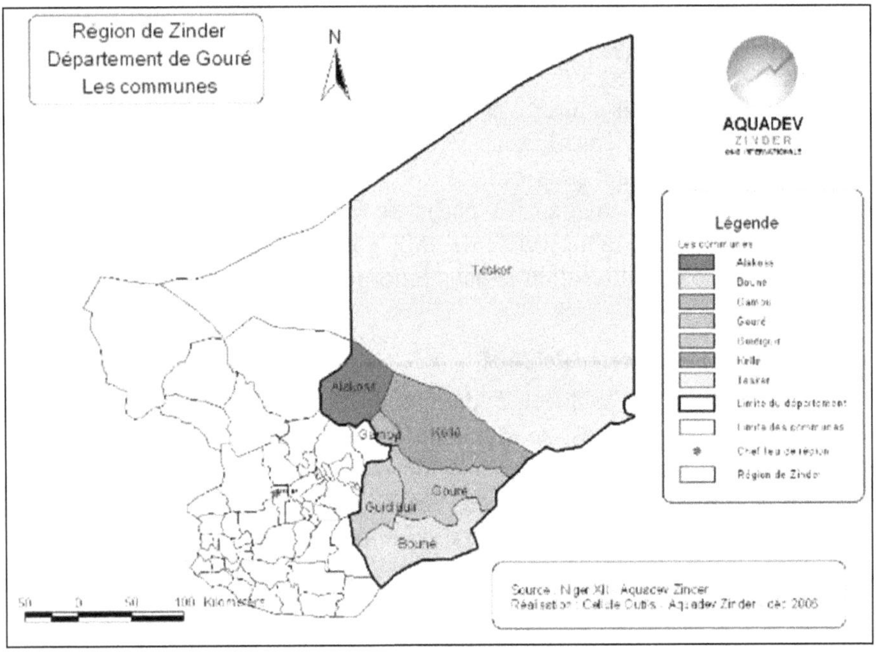

Source : Service départemental des ressources animales de Gouré.

L'évocation de ce département a une résonance particulièrement forte en raison de la crise alimentaire qui a secoué sa population en 2005. Cette dernière a bouleversé le quotidien des Nigériens tant par son ampleur que par sa gestion très controversée. Il a fallu attendre l'alerte de la communauté internationale, pour enfin mesurer l'ampleur de la catastrophe qui décimait les populations de Gouré. Pire, à côté de cette famine se cachait également, un autre désastre : la malnutrition des enfants âgés de 0 à 59 mois. S'agissant de cette dernière, nous y reviendrons beaucoup plus en détail puisque nous consacrons tout d'un chapitre qui traite de ce phénomène hautement sensible à cause de certaines considérations dont seule la culture locale pourrait rendre compte.

La situation alimentaire dans ce département indiquait un déficit céréalier quasi permanent, une année sur deux reste déficitaire. Le dernier en date et qui avait beaucoup affecté la population reste celui de 2005. D'après le système d'alerte précoce (SAP), il se chiffrait autour de 24.000 tonnes et concernait 22 % des ménages. Il s'agit d'une situation qui interroge au regard des préoccupations et des controverses soulevées à l'époque.

1.3. Le sens des mots opératoires

La définition des concepts, comme le montre Madeleine Grawitz, revêt une importance capitale dans un travail scientifique. Si cela n'est pas fait, cela risque de brouiller le lecteur sans pour autant lui faciliter les clefs de la compréhension. Face à cette situation, le chercheur doit adopter une posture « d'agent extérieur », en reconstruisant le sens des mots qu'il manipule. En cela, nous souscrivons aux propos de Madeleine Grawitz :

> *« L'ambiguïté des termes empruntés le plus souvent au langage courant gêne le chercheur, qui se croit alors justifier d'utiliser des définitions personnelles. Chacun ayant les siennes, la nécessité de définir les concepts, pour qu'ils puissent jouer leur rôle d'agent de communication, devient impérieuse. Le terme culture pour un anthropologue n'a pas le même sens pour un romancier ou un agriculteur. »*[12]

Il convient de noter que, bien avant, Durkheim avait abordé la question de la définition des concepts. Pour cet auteur, chaque sociologue doit, avant toute entreprise de production du savoir, s'astreindre à la clarification du sens des concepts majeurs contenus dans son travail :

> *« Il faut donc que le sociologue, soit au moment où il détermine l'objet de ses recherches, soit le cours de ses démonstrations, s'interdise résolument l'emploi de ces concepts qui se sont formés en dehors de la science et pour des besoins qui n'ont rien de scientifique. Il faut qu'il s'affranchisse de ces fausses évidences qui dominent l'esprit du vulgaire, qu'il secoue, une fois pour toutes, le joug de ces catégories empiriques qu'une longue accoutumance finit souvent par rendre tyranniques* [...]. *Ce qui rend cet affranchissement particulièrement difficile en sociologie, c'est que le sentiment se met souvent de la partie. Nous nous passionnons, en effet, pour nos croyances politiques et religieuses, pour nos pratiques morales bien autrement que pour les choses du monde physique ; par suite ce caractère passionnel se communique à la manière dont nous concevons et dont nous expliquons les premières. »*[13]

C'est en vue de souscrire à cette exigence que nous allons préciser le sens des notions clés qui seront utilisées dans la suite de ce travail.

1.3.1. Sécurité alimentaire

La définition du concept de Sécurité alimentaire (SA) passe d'abord par un aperçu historique du mot et son évolution dans le temps. Le terme est apparu, pour la première fois, lors du Sommet mondial de l'alimentation de 1974. Entre temps, le concept avait pour préoccupation première de définir et de garantir la stabilité des prix alimentaire et des produits à la

---

[12] M. GRAWITZ, *Méthode des sciences sociales*, Paris, Dalloz, 1990, p. 403.

[13] É. DURKHEIM, *Les Règles de la méthode sociologique*, Paris, PUF, 2004, p. 32 (1re éd. : 1895).

consommation de base à l'échelon national et international. En 1983, les études de la FAO (Fonds de Nations Unies pour l'Alimentation et l'Agriculture) se sont centrées sur l'accès à l'alimentation pour définir la SA comme « *le fait d'assurer à toute personne et à tout moment un accès physique et économique aux denrées alimentaires dont elle a besoin* ». En 1986, la Banque mondiale avait publié un document[14] sur la pauvreté et la faim qui mettait l'accent sur la dimension temporelle de l'insécurité alimentaire en faisant la part des choses entre celle dite chronique (problème de pauvreté permanente ou structurelle) et celle provisoire (catastrophes naturelles, marasme économique ou conflits).

Toutefois, la définition du concept SA la plus communément acceptée est celle du Sommet mondial de l'alimentation de 1996, qui détermine la notion comme *« une situation dans laquelle toute personne a accès dans les conditions physiques, social et économique acceptable à une nourriture suffisante sûre et nutritive »*[15]. Cette définition est la plus complète puisqu'elle englobe les différentes dimensions du terme, lesquels se déclinent aussi bien qualitativement que quantitativement. Ce qui fait dire que la Politique de la Sécurité alimentaire (PSA) est un projet relativement délicat à mettre en œuvre car satisfaire à tous ces critères énumérés ci-dessus n'est pas la chose la plus aisée surtout dans les pays en voie de développement. De ce point de vue, il est hors de question par exemple d'admettre qu'une contrée soit autosuffisante sur le plan alimentaire parce qu'elle détient simplement un dispositif céréalier conséquent. Cependant, un meilleur accès à ce dispositif par la population peut permettre à celle-ci d'être à l'abri d'une disette. Selon Amartya Sen, *« la vraie question de l'insécurité alimentaire n'est pas la disponibilité de nourriture mais son accès par les individus et les familles. Si une personne manque de moyens pour acquérir de la nourriture, la présence de celle-ci sur le marché n'est pas une consolation »*[16]. L'auteur se justifie en faisant cas des famines qui sévirent au Bengale, en Éthiopie et au Bangladesh respectivement en 1943, 1973 et 1974. D'autres théoriciens, à l'image de Détry et Hérault[17], soutiennent qu'au sein de toute population, il existe toujours une couche qui ne parvient vraiment pas à satisfaire l'ensemble de ses besoins, même dans des situations dites de confort économique. C'est là alors qu'intervient la notion de *vulnérabilité alimentaire*. Celle-ci se définit comme *« une*

---

[14] *Réduire l'extrême pauvreté et la faim d'ici 2015*, consultable sur le site : http://www.banquemondiale.org/omd/pauvrete_faim.html.

[15] G. AZOULAY et J.-C. DILLON, « La sécurité alimentaire en Afrique. Manuel d'analyse et d'élaboration des stratégies », *Revue Tiers-Monde*, n° 139, 1994, p. 71.

[16] A. SEN, *Poverty and Famines. An Essay on Entitlement and Deprivation*, Oxford, Oxford University Press, 1981, p 49.

[17] J.-F. DETRY et D. HÉRAULT, *Amélioration de la fiche de vulnérabilité du système d'alerte précoce*. Niger, rapport de mission, 2001, p. 31.

situation d'incertitude dans laquelle végètent les foyers. Découle alors un risque très élevé qui pourrait les faire basculer, soit dans un état de famine déclarée, soit dans une condition de crise de subsistance »[18].

La vulnérabilité est alors déterminée par une ou plusieurs variables. Pourtant, dans la plupart des cas, c'est l'impact de la pauvreté des ménages qui est souvent incriminée[19]. Il est vrai que le concept de SA recouvre deux principales acceptions selon le milieu et le niveau de développement. En effet, pour une grande partie de l'opinion, principalement les pays du Tiers-Monde, la PSA renvoie à la couverture qualitative et quantitative des besoins en aliments et en eau. La conception « africaniste » de la PSA met beaucoup plus l'accent sur la satisfaction des besoins primaires et immédiats de la population. Par contre, la même politique dans les pays dits avancés (généralement à l'abri des pénuries alimentaires et de la malnutrition) renvoie plutôt à la sécurité sanitaire des aliments destinés à la consommation humaine.

Mais au-delà de ce clivage relatif à l'interprétation d'un monde social à un autre, la littérature fait ressortir quatre dimensions fondamentales relatives à la SA dont les interactions rendent encore plus subtile l'expression. Il s'agit de la disponibilité, de l'accessibilité, de la qualité des aliments et de la stabilité des approvisionnements. La FAO[20] définit ces terminologies comme un ensemble de dérivés autour de cette suprastructure qu'est la S A. Les définitions ci-dessous donnent davantage une certaine lisibilité quant à l'utilisation des termes par les spécialistes lors des rencontres ou sommets dédiés à cet effet.

1.3.2. Les disponibilités

Dans le langage des spécialistes en sécurité alimentaire, ce vocable désigne *« l'ensemble des quantités domestiques de denrées alimentaires produites au cours de l'année, plus le volume de stocks disponible en début de l'année et les quantités alimentaires disponibles qui peuvent être acquises avec les revenus disponibles ou importés »*[21].

---

[18] *Ibid.*, p. 52.

[19] Information recueillie auprès de l'Institut national des Statistiques du Niger.

[20] http://www.fao.org/waicent/ois/press_ne/pressfre/default.htm.

[21] P. PILLON (dir.), *La Faim par le marché. Aspect sénégalais de la mondialisation*, Paris, L'Harmattan, 2012, p. 53.

1.3.3. L'accessibilité

Ce terme indique *« l'accès à de la nourriture pour un ménage et correspond à ses capacités en termes d'échanges et de production »*[22]. On distingue généralement l'accès physique de l'accès économique. Le premier s'identifie aux échanges et à la régularité des approvisionnements sur le marché céréalier, tandis que le second est lié au pouvoir d'achat des ménages qui résulte des effets conjugués des niveaux du revenu et des prix.

1.3.4. La stabilité des provisions

Cette notion implique *« la régularité des disponibilités alimentaires aussi bien sur le plan spatial que sur le plan temporel »*. D'autres éléments comme l'instabilité de la production domestique, la déficience des infrastructures de stockages et des systèmes domestiques de commercialisation, la fluctuation inter-régionale et interannuelle des prix, et enfin la fluctuation cyclique de l'offre et de la demande sur les marchés internationaux découlent de la stabilité des provisions.

1.3.5. La qualité des approvisionnements

C'est « *la perception du consommateur et la quantité des éléments nutritifs présents dans un bien donné lui permettant de mener une vie saine et active »*[23]. Il est donc primordial de prendre en compte les préférences et les besoins nutritionnels du consommateur dans la détermination du degré d'insécurité alimentaire d'un ménage, d'une communauté, voire d'un pays au sens beaucoup plus large. Ce qui fait dire que la SA résulte de la combinaison de quatre éléments interdépendants (cités ci-dessus) qui concourent, chacun de leur côté, à mieux ajuster le degré d'une situation d'indigence alimentaire[24].

L'applicabilité de ce vocable est néanmoins difficile à envisager dans un contexte africain. Ainsi, la sécurité alimentaire (SA) ne doit se confondre ni avec l'« autosuffisance alimentaire » ni avec la « souveraineté alimentaire » puisque ces deux concepts n'ont pas la même vocation. La notion de SA est

---

[22] G. AZOULAY et J.-C. DILLON, « La sécurité alimentaire en Afrique. Manuel d'analyse et d'élaboration des stratégies », *Revue Tiers-Monde*, n° 139, 1994, p. 51.

[23] J.-F. DETRY, D. HERAULT, *Amélioration de la fiche de vulnérabilité du système d'alerte précoce*, Niger, rapport de mission, 2001 p. 20.

[23] J.-J. GABAS, D. PESCHES, V. RIBIER et B. CAMBELL, « Nouveaux regards pour la coopération pour le développement et ses transformations », *Mondes en développement*, n° 165, 2014, pp. 7-21.

[23] Consultable sur le site : http://www.momagri.org/FR/accueil-momagri.html.

[24] J.-J. GABAS, D. PESCHES, V. RIBIER et B. CAMBELL, « Nouveaux regards pour la coopération pour le développement et ses transformations », *op. cit.*

un concept plus global, au sens politique, que l'autosuffisance alimentaire, dans la mesure où elle inclut la possibilité de jouer sur les capacités d'importation d'un pays et non pas seulement sur la production nationale. En outre, le même terme peut s'inscrire aussi dans une dynamique de politique mondiale, alors que l'autosuffisance alimentaire ne se réalise que dans un cadre national[25]. Bien évidemment, si la SA est un objectif politique, elle ne participe pas à la même philosophie politique que l'autosuffisance alimentaire.

1.3.6. La souveraineté alimentaire

La souveraineté est *« le droit des peuples à définir leur propre politique alimentaire et agricole ; à protéger et à réglementer la production et les échanges agricoles nationaux de manière à atteindre des objectifs de développement durable ; à déterminer leur degré d'autonomie alimentaire et à éliminer le dumping sur leurs marchés. Elle ne va pas à l'encontre du commerce dans la mesure où ce dernier est subordonné au droit des peuples à une production agricole et alimentaire locale, saine et écologique, réalisée dans des conditions équitables qui respectent le droit de tous les partenaires à des conditions de travail et de rémunération décentes »*[26].

En résumé, la souveraineté alimentaire peut être envisagée comme un volet des politiques publiques, et la SA un objectif à atteindre. L'évolution du concept de SA a ouvert la voie aux aspects éthiques et aux droits de l'Homme. Aussi, dans la plupart de pays, l'accès à la nourriture saine devient-elle un droit inaliénable et universellement admis. L'idée d'un droit à l'alimentation n'est pas en elle-même chose nouvelle. Elle est déjà présente dans la Déclaration des droits de l'Homme des Nations Unies de 1984 (article 25) et dans le Pacte international relatif aux droits économiques, sociaux et culturels (article 11).

1.4. État de la question

Après la précision du sens des mots opératoires, il importe de rendre compte, dès à présent, du statut théorique de cette réflexion en mettant l'accent sur les travaux qui ont été réalisés sur des thématiques similaires à celle qui retient notre attention.

La construction et la production des savoirs sur les calamités en Afrique font apparaître plusieurs regards. Ceux-ci renseignent que, quelle que soit la nature des catastrophes humanitaires, leurs causes premières ont deux

---

[25] Consultable sur le site : http://www.momagri.org/FR/accueil-momagri.html.

[26] P. FRÉDERIC, « Pour la sécurité alimentaire : restaurer la responsabilité d'État », *Revue internationale de droit économique*, n° 15, 2012, p. 3.

origines : soit la conséquence logique des actions de l'Homme sur la nature, soit un agrégat de phénomènes avec comme principe un cycle respectant l'ordre naturel des choses[27]. Dans la plupart des cas, l'explication vient de la combinaison des deux facteurs. D'emblée, il faut souligner que la littérature sur le phénomène de la famine dans le monde a connu une évolution récente comparativement aux autres phénomènes socio-économiques et politiques. En dehors des récits des explorateurs et les manuscrits qui remontent à plusieurs siècles dans l'histoire, très peu d'ouvrages ont été consacrés à l'étude de ce phénomène dans la longue durée. Cette hypothèse est corroborée par De Castro qui soulignait que *« pour mille publications sur les problèmes soulevés par la guerre, on compte une étude sur la faim. Et cependant les ravages qu'elle a causés sont plus importants que ceux des guerres et des épidémies réunies dans la mesure où la comparaison est possible »*[28]. C'est par ailleurs le même auteur qui a publié, dans les années 1940, les premiers écrits sur la sécheresse, la famine et certains problèmes alimentaires. Toutefois, si les travaux existent sur les crises alimentaires actuelles, celles du passé n'ont bénéficié que d'un regard partiel : *« Sur le phénomène de la sécheresse et de la famine au Sahel, la quasi-totalité de la littérature disponible porte sur les dernières grandes sécheresses (1968 — 1974). Il n'existe pratiquement pas de travaux consacrés aux crises du passé exception faite des travaux déjà consacrés à la famine de 1931. »*[29]

1.4.1. Les années 1970 : entre science et idéologie

Depuis les années 1970, le problème alimentaire de l'espace sahélien a été largement discuté, à l'occasion des symposiums ou de colloques à telle enseigne qu'on dispose aujourd'hui d'une masse importante des documents traitant de tous les facteurs y afférents (climat, environnement, alimentation, économie, société…). Ainsi, pour rendre compte de la crise alimentaire qui s'est développée en Afrique subsaharienne, trois principaux schémas explicatifs correspondant à des courants idéologiques peuvent se dégager. Il s'agit respectivement des approches *dépendantiste*, *néomalthusienne et néolibérale.*

1.4.2. Le dépendantisme

L'approche dépendantiste postule que la crise alimentaire des pays subsahariens s'explique par la dépendance de ces pays vis-à-vis des pays du

[27] X. CROMBÉ et J.-H. JEZEQUEL, *Niger 2005, une catastrophe si naturelle,* Paris, Karthala, 2005 ; C. PRÉPETIT, « Apprendre à vivre avec les failles », *Outre-Terre*, n° 35, 2013, pp. 151-161.

[28] J. DE CASTRO, *Géographie de la faim*, Paris, Seuil, 1964, p. 19.

[29] B. GADO, *Une histoire des famines au Sahel,* Paris, L'Harmattan, 1993, p. 18.

Nord. Cette dépendance prend ses origines, d'une part, dans la colonisation et, de l'autre, dans l'implantation du système capitaliste dans les pays colonisés. Cela était suivi par l'intégration des économies de ces pays dans le système économique mondial[30]. Les conséquences de ces réformes se traduisent par la destruction des économies de ces pays au profit de celles du centre, l'absence de la cohérence dans leur système productif et la naissance de l'insécurité alimentaire[31].

Selon cette approche, la dépendance alimentaire est un indice de la difficulté que rencontrent ces pays à lancer un processus de développement autonome et auto-entretenu. Elle traduit l'incapacité des nations concernées à nourrir leurs populations sans l'apport de l'extérieur[32]. Pour Mohamed Gakou, le système de production et d'échange dans les sociétés africaines précoloniales était fondé sur la satisfaction immédiate des besoins alimentaires parce que l'accumulation des richesses n'était pas encore connue des populations de l'époque[33].

L'avènement de la colonisation stimulée par la recherche des matières premières, des débouchés, bref du profit, a occasionné la substitution de ce mode de production et d'échange à un mode de production capitaliste basé sur l'échange monétaire. Cette révolution dans le système d'échange est responsable d'abord de la désorganisation de l'économie des pays colonisés avec, comme corollaire, la survenance de la pauvreté et de la famine. L'auteur soutient aussi que les grandes famines qui ont frappé les pays sahéliens n'ont fait que révéler de façon explosive une situation de crise latente depuis le premier choc entre le système capitaliste et le système traditionnel africain essentiellement d'autosubsistance.

Henri Derriennic s'inscrit dans cette même logique. Il pense que les paysans et la nature ne sont nullement responsables de ce déséquilibre[34]. Mieux, il soutient que ni les facteurs conjoncturels, ni la passivité ou l'ignorance des paysans ne peuvent expliquer le phénomène de l'insécurité alimentaire. C'est la colonisation et ses avatars qui sont à la base de la désorganisation du système de production, la mauvaise répartition des produits plongeant ainsi le paysan du tiers monde dans une situation de dépendance alimentaire. Le rôle de la colonisation peut être perçu à travers la monétarisation des échanges survenue grâce au payement d'impôt même en état de famine, les réquisitions des bras valides, les travaux forcés, la priorité donnée aux cultures commerciales au détriment des cultures

---

[30] S. AMIN, *Le Développement inégal. Essai sur les formations sociales du capitalisme périphérique*, Paris, Minuit, 1973.

[31] S. BESSIS, *L'Arme alimentaire*, Paris, La Découverte, 1985.

[32] H. DERRIENNIC, *Famine et domination en Afrique noire*, Paris, L'Harmattan, 1977.

[33] M. GAKOU, *Crise de l'agriculture africaine*, Paris, Silex, 1984, p.23.

[34] H. DERRIENNIC, *Famine et..., op. cit.*

vivrières. Pour tester ses hypothèses, Derriennic choisit pour terrain d'étude le Niger qu'il considère comme « l'idéal type » des pays sahéliens en proie à de graves crises alimentaires. Ce faisant, il s'astreint à démontrer, sur les bases des données statistiques, le paradoxe nigérien. Chaque fois que le pays a été confronté aux calamités alimentaires, la quantité des biens produits était suffisante pour subvenir aux besoins de la population, et le surplus des années excédentaires était capable de juguler le manque alimentaire constaté.

Le choix du Niger comme cadre privilégié pour étudier le phénomène de la famine dans le Sahel est d'une utilité certaine. Ensuite, l'adoption d'une méthode scientifique fondée sur un raisonnement statistique assure, jusqu'à un certain degré, une crédibilité et une précision aux résultats atteints par la recherche. Les famines postérieures à la période coloniale sont également la résultante de l'héritage légué par la colonisation à savoir l'État et son emprise sur la ruralité, sur la production agricole et sur l'intégration du paysan dans le circuit commercial national et international. À ce niveau, Sophie Bessis lui emboîte le pas en soutenant aussi que les famines ne sont que l'effet de certains facteurs extérieurs tels la colonisation, le système capitaliste, les politiques agraires, l'intégration dans le système économique mondial[35]. En outre, l'auteure met en cause les politiques nationales de développement agricole des pays du Tiers-monde dont certains responsables, obsédés par la modernisation des moyens de production, investissent énormément dans le transfert de technologies bien qu'ils n'en tirent que des bénéfices médiocres. Bessis montre que le rapport production/population n'est pas déterminant pour expliquer l'apparition des famines car *« il ne s'agit pas de se demander si la planète pourra nourrir cette population, mais comment elle pourra le faire »*[36].

En outre, beaucoup d'auteurs ont avancé l'idée de la destruction de la société rurale comme facteur important de l'ébranlement de l'équilibre alimentaire qui est supposé établi dans les sociétés ancestrales. Cette destruction a pris naissance avec l'avènement de la colonisation et ne finit pas de marquer les sociétés rurales d'aujourd'hui. Dans les sociétés ancestrales, la famille et le village sont des entités importantes et déterminent les rapports sociaux entre les membres. Les unités de production regroupent des familles, des segments, voire des lignages. Mais avec le bouleversement que subissent les sociétés rurales avec la colonisation et la mondialisation, ces unités de production sont remplacées par des ménages de taille plus réduite. Ces ménages commencent à vivre matériellement et psychologiquement pour eux-mêmes, ils s'établissent dans certains cas hors de la concession familiale, échappant ainsi, de fait, à l'autorité des Anciens.

---

[35] S. BESSIS, *L'Arme alimentaire*, Paris, La Découverte, 1985.

[36] *Ibid.*

Selon les conclusions de Tallet, cette instabilité des unités de production a un impact négatif considérable sur la production alimentaire[37].

Toutefois, il serait exagéré de ne tenir compte que du rôle de la colonisation dans la survenance des situations d'indigence alimentaires dans les pays pauvres, sous-estimer la responsabilité des États africains dans la dégradation de cette situation.

1.4.3. Le néomalthusianisme

L'approche *néomalthusienne* s'inspire des travaux de Malthus et se fonde sur l'idée selon laquelle la faculté des hommes à se reproduire est illimitée par contraste aux moyens de subsistance que leur procure la nature qui sont, quant à eux, très limités. Le déséquilibre né de cette disproportion entre l'accroissement de la population, qualifié de géométrique, et celui de moyens de subsistance, qui est arithmétique, serait la cause primordiale de la famine dans le monde. Malthus l'évoque en ces termes :

> *« L'obstacle primordial à l'augmentation de la population est le manque de nourriture, qui provient lui-même de la différence entre les rythmes d'accroissement respectifs de la population et de la production. »*[38]

Ces idées se sont éclipsées après Malthus. Mais elles reprendront force à partir des années 1950 trouvant dans la misère du Tiers-monde un meilleur cadre d'épanouissement, sous la plume d'auteurs appelés néo-malthusiens. Pour ces derniers, la crise alimentaire proviendrait de deux contraintes. La première concerne l'accroissement de la population qu'ils estiment très rapide au point qu'il serait douteux que les moyens de subsistance puissent croître à la même cadence. La deuxième est relative à l'insuffisance de la production alimentaire qu'ils expliquent par la raréfaction des ressources naturelles en terre, en eau et au rendement décroissant des intrants agricoles et des semences[39]. Or, cette carence de la production agricole n'est pas en elle-même une variable indépendante. Elle ne peut s'expliquer uniquement par un désastre écologique, la rareté des ressources ou encore l'accroissement démographique. Elle résulte plutôt de l'action combinée de tous ces facteurs qui entrent dans une interrelation complexe qu'une démarche analytique de ces déterminants pris isolement ne saurait expliciter. C'est la démarche dite "systémique" que préconisent certains auteurs pour aborder la question de population, de famine et du développement. Elle

---

[37] B. TALLET, *Instabilité des unités familiales de production alimentaire et fragilisation du système de production,* Bordeaux, Éd. du CNRS, 1986.

[38] T. MALTHUS, *Essai sur le principe de la population version numérique*, trad. fr., Québec, Presses universitaires de Québec, 2001 (1re éd. anglaise : 1789).

[39] D. DESJARDINS, *L'Alimentation en Afrique : manger ce qu'on peut produire,* Paris, Karthala, 1989.

consiste à mettre ensemble la totalité des éléments qui interviennent, à analyser leurs interactions et leur interdépendance dynamique[40].

1.4.4. Le néolibéralisme

Cette approche se situe aux antipodes de l'approche dépendantiste. Elle a pris naissance après les échecs répétés des expériences de développement inspirées par les théories alternatives et suite à la récession qu'ont subie les pays africains. Ces échecs sont considérés comme les conséquences attendues de choix économiques en contradiction avec l'option libérale. Deux institutions internationales soutiennent cette approche : le FMI et la Banque mondiale. Ces deux structures n'ont pas la même perception de la conjoncture. Alors que la première est préoccupée par les ajustements et les politiques macro-économiques, la seconde est plutôt orientée vers la mise sur pied des programmes et projets de développement, et traite plus spécifiquement des problèmes qui ont trait à l'insécurité alimentaire. Néanmoins, tous les deux s'accordent à culpabiliser les États africains pour leur mauvaise gestion et leurs politiques agraires mal conçues et inadaptées aux réalités sociales des populations concernées[41].

Le fait que cette approche récuse tout impact des facteurs extérieurs, à savoir la colonisation et le circuit économique mondial, dans l'avènement des famines dans le pays du sud, conduit à une vision réductionniste, subjective, du phénomène en question. Notons qu'à part ces trois schémas explicatifs, il existe d'autres facteurs essentiels pouvant expliquer ce phénomène. Il s'agit notamment du mode de production qui est archaïque, incompatible avec l'explosion démographique et inadapté aux sols à rendement sans cesse décroissant. Ce mode se caractérise aussi par un système de production extensif dépendant entièrement de la pluie et utilisant des techniques de culture rudimentaires et classiques[42]. Il reste à peu près le même que celui pratiqué depuis le XIe siècle. Les quelques modifications intervenues, comme l'apparition de nouvelles variétés par exemple, n'ont pas changé fondamentalement la nature du mode de production et sa productivité qui est restée aléatoire et hautement vulnérable aux aléas climatiques.

---

[40] L. TABAH, *Population, Ressources, Environnement et Développement,* Liège, Ordinan, 1975.

[41] D. DESJARDINS, *L'Alimentation..., op. cit.*

[42] J. GIRI, *Le Sahel au XXe siècle : un essai de réflexions prospectives sur les sociétés sahéliennes*, Paris, Karthala, 1989.

1.4.5. La calamité de 2005

Pour ce qui est de la crise de 2005 au Niger, presque la totalité de la littérature disponible se trouve dans les divers rapports effectués par les organismes internationaux, les ONG et les articles publiés par les scientifiques. Jamais le phénomène de la crise alimentaire n'avait suscité autant d'engouement chez les chercheurs, acteurs et décideurs. Plusieurs rapports et articles ont été écrits et mis à la disposition du public. Pour notre part, nous nous référons aux rapports de la FAO, de MSF (Médecins sans frontière), de l'Afrique Verte, de Famine Early Warning System Network (FEWS NET), de la commission de Finance du Sénat français, d'un article paru dans *Economist* et du rapport du SAP (Système d'Alerte Précoce).

Selon l'explication que donnent le CILSS et FEWS-NET[43], la crise alimentaire de 2005 provient de la conjugaison des facteurs suivants : l'insuffisance pluviométrique, la sécheresse, l'attaque des sauterelles, l'érosion éolienne, l'ensablement de terre, le déficit fourrager. En résumé, cette crise résulte de l'action de plusieurs fléaux naturels. Cette analyse se révèle lacunaire car elle ne met en cause que des facteurs endogènes, strictement naturels, et ceux-ci sont insuffisants pour rendre compte d'un phénomène aussi complexe que la crise alimentaire. Aussi, il sévissait un climat économique mondial morose qui perturbait sérieusement le commerce céréalier.

Il est indéniable que les facteurs endogènes ont eu un impact négatif sur la production agricole. Ils sont notamment responsables d'un déficit céréalier estimé à 223.500 tonnes, soit 7,5 % par rapport au besoin de la population. Néanmoins, il n'est pas raisonnable d'affirmer qu'un déficit aussi faible soit la cause d'une pénurie de nourriture pour 3.290.000 personnes qui représente 32 % de la population du pays[44]. Cette situation est consécutive au cumul des déficits céréaliers enregistrés les années précédentes, surtout quand on sait que le Niger est structurellement déficitaire en production alimentaire comme le mentionne le rapport du Sénat français de 2005. De 1984 à 2005, le pays a enregistré huit années déficitaires. Et même au cours des années considérées « normales », le pays ne produit que pour sept mois de consommation de céréales. D'où l'expression de « soudure » employée pour caractériser la période qui sépare la fin de la consommation de la récolte de l'année précédente et l'épuisement des réserves des greniers avant la récolte suivante. La population est donc contrainte de "se débrouiller" pour trouver des ressources monétaires afin d'acheter des vivres ou de consommer les éléments nutritionnels se trouvant dans les plantes à

---

[43] CILSS / FEWS NET / OCHA / SWAC / UNICEF / WAMIS-NET / WFP, *« Food Security and Cross-border Trade in the Kano-Katsina-Maradi Corridor »*, Joint Mission Report, 2006, p. 18.

[44] SAP, *Rapport sur la sécurité alimentaire*, Niamey, 2006.

l'état naturel[45]. De l'avis des organisations spécialisées dans le domaine de l'alimentation, pour mieux comprendre la crise alimentaire de 2005, il faut remonter à des causes beaucoup plus profondes dont la pauvreté : *« Toute approche réaliste du problème de la famine, de la faim, de la malnutrition en Afrique doit être fondée sur une bonne compréhension de la pauvreté... Seuls les ménages pauvres, les groupes sociaux et les sociétés pauvres sont victimes de la famine et de la faim. Les pays où la sous-alimentation est élevée sont également ceux qui ont un pourcentage élevé de la population vivant dans des conditions d'extrême pauvreté. »*[46]

L'approche de Sen qui repose sur les fondements microéconomiques s'articule autour de trois concepts clés[47]. D'abord, les ressources ou dotations (*endowments*) se réfèrent à la combinaison de toutes les ressources possédées légalement par un individu. Ces ressources comprennent à la fois des actifs tangibles (terres, équipements, animaux etc.) et intangibles (capital humain, force de travail etc.). Ensuite, les droits d'accès (*entitlements*) représentent l'ensemble des facteurs possibles de biens et services (*commodities*) qu'une personne peut obtenir légalement en utilisant ses dotations. Enfin, la carte des droits (*entitlementmapping*) exprime la relation qui prévaut entre les dotations et les droits d'accès. C'est le taux auquel les ressources peuvent être converties en biens et services inclus dans les *entitlements*. Ce processus de conversion peut s'opérer par l'intermédiaire de trois moyens légaux que sont la production (échange avec la nature), l'échange (salaire ou vente d'actifs pour acquérir de la nourriture sur le marché) et les transferts ou héritages.

Cette description est le prototype de la situation vécue au Niger comme le souligne le rapport du Sénat français. En 2004, le Niger était classé dernier pays en Indice de Développement humain (177e sur 177 pays) avec 63 % de la population pauvre, dont 34 % extrêmement pauvre. Ce qui fait que le pays s'avère économiquement fragile et incapable de surmonter toute atteinte au précaire et relatif équilibre qui sous-tend sa sécurité alimentaire. Ainsi la prise en compte des facteurs sociaux, économiques et politiques dans l'appréhension du phénomène de la famine s'avère nécessaire. Pour le rapporteur du Sénat français, la crise alimentaire de 2005 est en réalité sous-tendue par la pauvreté, la malnutrition infantile endémique et par un dysfonctionnement des marchés régionaux qui a eu pour conséquence de porter le prix des céréales à un niveau rarement égalé.

---

[45] République française, Rapport de la Commission des finances du Sénat français, *Niger, sortir de la crise alimentaire, répondre à la malnutrition*, consultable sur : www.senat.fr/rap/r04-512.

[46] OUA et FAO, *La Famine en Afrique, Situation, Causes, Prévention, Lutte*, Rome, 1964.

[47] A. SEN, *Poverty and Famines. An Essay on Entitlement and Deprivation*, Oxford, Oxford University Press.

La FAO partage ce point de vue. Elle estime que la famine de 2005 est consécutive à une combinaison des facteurs structurels (dont la pauvreté croissante) et conjoncturels (notamment la baisse des revenus et la hausse du prix des denrées). À court terme, certains de ces facteurs étaient la résultante des réformes de la politique commerciale appliquées dans certains pays de la sous-région dont le Nigéria. En effet, ce grand pays frontalier du Niger, qui est en même temps son premier partenaire commercial, a pris des mesures protectionnistes pour restreindre ses importations céréalières en vue d'améliorer sa production locale. Ces mesures ont eu un impact néfaste significatif sur les finances publiques et privées et sur l'équilibre alimentaire de ses voisins, particulièrement le Niger.

Quant à l'ONG Afrique Verte, elle privilégie l'action des facteurs exogènes politiques et économiques dans son analyse de la famine de 2005. Son rapport relate la façon dont la conjoncture économique et politique de la sous-région a agi sur la stratégie habituelle d'adaptation des paysans en cas de difficulté alimentaire. Le document montre que le déficit céréalier généralisé a entraîné une tension sur le marché. Ce qui a fait flamber les prix et a encore réduit les capacités d'approvisionnement des ménages. Dans le même temps, le revenu des paysans nigériens a fortement diminué. Les familles déjà pauvres ont cherché à vendre leurs oignons ou leur cheptel qui constituent les sources essentielles de leurs revenus. Mais en 2005, la faible demande de la Côte d'Ivoire[48] et du Ghana a entraîné une chute du cours de l'oignon dont le prix de vente a été divisé par deux par rapport à 2003. En outre, il est important de signaler que, pendant cette période, le bétail avait perdu une grande partie de sa valeur et qu'une grande partie du cheptel nigérien a même été décimée suite au manque de pâturage. De plus, on doit faire observer les difficultés politiques et économiques des pays côtiers (à savoir la Cote d'Ivoire, le Togo, le Bénin...) qui sont les principaux débouchés de ces bétails[49]. Paul Sabatier considère la dégradation des termes de l'échange comme une des sources principales de la détresse des éleveurs nigériens victimes de la crise de 2005 :

> *« Les termes de l'échange des éleveurs dépendent de deux prix : le prix de ce qu'ils peuvent vendre (leur bétail), et le prix de ce qu'ils doivent acheter (le mil). Au Niger le premier c'est effondré, le second s'est envolé. En juin, les prix du mil et du sorgho étaient supérieurs de 75% à 80% par rapport à leur moyenne de*

[48] Cette situation est consécutive à la période de crise politique qu'avait connue la Côte d'Ivoire de l'époque L. GBAGBO.

[49] Afrique Verte, *2005 : famine au Niger ? Crise alimentaire au Sahel, éléments de réflexion*, Document d'analyse, Niamey, 200. Consultable également sur : www.afriqueverte.org

cinq dernières années. La vente d'un cabri permettait d'acheter moitié moins de mil que six mois plus tard. »[50]

Enfin, le MSF s'appuie sur la théorie malthusienne pour expliquer la crise alimentaire de 2005 au Niger. Dans le rapport rédigé par Rony Brauman (ancien Président de MSF), il ressort que la croissance de la production vivrière n'a pas été suffisante par rapport à celle de la population dont les trois-quarts vivent dans les régions agro-pastorales du sud du pays. Cette situation a provoqué une forte pression démographique sur un environnement déjà fragilisé. L'émiettement des exploitations familiales a conduit à la multiplication de petites parcelles et à la paupérisation croissante des paysans. Aussi, une autre analyse de MSF est celle qui met en cause la spéculation. Elle soutient que le marché céréalier est contrôlé par un petit nombre de grands commerçants de connivence avec l'administration et le pouvoir nigérien. La spéculation règne en maître dans un contexte où les producteurs sont lourdement endettés. Ces derniers ont perdu quasiment toute marge de manœuvre : un paysan peut ainsi être contraint d'acheter au moment de soudure un sac de mil, 5 fois le prix auquel il l'a vendu au moment de la récolte.[51]

Comme on peut le constater, beaucoup de chercheurs, de spécialistes et d'experts d'ONG et Projets se sont penchés sur la question de l'insécurité alimentaire et sont parvenus à des résultats importants. La richesse de leurs travaux réside dans la diversité des approches suivies pour aborder le thème. Les uns privilégient l'approche historique, les autres préfèrent l'approche scientifique. Les démarches ne sont pas non plus uniformes. Certains auteurs, à l'exemple de Sophie Bessis, ont choisi une démarche causale qui consiste à rechercher les potentielles causes de l'insécurité alimentaire[52]. On ne peut pas manquer de faire ressortir les difficultés inhérentes à une telle démarche car dans une société, un phénomène n'est jamais influencé par une seule cause. Il y a généralement une pluralité de facteurs qui concourent à son avènement d'autant plus qu'il s'agit, dans ce cas, d'un phénomène complexe : l'insécurité alimentaire.

Toutes ces analyses et bien d'autres révèlent l'intérêt croissant que suscite ce phénomène dans le monde intellectuel. Elles ne manquent pas de pertinence, quoique à des degrés différents. Elles constituent un impressionnant arsenal théorique pour l'étude du phénomène. Elles démontrent aussi la forte influence des facteurs sociaux et structurels dans l'explication de l'insécurité alimentaire, même si ce sont surtout les causes

---

[50] C. TROUBÉ, *Les Nouvelles Famines, des catastrophes pas si naturelles,* Paris, Autrement, 2007, p. 41.

[51] J.-H. JEZEQUEL et X. CROMBÉ (sous la dir. de), *Niger 2005, une catastrophe si naturelle*, Paris, Karthala, 2007.

[52] S. BESSIS 1985, *L'Arme alimentaire…, op. cit.*

naturelles qui sont directement indexées. Cependant, ces études sont effectuées sur des échelles élargies, parfois à tous les pays du Tiers-monde, et ne tiennent pas compte des spécificités et des réalités de chaque pays. Même l'espace sahélien n'est pas homogène, des disparités existent entre les milieux, les régions et même les pays. Or, des études approfondies sur les facteurs à la fois sociaux et structurels de l'insécurité alimentaire, effectuées sur des milieux restreints, sont rares et parfois inexistantes. C'est à cette insuffisance que ce travail aspire amener un début de solution.

1.4.6. La crise alimentaire comme réalité complexe

Comme cela vient d'être évoqué, la majeure partie de travaux sur les crises alimentaires, surtout dans les zones arides ou semi-arides comme c'est le cas du Niger, mettent l'accent sur les aléas climatiques et l'action de l'homme sur l'environnement pour rendre compte des causes des calamités alimentaires. Notre analyse, même si elle ne rejette pas cette thèse, tente de proposer une argumentation qui prend le rôle de l'État comme axe de réflexion.

Au niveau des États, « le droit à l'alimentation » est actuellement reconnu dans la constitution de plus de quarante pays. Et, d'après la FAO, il pourrait dorénavant se muter en droit judiciaire dans quelque cinquante-quatre pays dès lors que son respect peut être obtenu devant les juridictions nationales. Ce qui sous-entend des perspectives nouvelles dans la mesure où l'article 56 de la Charte des Nations Unies dispose *« qu'il est de l'obligation des États de prendre toutes les mesures nécessaires pour l'application pleine et entière des droits de l'Homme ».* Avec cette approche en termes de droit mais aussi de devoir, le concept de SA pourrait bien devenir le socle d'une réflexion à l'aune de laquelle les politiques publiques nationales et internationales peuvent être évaluées. C'est là qu'intervient alors le rôle primordial que jouent les États dans la définition et la mise en œuvre de la bonne gouvernance pour le bien-être de la population.

À analyser méticuleusement l'état de la situation, les questions relatives aux famines posent l'épineuse question de la responsabilité des États africains en tant que concepteurs et garants des politiques publiques. Sinon comment concevoir qu'au XXIe siècle, avec des avancées de la science et de la technique, plus de 10 millions de personnes en Afrique éprouvent des difficultés à se nourrir. Bien évidemment, les causes de ce malaise sont à rechercher dans la façon même dont les biens publics sont gérés. Cette situation fait dire aux spécialistes de la chose « politique » comme Jean-François Médard, que de telles préoccupations trouvent leurs explications dans l'institutionnalisation manquée de l'État, *« c'est-à-dire un pouvoir fondé sur la distinction entre la fonction ou l'office public et la personne de celui qui l'exerce »*[53]. Les travaux de Médard montrent qu'exercer une responsabilité dans les pays d'Afrique revient le plus souvent à prioriser les intérêts individuels, claniques et/ou communautaristes au détriment de l'intérêt général. Toute chose qui fait dire à l'auteur que le continent africain semble pêcher par l'amateurisme et surtout un manque de vision en termes de devenir sur tout ce qui a trait au développement. En parfaite concordance avec un tel postulat, nous disons que le principal problème des pays africains, ici le Niger, réside dans l'amalgame que ses dirigeants entretiennent dès lors qu'il s'agit d'avoir le sens de l'État. Par « avoir le sens de l'État », il est question de prioriser à tout prix l'intérêt général au détriment de toute autre considération tendant à stimuler les ego.

Malheureusement, même ceux censés représenter l'élite intellectuelle ont failli souvent dans ce domaine. Tout d'abord, en Afrique, avoir une nomination à un poste de responsabilité revient, dans la plupart des cas, à satisfaire autant que possible les besoins de sa famille, de sa communauté, voire de son village. Un autre détail non moins important, auquel il faut s'attarder et qui tranche diamétralement avec la logique « occidentaliste » de la responsabilité, consiste à envisager la vocation étatique comme une résultante d'un arrêt divin. Cette affirmation est d'autant plus vérifiable qu'il est un rituel de défiler du petit matin jusqu'au soir chez le "récipiendaire" pour soi-disant le féliciter. En effet, la société est beaucoup plus préoccupée des profits ou des avantages que le nominé pourrait en tirer que les obligations et les services qu'il est censé rendre à la nation.

Ainsi, il est fréquent de constater qu'un ministre nouvellement admis peut facilement accumuler autant de villas que de voitures de luxe. Le tout en compagnie d'une nouvelle mariée, sans pour autant qu'une telle situation interpelle les consciences, comme pour donner raison aux adeptes de FVVA[54], majoritairement une jeunesse désœuvrée qui ne joue qu'à « l'observateur » et défend l'idée qu'à chaque nomination se cache un nouveau besoin en termes de « Femme, Villa, Voiture, Argent ». Cette situation tant décriée n'est pas propre au seul Niger mais, elle est aussi une réalité qui sévit dans nombreux pays africains. Ce qui rejoint le constat apocalyptique de René Dumont quand il titrait dans l'un de ses ouvrages que *« l'Afrique est mal partie »*[55].

---

[53] J.-F. MÉDARD, « L'État en Afrique ne fonctionne pas parce qu'il est une copie de l'État occidental (ou de l'État colonial) », *in* G. COURADE (sous la dir. de), *L'Afrique des idées reçues,* Saint-Étienne, Belin, 2006, p. 191.

[54] *Femme, villa, voiture, argent*signifie chez les jeunes (chômeurs) que la promotion des cadres politiques, dans le monde administratif, rime avec d'autres préoccupations. Pour les adeptes de FVVA, c'est donner carte blanche à tout nouveau ministre d'avoir une nouvelle femme, une bâtisse de classe et un compte bancaire bien garni.

[55] R. DUMONT, *L'Afrique noire est mal partie*, Paris, Seuil, 1961.

La conséquence logique de cette irresponsabilité politique est à la base du sous-développement constaté dans beaucoup d'États africains[56]. À titre illustratif, les Objectifs du Millénaire pour le Développement (OMD), fixés lors du Sommet mondial tenu en 2005 à New York, avaient comme but essentiel de réduire la pauvreté à l'horizon 2025. Les principaux objectifs étaient d'améliorer les secteurs vitaux comme l'éducation, la santé, la promotion du genre, ou encore la diminution de la famine dans le monde. Cependant, force est de constater que la plupart des indicateurs socio-économiques des pays dits les moins avancés (PMA) sont au rouge en raison du manque de sérieux vis-à-vis des engagements pris.

L'exemple le plus frappant est le suivi de l'évolution des signaux dans le domaine de la lutte contre la pauvreté ou la diminution de la faim, où on remarque une tendance à la baisse de presque tous les indicateurs. On constate aussi une recrudescence du nombre d'affamés en Afrique, cela malgré l'accroissement de la production agricole. Partant de ce constat, les stratégies nationales de développement, mises en œuvre pour lutter contre l'extrême pauvreté et l'indigence alimentaire, se sont avérées jusque-là infructueuses. Une des raisons de cette situation est que la plupart de projets « clés en main », mis en œuvre dans ces pays ne tiennent pas compte des aspirations de la population locale. Tout simplement parce que cette dernière n'est pas consultée au départ. Autrement dit, de l'identification des besoins à l'élaboration du projet jusqu'à sa mise en exécution, les destinataires ignorent les objectifs dédiés au dit projet. Dans de tels cas de figure, aucune dynamique n'est alors envisageable.

L'analyse de Jean-Pierre Olivier de Sardan à ce propos le confirme : en Afrique, *« le monde du développement connaît un décalage très grand entre les discours et les pratiques : c'est qu'on dit d'un projet de développement, pour le concevoir, le mettre en place, le formater ou le modéliser, le financer, le légitimer, n'a que de peu de rapport avec ce que ce projet devient dans la pratique, une fois arrivé à ses destinataires finaux »*[57]. Sinon, comment circonscrire une question si complexe comme celle de l'insécurité alimentaire, en marginalisant le monde rural qui est pourtant la cheville ouvrière de la production agricole dans la plupart des pays[58] ? C'est dans le même prolongement que se situe Ghandi : *« Si tu fais quelque chose pour moi sans moi, tu le fais contre moi. »*[59]

---

[56] A. GUNDER FRANK, *Le Développement du sous-développement*, Paris, Maspero, 1970.

[57] J.-P. OLIVIER DE SARDAN, « Les trois approches en anthropologie du développement, fiscalité, géographie industrielle, éducation », *RevueTiers-Monde*, vol. 42, n° 168, 2001, p. 6.

[58] H. MENDRAS, *Les Sociétés paysannes. Éléments pour une théorie de la paysannerie*, Paris, Gallimard, 1955.

[59] M. GHANDI, cité par A. DESJARDINS, *in Les Chemins de la sagesse*, Paris, Pocket, 1989, p.56.

À cela, vient s'ajouter l'inadéquation des profils des agents avec les postes occupés dans le domaine la fonction publique par exemple. Au Niger, la promotion des cadres aux hautes sphères de l'État ne tient pas compte des compétences et des capacités individuelles mais est souvent dictée par des considérations politiques. Cette façon d'« institutionnaliser » la pratique manifeste un « *processus de généralisation moderne, induit pour beaucoup par la faillite des élites politiques, la corruption bénéficiant d'un terrain favorable à sa routinisation et à sa banalisation du fait qu'elle rencontre des logiques de comportement largement répandues au sein des sociétés postcoloniales* »[60]. Dans ces conditions de cacophonie où la responsabilité individuelle n'est consentie que pour les actions salutaires[61], il sera toujours difficile d'élaborer des politiques publiques qui tiennent réellement compte des désidératas des populations concernées.

L'État étant une continuité, les stratégies censées fonder les politiques de développement doivent s'inscrire aussi dans la durée. Il est vrai qu'au Niger, l'instabilité politique a toujours été un vecteur de freinage pour la bonne marche des institutions. Malgré cela, il est à noter que l'un des obstacles majeurs au fonctionnement de l'État demeure la discontinuité des actions de développement dans le temps. Dans le domaine des politiques publiques relatives à la sécurité alimentaire, les différents régimes qui se sont succédé ont élaboré leur propre vision de développement. Ainsi, depuis les années 1960, l'unique préoccupation des dirigeants était l'autosuffisance alimentaire à tout prix. Avec l'avènement du multipartisme au début des années 1990 et surtout la venue de Plans d'Ajustement structurel (PAS) imposés par les partenaires techniques et financiers, d'autres logiques de développement voient le jour. C'est l'avènement des projets dits de « développement ». D'ailleurs à ce propos, la perception par les pouvoirs publics de la gestion des problèmes d'insécurité alimentaire a beaucoup évolué depuis l'indépendance. Cela est certainement imputable aux bouleversements des contextes écologiques, socio-économiques et politiques, le tout sous l'impulsion des institutions internationales. Les gouvernements qui se sont succédé ont préféré mettre sur pied leur propre stratégie pour faire face au phénomène. Ainsi, de l'indépendance à nos jours, nous pouvons mettre en évidence trois principales phases censées schématiser toutes les politiques ayant couronné les stratégies de lutte contre les famines au Niger que nous matérialisons sous la forme d'un tableau.

---

[60] J.-P. OLIVIER DE SARDAN, *La Routine des comportements non-observants au sein des services publics nigériens. Connaître la culture bureaucratique pour la réformer de l'intérieur*, rapport réalisé pour le Haut-commissariat à la modernisation de l'Etat, Lasdel, Niamey, 2014.

[61] Tenir des discours comme *« c'est moi qui ai fait ... »* ; *« c'est grâce à moi que... »*.

Tableau I : Les différentes stratégies de la sécurité alimentaire au Niger de 1960 à nos jours

Stratégie alimentaire de l'indépendance à nos jours au Niger	**Objectif visé**
1960 à 1970	- Atteindre l'autosuffisance alimentaire par l'intensification des cultures de rente puis la promotion de l'irrigation.
1980 à 1990	- Bâtir la Sécurité alimentaire à travers des « projets de développement » sous le diktat des bailleurs de fonds.
	- Élaborer des Stratégies de Prévention et Gestion des crises alimentaires et de catastrophes :
De 2000 à nos jours	- SDR (Stratégie de développement rural), phase I et II - PDES (Plan de Développement économique et social) - Initiative 3 N (les Nigériens nourrissent les Nigériens)

Source : Données de terrain.

Il apparaît qu'au cours de la première décennie postcoloniale, et compte tenu des conditions climatiques relativement favorables, la question alimentaire n'était pas une préoccupation majeure des pouvoirs publics. Les grandes orientations stratégiques reposaient sur l'accroissement de la production des cultures d'exportation, en l'occurrence l'arachide et le coton. Aucun accent particulier n'était mis sur le développement des filières céréalières. Parallèlement, un certain nombre d'unités industrielles et des sociétés de commercialisation ont été mises en place pour le besoin de transformation. Très vite, l'espoir cède la place à la désolation avec les grandes sécheresses des années 1970. Celles-ci ont suscité une profonde réorientation de la politique agro-pastorale et de la stratégie alimentaire que devait mener l'État. L'objectif visé en priorité fut alors l'autosuffisance alimentaire, à travers l'augmentation de la production céréalière au détriment des cultures de rente. Cette période fut caractérisée, entre autres, par une politique de soutien aux producteurs ruraux (subventions aux intrants), l'intensification des cultures irriguées avec notamment la multiplication des aménagements hydro-agricoles sur l'ensemble du territoire national. À cet effet, un organe dénommé ONAHA (Office national des Aménagements hydro-agricoles) fut spécialement créé, le but étant d'encourager la masse paysanne à pratiquer les cultures de contre-saison pendant toute l'année. Cette tactique a permis ainsi de circonscrire l'exode rural tout en canalisant la main-d'œuvre essentiellement une jeunesse désœuvrée.

Sur le plan du pastoralisme, l'enjeu était d'abord la reconstitution du cheptel décimé pendant les sécheresses de 1972 et 1974 par la mise en place de projets de développement, à forte rentabilité pastorale, et d'une forte mobilisation de l'aide alimentaire pour le bétail. Toutefois, il convient d'indiquer que, pour la plupart de ces projets, le financement provenait quasi exclusivement des bailleurs de fonds (FMI et Banque mondiale). Ce qui laisse penser que la marge de manœuvre pour le pays restait vraiment limitée[62]. Ainsi, du point de vue de l'aide à la décision, les partenaires techniques et financiers venaient à supplanter complètement l'État dans son rôle de garant des politiques publiques, toute chose portant atteinte à sa souveraineté et causant préjudice à son existence. En réalité, la préoccupation première des décideurs de l'époque était la question de connaître la portée véritable des actions dites de développement, puisque beaucoup de pays se voyaient imposer en lieu et place des autorités légitimes sans aucune concertation à la base.

Les conséquences de toutes ces démarches se résumaient par un fiasco dans presque tous les domaines. L'ensemble des stratégies mises en œuvre pour accroître la productivité agricole semblait montrer ses limites. Avec les plans d'ajustement structurels imposés par les partenaires techniques et financiers et une économie aux abois, l'État du Niger n'avait d'autres possibilités que de libéraliser le secteur laissant les producteurs à la merci de la nature. Partout, c'était la grogne qui se traduisait souvent par des manifestations violentes. Dans le domaine des politiques publiques liées à la sécurité alimentaire, ce sont des projets agricoles à haute intensité en main-d'œuvre, nous dit-on, conçus souvent à Paris ou Washington et dont la destination finale est l'Afrique. La décennie 2000 apporte son lot de changement dans les conduites dédiées au développement avec la Stratégie du Développement Rural (SDR), elle-même revue à plusieurs niveaux, notamment ses composante I et II.

Tout récemment d'ailleurs, le Niger vient d'opter pour un n^{e} Plan de développement. Il s'agit du Plan du Développement économique et social (PDES). Dans ce document, est consigné "l'initiative 3 N" (les Nigériens nourrissent les Nigériens), qui représente le volet politique de sécurité alimentaire que se donne le pays pour conjurer les crises alimentaires de plus en plus répétitives mais également aiguës. Cependant, les changements continuels des stratégies appliquées en ce domaine ne permettent pas la pérennisation des acquis. Ce qui rend difficile la concrétisation et la matérialisation des résultats prônés par les différentes politiques. Les choses se compliquent davantage avec « l'institutionnalisation » de la corruption dans toute la chaîne administrative. Pour se rendre compte de l'ampleur du phénomène, il suffit d'observer le monde des marchés publics. Le décalage est plus que grand entre ce que les textes prévoient et les pratiques en cours. Ainsi, de l'appel d'offre à l'attribution des

---

[62] Pour ce qui est des principes de développement et des limites de l'aide dans l'évolution économique d'un pays, voir J. KI-ZERBO, *La Natte des autres : pour un développement endogène en Afrique*, Dakar, CODESRIA, 1986 et G. NGANGO, *Les Investissements d'origine extérieure en Afrique noirefrancophone : statut et incidence sur le développement*, Paris, Présence africaine, 1973.

marchés, seuls les candidats qui militent dans la mouvance du pouvoir sont favorisés. Ce favoritisme accentue l'inadéquation des profils avec certains postes qui recommandent pourtant une technicité avérée. Pour vérifier une telle affirmation, il suffirait d'analyser les profils de certains titulaires qui ne correspondent guère avec les fonctions qu'ils occupent. Nous sommes d'avis avec Désiré Manirakiza, qu'en Afrique, « *les politiciens entrepreneurs et les entrepreneurs politiciens ont un dénominateur commun. Ils cherchent tous deux, à conquérir ou à se maintenir à des postes qu'ils jugent importants par la mobilisation de leurs capacités de distributions* »[63]. D'ailleurs, une telle pratique s'est fortement enracinée dans les imaginaires collectifs de sorte qu'à l'issue de chaque échéance électorale, le « partage de gâteau » se fait dès la phase des jeux d'alliances. À telle enseigne que les directions générales, les sociétés commerciales où l'État est actionnaire majoritaire, les ministères, les gouvernorats sont attribués d'avance aux différents membres des partis politiques. Ceci au détriment du profil et du niveau d'instruction des personnes à engager. C'était arrivé au Niger au ministère de l'Enseignement supérieur et de la Recherche où le poste de ministre a été confié à un commerçant qui savait à peine lire et écrire. Tout simplement, parce qu'il représente le bailleur de fonds le plus en vue du parti auquel il appartient.

De tout ce qui précède, nous avons montré comment la question de l'insécurité alimentaire peut être traitée. Cela doit être, tout d'abord, une préoccupation de l'État, qui est l'institution par excellence et le garant de la sécurité alimentaire à toute la population. Ensuite, même si l'État s'impliquait, il faut que la population change de mentalité et adhère aux différents projets implémentés, sinon elle continuera de souffrir des carences alimentaires. Ce qui sous-entend le rôle prépondérant que les variantes culturelles jouent dans l'accentuation des situations de disettes en Afrique. À travers ce travail, nous essaierons de réfléchir sur les aspects culturels de l'alimentation pour montrer que les crises alimentaires ne signifient pas toujours absence de nourriture.

1.5. Problématique de l'objet d'étude

« Et si le plus difficile en sociologie n'était pas de produire les bonnes réponses mais de formuler de bonnes questions »[64]. Cette citation fait voir clairement que problématiser un objet d'étude requiert quelques préalables dont le chercheur a l'obligation de se le justifier. Ceci dans le souci de ne pas tomber dans le piège de ce que Bourdieu nomme des *questions scolastiques*

---

[63] D. MANIRAKIZA, *Sport et société en contexte africain. Analyse des enjeux sociaux du sport-loisir à l'ère de la mondialisation,* thèse de doctorat (sous la dir. du Professeur G. FERRÉOL), Université de Franche-Comté, 2013, p. 343.

[64] S. PAUGAM (sous la dir. de), *L'Enquête sociologique*, Paris, PUF, 2010, p. 27.

car ne s'interrogeant que sur le superficiel ou des *questions descriptives* beaucoup plus enclines à des généralités[65].

Problématiser, en langage sociologique, consiste à mettre le monde social en énigme. Partant de là, la construction de l'objet sociologique passe nécessairement par la mise en phase de l'étape théorique, elle-même soumise à l'épreuve par les exigences empiriques[66]. C'est pourquoi un objet de recherche, si partiel et si parcellaire soit-il, ne peut être défini et construit qu'en fonction d'une problématique théorique. Celle-ci permet de rendre compte de la réalité sociale sous le modèle de problème. Ce qui laisse entrevoir que l'identification de notre question de recherche peut être envisagée selon la matrice *"paugamienne"* qui articule l'ossature d'une question problème en quatre principales phases forcement dépendantes l'une de l'autre.

Tableau II : Déroulés des phases dans la construction de l'objet d'étude

Déroulés des phases	Construction de l'objet en question
S'emparer d'une croyance partagée	La recrudescence des crises alimentaires au Sahel
Tirer une série d'inférences logiques	Dans la plupart des cas, les calamités sont consécutives à une mauvaise récolte
Faire apparaître un ou plusieurs éléments empiriques qui contredisent les inférences logiques précédemment édictées	En dépit de la sécheresse, les effets dus aux changements climatiques, un manque de savoir-faire des acteurs (analphabétisme de la masse paysanne, techniques culturales au rabais...) sont les principaux éléments explicatifs des résurgences des situations d'indigences alimentaires. D'autres facteurs typiquement sociaux (comportements, modes et habitudes de consommation) peuvent entretenir une situation d'incertitude alimentaire, voire de famine. En effet, aussi paradoxal que cela puisse paraître, malgré la conjoncture de 2005 qui régnait sur le marché céréalier national, la disponibilité des denrées agricoles était pourtant effective
Comment les croyances partagées peuvent-elles empiriquement exister ?	Les recrudescences des crises alimentaires au Sahel relèvent aussi du champ d'un construit social

Source : Données de terrain.

Comprendre les résurgences des manifestations liées aux calamités ou aux crises alimentaires en Afrique, interroge les agrégats qui font perdurer une pareille situation. Il est vrai qu'aux réalités géo-climatiques austères, la

[65] P. BOURDIEU, *Méditations pascaliennes*, Paris,le Seuil, 1998.

[66] G.FERRÉOL, « Subjectivité, dialectique, explication/compréhension et intelligibilité du social », *in* G. FERRÉOL (sous la dir. de), *Place et statut de la subjectivité dans les sciences sociales,* Bruxelles, Intercommunications, 2014, pp. 101-118.

région du Sahel a toujours émis un objectif, celui d'atteindre l'autosuffisance alimentaire, base de tout développement d'un pays[67].

L'urgence est telle que de nombreuses politiques publiques mises en œuvre à dessein ont abouti à une pluralité d'organismes ayant pour vocation première l'édification de la SA. Parmi ces derniers, nous citerons le Comité permanent Inter-État de Lutte contre la Sécheresse au Sahel (CILSS), le Centre régional de recherche en agriculture et Hydro-météorologie (AGRHYMET).

À l'échelle nationale, nous citons l'initiative "les Nigériens nourrissent les Nigériens" (3 N), qui représente l'organe délibératif de toutes les stratégies nationales relatives à la sécurité alimentaire depuis 2011. Un de ses organes, la Centrale d'approvisionnement en intrants et matériels agricoles (CAIMA), est une structure compétente dans l'achat et la distribution des intrants aux producteurs. L'Institut national de Recherche agronomique du Niger (INRAN), un autre organe dédié à la formation et la recherche, a pour vocation de renforcer les compétences des acteurs intervenant dans la SA. L'Office des Produits vivriers du Niger (OPVN) est une structure qui a pour devise la reconstitution du stock national de sécurité. À ce titre, bon nombre d'observateurs l'associent d'ailleurs à une sorte de « grenier national »[68]. Il existe également d'autres structures qui interviennent dans la prévention de la survenance des crises alimentaires.

Le Système d'Alerte précoce (SAP) et la Cellule Crise alimentaire (CCA) sont des institutions dérivées des politiques publiques dédiées à l'indigence alimentaire. Ces deux entités sont rattachées directement au Cabinet du Premier ministre au vu du rôle prépondérant qui est le sien. En dépit de toutes ces actions, des contrastes persistent entre des stratégies censées garantir une SA durable et une population de plus en plus vulnérable sur le plan alimentaire. À partir de là, il semble nécessaire, voire impératif, de comprendre le phénomène tant sur le fond (causes) que sur la forme (diverses manifestations). Tout compte fait, une situation d'instabilité alimentaire est toujours la résultante d'une anomalie ayant diverses origines. C'est pourquoi, dans tel cas de figure, une prise en charge de la situation s'avère nécessaire au risque de faire face à une catastrophe humanitaire[69].

Comme nous l'avons déjà évoqué, l'histoire des catastrophes humanitaires renseigne deux niveaux d'analyse tantôt dépendants l'un de l'autre, tantôt isolés. Ainsi, le premier soutient que les causes des cataclysmes sont à chercher dans les activités typiquement humaines. Par

---

[67] S. DEVEREUX, *Theories of Famine,* Harvester, Wheatsheaf, 1993.

[68] CILSS, « *Réunion de concertation technique sur les perspectives des productions et bilans céréaliers 2004-2005 et prévisionnels 2005-2006 des pays du CILSS* », Nouakchott, 7-10 novembre 2005, rapport final.

[69] V. BONECASE, *La Pauvreté au Sahel*, Paris, Karthala, 2011 ; K. NUBUKPO, « Quel futur pour l'Afrique ? Evolution des paradigmes du développement, débats méthodologique et perspectives », *Revue Économie politique*, vol. 3, n° 159, 2011, pp 76-90.

conséquent, l'Homme demeure le responsable de son déclenchement. La seconde thèse a pour fondement la nature dans son ensemble, à savoir toute une dynamique extra-humaine dont seul l'univers de la science a le secret. À ce titre, nous citons en guise d'illustration les séismes, les tsunamis, les glissements de terrain, les typhons qui sont catégorisés dans la famille des catastrophes naturelles. La combinaison de ces deux éléments rend davantage compliquée la nature du phénomène. La présente réflexion qui s'intéresse aux crises alimentaires au Niger rend compte de la complexité entre la nature des calamités et les éléments qui l'expliquent.

Tout d'abord, l'insuffisance des pluies et leur mauvaise répartition dans l'espace et dans le temps peuvent expliquer les crises alimentaires. Celles-ci ont d'autant plus d'impact qu'au Sahel, tout l'espoir de la population repose essentiellement sur une campagne agricole. Malheureusement, les années déficitaires prennent souvent le pas sur celles dites excédentaires. Dans le contexte de Gouré, l'hivernage ne dépasse guère les trois mois (juin, juillet et août habituellement). Celui-ci peut être précoce : quand les premières pluies commencent dès les mois d'avril/mai, ou tardive, il faut alors attendre août pour voir les premières gouttes de pluies, ce qui favorise l'installation des sécheresses. Cette situation expose les habitants du Sahel à une situation de vulnérabilité alimentaire. Outre ces mutations attribuées à tort ou à raison aux effets du changement climatique, d'autres formes de reproductions dommageables à la sécurité alimentaire (qui sont redondantes d'ailleurs) se font percevoir à travers les inondations constatées ici et là emportant les cultures, les habitations, etc. Dans le pire des cas, des pertes en vies humaines sont signalées.

L'attaque des semis par des insectes principalement, les criquets pèlerins et oiseaux prédateurs des cultures, contribue certainement à une sous-production des denrées agricoles, voire à leur destruction complète dans certains cas. Cette situation influe dangereusement sur le maintien de la population concernée dans une fragilité alimentaire, susceptible de provoquer, à la moindre étincelle, une catastrophe humanitaire. Toutefois, accroître le rendement agricole présuppose l'amélioration des techniques utilisées par les acteurs qui interviennent dans la dynamique agraire. En effet, il est fréquent de constater que, dans la plupart des cas, l'agriculture se pratique de manière extensive au Niger. Comme conséquence logique d'une telle pratique, c'est une production céréalière au rabais. La faible utilisation d'engrais chimiques, couplée à la non-maîtrise de la technologie, fait que les moissons deviennent de plus en plus insuffisantes au fil des années.

La diffusion des engrais dans les pratiques agricoles incombe à une minorité de la classe paysanne traditionnellement commerçante. Ce groupe est généralement trop proche du pouvoir à qui revient le monopole d'approvisionner le marché en intrants[70]. L'opacité du système est tellement

[70] P. JANIN, « Faim et politique : mobilisations et instrumentalisations », *Politique africaine*, n° 119, 2008, pp. 1-20.

avérée que d'aucuns qualifient le secteur de lobbies. Le « PAC »[71], ou Parents-Amis-Connaissances, demeure la « règle » par défaut pour espérer les largesses du pouvoir. Cette « classe » fait fi de toutes les réglementations existantes pour maintenir les paysans pauvres dans un état de perpétue l'assujettissement. En retour, la contrepartie peut revêtir la forme de l'usufruit ou encore le partage de la production selon la quotité de l'apport en engrais que doit le propriétaire terrien à son « dépanneur ». Face à cette situation, l'État brille par son attitude d'inertie. D'où la présente question : les pouvoirs publics se servent-ils de "l'Arme verte" comme instrument de propagande politique pour s'octroyer une légitimité[72] ?

Comme nous venons de le voir, les conditions à remplir pour l'atteinte d'une « indépendance alimentaire » en Afrique sont loin d'être réunies. Une telle situation se détériore davantage quand il s'agit de considérer le boom démographique. Ceci s'explique par une transition difficile, due essentiellement à des logiques religieuses et culturelles. D'ailleurs Dubresson assimile le continent noir à un *« Bastion mondial de la résistance à la transition démographique »*[73]. L'Afrique, dans son ensemble, est ainsi présentée comme la zone la moins avancée dans ce domaine. La situation que vit la population du Niger en est l'archétype et va certainement engendrer d'autres formes de phénomènes comme l'insécurité liée à la subsistance des populations. À partir de ce constat, la résurgence des crises alimentaires peut aussi être la résultante d'une démographie galopante. Jean-Pierre Guengant a démontré les liens de cause à effet entre une progression exponentielle de la population et un contexte d'indigence alimentaire aggravé par une pauvreté endémique. D'ailleurs, la Déclaration du Gouvernement en matière de Politique de Population (DGPP), est très révélatrice et se donne pour but *« de contribuer à la réduction de la pauvreté grâce à l'acquisition d'une mentalité et de comportements reproductifs apte à induire au sein des populations une augmentation significative de l'utilisation de la contraception et une réduction des mariages précoces »*[74], est très révélatrice.

Dans le tableau qui suit, nous voyons une croissance exponentielle de la population du Niger depuis le premier recensement à nos jours.

---

[71] C'est une expression fréquemment utilisée au Niger pour désigner les faveurs dont une classe sociale bénéficie pour pouvoir intégrer un groupe.

[72] F. BART (sous la dir. de), *L'Afrique plurielle*, Paris, SEDES, 2003.

[73] A. DUBRESSON, S. MOREAU et J.-P. RAISON, *L'Afrique subsaharienne : une géographie du changement*, Paris, Armand Colin, 1994, p. 342.

[74] J.-P. GUENGANT, « Comment bénéficier du dividende démographique ? », *Á Savoir*, n° 9, 2011, p. 4.

Figure 2 : L'évolution démographique du Niger de1977 à nos jours

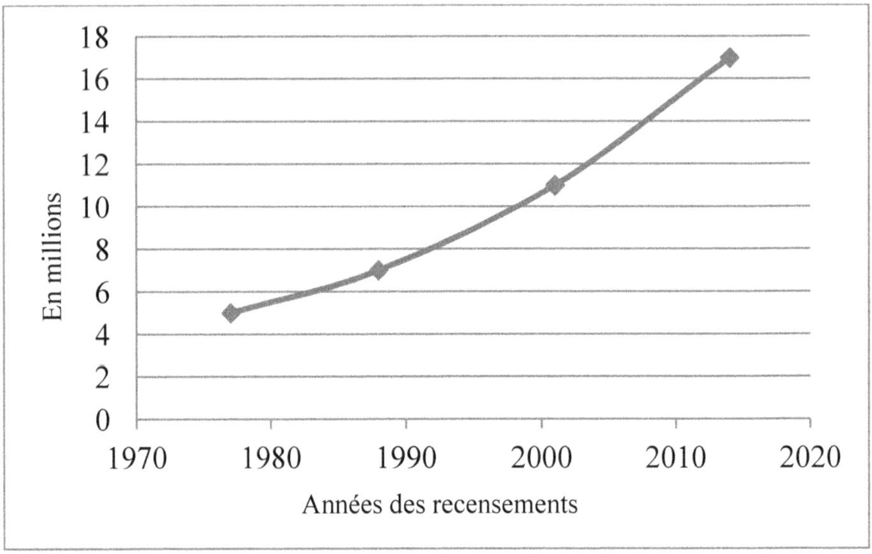

Source : Institut national des Statistiques du Niger

Depuis les résultats du premier recensement, qui datait de 1977 à nos jours, la population nigérienne a plus que triplé. Cette urgence interpelle les politiques publiques car, au-delà de l'accroissement de la population, c'est l'expression d'un défi à relever qui se manifeste en termes de besoins (accès à l'eau, à la santé, à l'éducation, à l'habitat...). Les propos du Président de la République Mahamadou Issoufou, lors de la visite du Secrétaire Général des Nations Unies le 6 novembre 2013, illustrent bien notre préoccupation quand il affirmait :*« La population des pays du Sahel est majoritairement jeune. Par exemple, deux Nigériens sur trois ont moins de 24 ans : c'est à la fois une chance et un défi. C'est un défi majeur car les jeunes doivent être nourris, éduqués et soignés. Une fois formés, ils doivent trouver des emplois. C'est une chance car ils constituent un immense potentiel de production de richesse. »*[75] Fort de ce constat bien inquiétant, ce sont les couches les plus vulnérables, à savoir les femmes et les enfants, qui sont les plus lésés en pareille circonstance. Outre les politiques qui doivent correspondre aux impératifs de l'État, le boom démographique[76] exerce une très forte pression sur les superficies arables concourant à l'apparition d'autres types des

[75] Voir l'allocution du Secrétaire général des Nations unies, Ban ki Moon, le 6 novembre 2013 à Niamey.

[76] D'après l'INS, l'indice synthétique de fécondité indique une moyenne de 8 enfants par femme, ce qui classe le pays parmi les nations les plus fécondes au monde avec un taux d'accroissement de 3,3 % par an.

phénomènes comme la raréfaction des terres de culture. Et c'est là que se pose la question de subsistance.[77]

Toutefois, la situation alimentaire de 2005 dans le département de Gouré interroge un nouveau type de représentation dans la compréhension et l'analyse des situations dites de famine. Malgré la conjoncture qui régnait sur le marché céréalier national, la disponibilité des denrées agricoles était pourtant effective. Mieux, le pouvoir d'achat de la plupart des ménages qui vivaient dans cette partie du Niger semblait être significativement stable eu égard aux activités génératrices de revenu (AGR), symbolisées en grande partie par l'exportation de la gomme arabique[78]. Toute la question est alors de comprendre comment Gouré a été désigné comme faisant partie des territoires sous l'emprise de l'insécurité alimentaire. Pourtant, dans ledit département, la disponibilité des produits vivriers était effective malgré la conjoncture économique difficile de l'époque (hausse généralisée des prix) à l'échelle nationale.

Interpréter les contextes de disettes au Niger en général et dans le département de Gouré en particulier, équivaut à questionner non seulement les formes de ces calamités, mais aussi les différentes responsabilités de leurs survenances. En effet, certains pays ont enregistré des déficits céréaliers plus importants que celui du Niger mais n'ont pas connu de crise alimentaire sévère. C'est le cas du Cap-Vert avec 19 % de déficit céréalier, de la Mauritanie avec 37 %, du Tchad avec 36 %, pour ne citer que ces pays. En somme, la crise alimentaire n'est pas tributaire des seuls facteurs naturels ni même du déficit céréalier qui en résulte.[79] Dès lors,, la présente étude se structure autour d'un questionnement avec une question centrale et trois questions secondaires :

Question principale

Comment comprendre la fréquence et, surtout, l'ampleur des catastrophes alimentaires, et dans quelle mesure celles-ci renseignent-elles sur la façon dont est gérée la société dans son ensemble ?

Questions subsidiaires

1. Quelle est la place et le rôle des représentations sociales dans les catastrophes humanitaires ?

---

[77] J.-N. SALOMON et S. POMEL, *La Déforestation dans le monde tropical*, Bordeaux, Presses universitaires de Bordeaux, 1995.

[78] Document stratégique de lutte contre la pauvreté au Niger, élaboré en juin 2005 et amendé en mai 2011.

[79] FAO/SMAIR, *Les Facteurs endogènes et régionaux qui sous-tendent la crise alimentaire du Niger*, Suivi Mondial, 2005, www.fao.org/giews/french.

2. Quels sont les mécanismes mis en place par l'État dans la gestion des catastrophes et comment ceux-ci éclairent-ils la coordination des secours en contexte de vulnérabilité alimentaire ?
3. Quelles sont les stratégies locales mises en œuvre par les autorités de Gouré pour accompagner la population face aux crises alimentaires répétitives ?

Cet ensemble de questions montre que ce travail ne s'oriente pas préférentiellement dans le domaine environnemental pour expliquer la crise alimentaire. Au-delà des changements climatiques qui restent une évidence, nous mettons l'accent sur le rôle de l'État et la place des représentations sociales dans la persistance d'un état d'insécurité alimentaire.

1.6. Corps d'hypothèses

La construction d'une hypothèse ne consiste pas seulement à imager une relation entre deux variables ou deux termes isolés. C'est une opération qui doit s'inscrire dans la logique théorique de la problématique. Raymond Quivy et Luc Van Campenhoudt vont plus loin en montrant que *« refuser la formulation explicite d'un corps d'hypothèse fondé sur une théorie, c'est se condamner à engager des présupposés qui ne sont autres que les prénotions de la sociologie spontanée et de l'idéologie, c'est-à-dire les questions et les concepts que l'on a en tant que sujet social lorsqu'on veut ne pas en avoir en tant que sociologue »*[80].

Formuler une hypothèse, c'est proposer une réponse provisoire et fondée à la problématique posée, dans le but de mieux circonscrire l'objet d'étude. Celle-ci revêt, en général, deux modèles acceptés dans la famille des sciences sociales et de la sociologie en particulier. Ainsi, alors que le premier modèle trouve son inspiration (dans la plupart des cas) à travers une enquête exploratoire aux fins de « mesurer » son degré de validité, le second type tient son fondement d'une prudente connaissance de la thématique en question. Cette approche, portée par des auteurs à l'image de Gilles Ferréol, est considérée comme une piste de connaissance suffisamment sérieuse, même si bon nombre de chercheurs en minimisent la portée, et représente bien un repère fiable dans la mesure où *« il n'y a rien dans l'intelligence qui ne soit auparavant passé par le sens »*[81].

Partant de là, nous dirons que la formulation d'une hypothèse dans le cadre d'une entreprise scientifique n'est pas chose anodine. L'hypothèse met

---

[80] R. QUIVY et L. VAN CAMPENHOUDT, *Manuel de recherche en sciences sociales*, Paris, Dunod, 1995, p.117.

[81] G. FERRÉOL (sous la dir. de), *Dictionnaire de sociologie*, Paris, Armand Colin, 2011, p. 90.

en relation deux types de variables : les variables indépendantes ou explicatives, et les variables dépendantes ou expliquées. Ne pouvant déroger à la tradition, nous nous sommes basé, de prime abord, sur une série d'entretiens aux fins exploratoires. L'objectif recherché était de parvenir à formuler des postulats aussi valides que vérifiables sur le terrain. À cet effet, nous avons eu à mener une série de discussions à bâton rompu avec les acteurs locaux du département que sont les chefs de ménage, les élus locaux et même certains leaders d'opinion. Le croisement de toutes ces données nous a permis d'émettre des hypothèses que nous avons soumises à l'épreuve des faits. Cette conception est, par ailleurs, en adéquation avec le point de vue de Guigue-Durning qui considère l'hypothèse comme *« une conjecture douteuse mais vraisemblable, par laquelle l'imagination anticipe sur la connaissance, et, qui est destinée à être ultérieurement vérifiée »*[82]. Il en est ainsi parce que les hypothèses incarnent l'élément intellectuel essentiel et indispensable qui permet à une recherche de dépasser la dimension strictement descriptive pour atteindre un niveau suffisamment explicatif et compréhensif. C'est exactement cette logique qui inspire notre dynamique d'action avec, comme toile de fond, une hypothèse principale et trois hypothèses secondaires.

Hypothèse principale

La rémanence des crises alimentaires s'explique par une combinaison entre les éléments sociaux, environnementaux mais aussi politiques. La compréhension de ces crises est une fenêtre pour saisir les réalités politiques (comment l'État est géré) et socioculturelles (les interdits alimentaires et leurs conséquences).

Hypothèses secondaires

1. *Les tabous alimentaires et les habitudes de consommation influent significativement sur les attitudes et comportements d'un groupe social dans une situation de vulnérabilité alimentaire.*
2. *Le dysfonctionnement de l'État via une coordination inadéquate et inadaptée des secours affecte significativement les actions de prévention et de gestion des crises alimentaires.*
3. *Le Projet d'Appui à la Sécurité alimentaire des Ménages (PASAM) apparaît comme une stratégie de contournement des situations d'insécurités alimentaires dans la localité de Gouré.*

---

[82] M. GUIGUE-DURNING, *Les Mémoires en formation, entre engagement professionnel et construction du savoir*, Paris, L'Harmattan, 1997, p. 22.

1.7. Intérêt de l'étude dans une perspective scientifique

À cette étape de la réflexion, la question qui pourrait nous être posée est celle de savoir quelle est la pertinence de cette étude. En 2015, qu'est-ce qui peut justifier une recherche sur la crise alimentaire ?

Si les pays aujourd'hui dits développés n'ont pas d'intérêt scientifique ni économique dans de telles recherches, l'Afrique reste un terrain propice aux travaux sur la sécurité alimentaire. Les médias ne cessent de révéler des zones dans lesquelles les populations sont menacées de la faim. En évitant de nous étaler sur ce discours généraliste, nous pouvons dire que la pertinence de ce travail est à situer sur un double plan. Tout d'abord, sur le plan scientifique. Cette étude complète certains aspects que les approches strictement environnementales n'ont pas abordés. Dès lors qu'ils sont vus de cette manière, il devient scientifiquement peu pertinent de les analyser en procédant à une perspective explicative mono-causale. Bref, en proposant un travail sur les crises alimentaires, nous entendons contribuer à l'avancement des connaissances de ces phénomènes.

Ensuite, sur le plan social, ce travail présente un intérêt dans la mesure où, il permet de rendre compte du caractère politique d'une crise alimentaire. En mettant l'accent sur la construction sociale des habitudes alimentaires et sur les conséquences néfastes de ces dernières, ce travail est une invite au changement alimentaire. À travers le compte rendu des méfaits de la gestion néo-patrimoniale des affaires de l'État, cette recherche est également une occasion pour mobiliser la classe politique derrière les idéaux de la bonne gouvernance. Nous nous conformons à la tradition sociologique qui recommande qu'à chaque fois, un travail de recherche doit revêtir un modèle théorique avant de prendre une allure empirique, celle qui consiste à la confirmation ou à l'infirmation des hypothèses de travail. C'est dans ce prolongement que nous entendons discuter le statut théorique et les exigences de terrain dans le second chapitre à venir.

CHAPITRE 2

La construction de l'objet d'étude

La sociologie est une discipline théorique, mais aussi empirique. Cela suppose que les énoncés, sous formes d'hypothèses, doivent non seulement être intégrés dans le dispositif théorique, mais également soumis à l'épreuve des faits de terrain. On entrevoit déjà le but de ce chapitre qui place au cœur de ses préoccupations la mise en exergue des paradigmes qui ont été utilisés pour lire, analyser et interpréter le phénomène ici analysé. Seront aussi abordés les outils méthodologiques auxquels nous avons recouru pour recueillir le matériau sur lequel se fonde cette étude. Cette façon d'opérer n'est pas un fruit du hasard mais vise à rendre compte du cadre empirique et théorique à travers lequel le discours contenu dans ce travail doit être évalué[83]. On est ainsi en accord avec Anselm Strauss et Juliet Corbin qui soutiennent que chaque étude *« doit être évaluée en fonction des canons et des procédures de la méthode utilisée pour générer les résultats de recherche »*[84].

2.1. Les approches théoriques

La crise, l'insécurité ou l'insuffisance alimentaire sont des expressions qui rendent compte d'une même réalité : le fait que des individus n'arrivent pas à se nourrir convenablement. La récurrence de ces phénomènes dans certaines parties du monde est souvent corrélée aux conditions naturelles et climatiques (le désert, la baisse du niveau pluviométrique, l'invasion de criquets pèlerins, etc.), ce qui n'est pas entièrement le cas de la crise de 2005 au Niger. Si les études, qui tablent sur les conditions climatiques peu

---

[83] D. MANIRAKIZA, *Sport et société en contexte africain.Analyse des enjeux sociaux du sport-loisir au Cameroun à l'ère de la mondialisation*, thèse de doctorat (sous la dir. du Professeur G. FERRÉOL), Université de Franche-Comté, 2013.

[84] A. STRAUSS et J. CORBIN, *Les Fondements de la recherche qualitative*, trad.fr, Fribourg, Saint-Paul, 2004, p. 317 (1re éd. américaine : 1990).

favorables, sont pertinentes, un regard critique sur la situation nigérienne s'avère nécessaire pour relever un certain nombre de déficits en profondeur. D'abord, il n'y a que très peu d'auteurs qui évoquent le rôle de la culture dans le maintien de situations de carence alimentaire, ensuite la responsabilité de l'État dans la mauvaise gestion de certaines disettes est souvent passée sous silence. Partant de ce constat, nous allons combiner deux grilles de lecture, le Culturalisme traditionnaliste africaniste (CTA) et le néo-patrimonialisme. Ces deux grilles sont imbriquées dans la mesure où elles montrent que la compréhension de phénomènes sociaux doit tenir compte du contexte culturel d'où ils émanent.

2.1.1. Le culturalisme traditionnaliste africaniste (CTA)

Un observateur étranger qui arrive en Afrique pour la première fois est surpris de constater la référence quasi spontanée à la culture. Tout semble s'expliquer ici par la culture : la vie sociale, politique, économique et même sentimentale, rien de tout cela ne trouve un écho sans les relents culturels. Le sous-développement économique, politique et social dans lequel se trouve une large partie de la population africaine, se voit ainsi expliqué de la sorte. Pour certains, si l'Afrique reste prisonnière de la misère, c'est parce qu'elle s'est déconnectée de ses valeurs ancestrales pour embrasser celles héritées de la colonisation. Il faudrait donc, selon cette vision des choses, renouer avec les valeurs traditionnelles pour espérer sortir de cet obscurantisme qui n'a d'ailleurs que trop duré. C'est ainsi que plusieurs auteurs estiment que si l'Afrique ne décolle pas, c'est effectivement à cause de la trop forte absence de référents traditionnels. La figure la plus extrême de cette dernière position est celle tenue par Axelle Kabou[85], dans son ouvrage intitulé : *Et si l'Afrique refusait le développement ?* Pour celle-ci, la question à laquelle il faut tenter de répondre est celle de savoir si les valeurs africaines sont compatibles avec les logiques de développement. Le postulat majeur sur lequel s'assoie le culturalisme traditionnaliste africaniste est simple :

> *« Le faible respect en Afrique des règles du jeu formelles serait dû au poids des pratiques informelles, d'origines sociale et culturelle, qui s'inviteraient en permanence dans les dispositifs étatiques. La pression communautaire, les coutumes locales, les valeurs traditionnelles, les représentations magico-religieuses, les habitudes clientélistes et patrimonialistes, les solidarités primordiales, les identités ethniques sont ainsi régulièrement invoquées. Seule une analyse de la culture africaine, et de son ancrage dans le passé, pourrait permettre de comprendre les pratiques politiques en vigueur. »*[86]

---

[85] A. KABOU, *Et si l'Afrique refusait le développement ?*, Paris, L'Harmattan, 1991.

[86] J.-P. OLIVER DE SARDAN, « Le culturalisme traditionnaliste africaniste. Analyse d'une idéologie scientifique », *Cahiers d'études africaines*, n° 198, 2010, p. 421.

Dès lors, le constat est sans appel : l'apport du culturalisme comme modèle d'analyse est primordial pour comprendre certaines calamités comme les crises alimentaires, d'autant que celles-ci laissent présager un trait d'union entre les habitudes de consommation d'un groupe social et les situations de pénurie alimentaire très fréquentes dans l'espace du Sahel Niger : *« Si toutes les cultures se valent, les notions de bien et de mal, de vrai et de faux ne sont pas univoques et dépendent du cadre spatio-temporel. La variante dite "scientifique" va encore plus loin : découvrir des universaux ou énoncer des généralisations serait impossible, toute valeur n'étant qu'une ethnovaleur. »*[87]

Les questions relatives aux cultures et à leurs représentations renvoient à un monde social qui n'est pas nécessairement uniforme. Compte tenu de la manière dont la construction et l'interprétation des catastrophes humanitaires sont analysées, les crises alimentaires interrogent souvent le monde des habitudes nutritionnelles et ce pour un double argument. *Primo*, les variantes culturelles questionnent les modes de consommation d'un groupe donné et l'environnement auquel il se réfère. *Secundo*, l'influence de ces mêmes représentations renvoie à des imaginaires sociaux dont seul le monde des croyances (totem) détient peut-être le secret.

Pour Claude Lévi-Strauss, en effet, le totémisme renvoie non seulement au monde du sacré mais aussi à un modèle d'institution juridique[88]. En réalité, cette vision réductrice du totem, qui considère celui-ci comme une *« forme de zoolâtrie ou de phytolâtrie », « n'est qu'une façon de n'apercevoir que ce qu'il y a de plus superficiel. C'est même en méconnaître la nature véritable, de ce qui, à dessein, est assimilé au monde des sociétés " archaïques " ou "traditionnelles" »*[89]. En démontrant le caractère « insensé » du phénomène, Robertson Smith fait ressortir le rôle éminent du totem dans le maintien de l'équilibre social. À ce propos l'auteur affirme *« combien cette religion grossière et confuse était riche en germe d'avenir ».* Et de conclure : *« C'est au totémisme que l'humanité devrait le principe de la communion alimentaire. »*[90]

La résurgence des crises alimentaires comme celle de 2005 doit son explication (en partie) à une énigme sociale. Les situations de précarité alimentaire dans l'espace sahélien sont, non seulement, la résultante des sécheresses cycliques mais aussi une dérivée des tabous alimentaires, dont certains trouveraient leur explication dans le monde des totems. D'après Robertson, le concept de « tabou » *« englobe tous les usages dans lesquels*

---

[87] G. FERRÉOL, *La Dissertation sociologique*, Paris, Armand Colin, 2006, p. 126.

[88] C. LÉVI-STRAUSS, *Totémisme d'aujourd'hui*, Paris, PUF, 1962.

[89] W. SMITH, *Smith Religion of the Semites*, Transaction publisher, 2002, p. 127 (1re éd. anglaise : 1912).

[90] *Ibid.*

s'exprime la crainte d'objets déterminés en corrélation avec des représentations culturelles ou celles d'actions se rapportant à ces objets ».[91] La signification des logiques sociales, parmi lesquelles les représentations magico-religieuses, renseigne sur le registre normatif. Ainsi nous admettons, qu'autant l'influence de la culture dans la socialisation de l'individu est déterminante, autant les faits et gestes que celui-ci accomplit pour honorer ses obligations religieuses lui vouent une forme de « solidarité mécanique », ciment d'une cohésion au sein de son groupe d'appartenance. Dès lors, les logiques sociales et culturelles dont rendent compte les sociétés africaines sont tellement complexes, qu'il serait hâtif de déduire le sens d'une action sans mettre l'accent sur le poids culturel qu'elle symbolise.

En définissant les normes comme des *« règles de conduite dont le respect est lié à des sanctions qui tendent à empêcher l'écart par rapport à la règle »*[92], Pierre Demeulenaere fait savoir que les croyances des acteurs portant sur les états de fait ou expliquant leurs motivations à agir dans une certaine direction seraient la résultante d'une forme d'attachement aux choses considérées comme « valeur » et, en tant que telles, forceraient admiration et respect. L'auteur ajoute que l'action n'est pas que la description des conduites à tenir, mais également son évaluation actuelle ou future. Les choix des individus apparaissent ainsi particuliers et/ou typiques à l'intérieur d'un groupe. Parfois, leurs motivations sont constantes ou variables d'une collectivité à l'autre. Par exemple, lors de la crise de 2005, le choix de la population de ne pas consommer les insectes était justifié par le fait que cela ne correspondait pas aux habitudes alimentaires. À cet effet, la rigueur recommande le passé comme piste de réflexion pour comprendre le sens de leurs actions.

C'est à ce niveau que l'on peut comprendre que l'interprétation de la culture répond à nos préoccupations, pour au moins deux raisons. D'abord, les motivations censées orienter et animer une logique culturelle, quelles que soient leurs origines, doivent toujours tenir compte de l'histoire de ce peuple. Ensuite, les catastrophes humanitaires, parmi lesquelles les crises alimentaires dans l'espace sahélien, privilégient une approche intégrée au regard de la complexité du phénomène. Aucune analyse sérieuse n'est donc envisageable sans contextualiser la situation dans sa zone d'influence, d'autant que le poids des croyances dans les sociétés africaines reste encore tenace dans les imaginaires collectifs. Pour se rendre compte de cette obstination, remarquons que chaque usage social a une signification, quelle

---

[91] J.-P. OLIVIER DE SARDAN, *La Rigueur du qualitatif. Les contraintes empiriques de l'interprétation socio-anthropologique*, Louvain-la-Neuve, Bruylant-Académia, 2008, p. 25.

[92] P. DEMEULENAERE, *Les Normes sociales, entre accords et désaccords*, Paris, PUF, 2003, p. 18.

qu'elle soit. Dès lors, toute action à visée novatrice dans une société où la croyance aux dogmes culturels est élevée rend réfractaire tout changement.

Cette évidence est aussi valable quand il s'agit de porter atteinte aux habitudes alimentaires. Or, la majorité de la population de Gouré est analphabète. Cela a comme conséquence que toute tentative de changement des us alimentaires est vouée à l'échec. L'alimentation de base au Niger demeure le mil, le maïs et le sorgho. Or, la bonne récolte de ces trois types de nourriture dépend fortement du bon vouloir de la nature. Autrement dit, si la pluviométrie n'a pas été importante, la production devient tout naturellement infructueuse. Cela expose les ménages à une situation de disette. Comme échappatoire, l'État utilise deux méthodes pour gérer les situations de vulnérabilité alimentaire. La première consiste à la vente à prix modéré pour les ménages à revenu intermédiaire. Cette phase a pour maître d'œuvre l'Office des Produits vivriers du Niger (OPVN). Le plus souvent, ce sont des actions conduites en période de soudure[93] dans le but de stabiliser le prix sur le marché national. La seconde formule revient à distribuer gratuitement les vivres aux foyers à revenu modeste. Dans ce cas, ce sont les organismes onusiens et humanitaires avec, comme chef de file, le Programme alimentaire mondial (PAM) qui se chargent de la politique et des actions à mener sur le terrain. Dans tous les cas, le devoir incombe à l'État de coordonner la Politique nationale de prévention et de gestion des calamités via le Dispositif national de Prévention et de Gestion de Crises alimentaires (DNPGCA).

La situation de 2005 dans le département de Gouré était survenue à une époque où la conjoncture sur le marché céréalier régional n'était pas favorable. La rareté des produits agricoles était très préoccupante, car même les pouvoirs publics avaient de la peine à se procurer de vivres pour réguler le prix sur le marché local. Avec les menaces acridiennes sur les cultures, la situation ne faisait que dégénérer. Pourtant, l'abondance des criquets pourrait bel et bien constituer une alternative sérieuse dans la mesure où leur valeur nutritionnelle a été démontrée. Scientifiquement, il est connu que les criquets contiennent de fortes calories protidiques[94]. En plus, l'abondance des insectes coïncide souvent plutôt bien avec les famines en milieux agricoles comme c'est le cas au Niger.

Or, l'entomophagie n'est pas une pratique acceptée par tous pour des raisons que nous qualifions d'essentiellement culturelles. En recourant au passé alimentaire de la population de Gouré, nous nous rendons compte que consommer un insecte relève plutôt de l'impureté dans la conscience collective. Par conséquent, la comestibilité est tout simplement indécente,

---

[93] C'est la période qui coïncide avec la fin des disponibilités céréalières de la campagne écoulée et l'attente de nouvelles récoltes.

[94] P. FEILLET, *Quel futur pour notre alimentation ?*, Paris, Quæ, 2014.

voire amorale au-delà du binôme sacré/profane. Cela justifiait l'attitude réservée, sinon méfiante, des habitants envers les criquets, même en contexte d'incertitude alimentaire. Parce que la culture intègre l'ensemble des valeurs qu'impose l'humanité, il serait alors paradoxal, voire utopique, de la mésestimer au risque de se renier. Comme l'affirme Philippe Descola, la culture demeure cet *« ensemble complexe incluant les savoirs, les croyances, l'art, les mœurs, le droit, les coutumes, ainsi que toute disposition ou autres usages acquis par l'homme en tant qu'être vivant dans une société »*[95]. À partir de cet instant, cette notion se conçoit comme un modèle à l'intérieur duquel se dessine un nombre indéterminé d'éléments censés restituer à l'être sa race d'humanité, puisque c'est autour de cette valeur cardinale que s'identifie l'Homme comme étant l'épicentre de toutes les réflexions. De là, nous déduisons qu'effectivement les interférences culturelles, loin de constituer la cause première d'un phénomène comme l'insécurité alimentaire, peuvent « l'entretenir ». C'est fort de ce constat qu'au cours de ce travail, nous accorderons une place importante à l'analyse des référents culturels en matière de nutrition. Nous analyserons également les tabous pour trouver un cadre d'explication de l'insécurité alimentaire.

2.1.2. Le néo-patrimonialisme

Une autre grille de lecture, pouvant nous fournir une clé de compréhension de la rémanence des situations de crise alimentaire, se trouve dans le concept du *néo-patrimonialisme*. Ce terme, selon Jean-François Médard, évoque *« le sous-produit de l'interaction entre les sociétés traditionnelles locales et les L'États modernes. C'est pourquoi il ne correspond ni à une logique politique traditionnelle, ni à une logique politique étatique moderne tout en empruntant aux deux. La forme ou l'apparence extérieure est étatique : constitution, droit écrit, administration, etc. mais la logique du fonctionnement est patrimoniale »*[96]. Si la pluralité africaine a souvent été évoquée, surtout lorsqu'il faut parler de l'Afrique culturelle et économique[97], il y a un phénomène qui fait de l'Afrique, au-delà des différences sociolinguistiques, un continent unifié. Il s'agit de la gestion néo-patrimoniale de la chose publique. Il est possible de postuler, sans courir le risque d'écorcher la réalité, que tous les États africains, à des degrés divers, constituent un espace où prospèrent les pratiques qui mettent en relief l'appropriation privative, par des acteurs publics, de l'État et de ses ressources. Utilisé pour la première fois par Max Weber[98], le patrimonialisme

---

[95] P. DESCOLA, *Par-delà nature et culture*, Paris, Gallimard, 2005, p. 111.

[96] J.-F. MÉDARD, « La spécificité des pouvoirs africains » *Pouvoir*, n° 18, 1983, p.10.

[97] F. BART (sous la dir. de), *L'Afrique, continent pluriel*, Paris, Sedes, 2003 ; A. Gérard, *Afrique plurielle. Études de littérature comparée*, Amsterdam, Rodopi, 1996.

[98] M. WEBER, *Économie et société*, tome 3 : *Les Types de domination*, trad. fr., Paris, Plon, 1968, chap. 12 et 13 (1re éd. allemande : 1922).

renvoie à un mode de gestion traditionnel où le chef, généralement le mâle le plus dominant, exploite, en les confondant, les affaires publiques et celles domestiques. Dans cette forme de gouvernementalité fondée sur ce que l'auteur nomme, parlant des trois formes de légitimité, la domination traditionnelle[99], c'est la référence à la tradition qui confère une légitimité au pouvoir du chef politique et à l'appropriation privative des ressources de l'État qui en est faite. On sait, depuis les travaux de l'un des spécialistes de la question, Jean-François Médard, que le chef patrimonial dans l'État africain *« traite toutes les affaires politiques, administratives ou judiciaires comme s'il s'agissait d'affaires personnelles, de la même façon qu'il exploite son domaine comme s'il s'agissait de propriétés privées »*[100]. Dans cette perspective, précise Médard, l'État patrimonial est inséparable de l'État prébendier en ce sens que le chef, ne pouvant pas gérer seul tout le pays, est obligé de s'appuyer sur son état-major administratif, sur les barons ou les seigneurs politico-administratifs. Ceux-ci reçoivent chacun une « part », une prébende qu'ils gèrent de façon patrimoniale, mais en se souvenant du potentat : *« Les offices administratifs sont ainsi attribués aux proches et aux clients comme des prébendes, afin de leur assurer leur propre subsistance, tout en extrayant un surplus pour le roi. »*[101] Ce mode de gestion n'est pas propre à l'Afrique noire, il a été expérimenté sous d'autres cieux[102]. Sa spécificité en Afrique est qu'il est mélangé avec des pratiques culturelles locales.

En Afrique, le patrimonialisme ne fonctionne pas à l'état pur car il est souvent modelé par l'introduction du modèle légal et rationnel de l'État ainsi que par des spécificités de chaque pays. Il est corrompu et dilué par des éléments nouveaux, issus des emprunts d'ailleurs mais toujours extérieurs à lui. Nonobstant cette hybridation qui s'obtient après l'inoculation, aux systèmes traditionnels, d'éléments nouveaux (les constitutions écrites, un cadre administratif légal etc.), ce concept demeure faiblement différent de celui appliqué ailleurs. Dans ce cas d'espèce, le mode de domination et de direction reste fortement marqué par les logiques traditionnelles faisant la confusion entre sphères publique et privée.

De l'extérieur, les États africains, avec leurs bureaux, leurs institutions souvent ostentatoires, leurs personnels pléthoriques soi-disant sélectionnés selon les principes méritocratiques ainsi que leurs constitutions rédigées par

---

[99] M. WEBER, *Le Savant et le politique*, trad. fr., Paris, La Découverte, 2003, p. 33 (1re éd. allemande : 1919).

[100] J.-F. MÉDARD, « L'État néo-patrimonial en Afrique noire », *in* MEDARD J.-F. (sous la dir. de), *États d'Afrique noire*, Paris, Karthala, 1991, p. 326.

[101] *Ibid.*

[102] M. SAHLINS, « Poor Man, Rich Man, Big-Man, Chief : Political Types in Melanesia and Polynesia », *Comparative Studies in Society and History*, vol. 5, n° 3, avril 1963, pp. 285-303 ; J. LECA et Y. SCHEMEIL, « Clientélisme et patrimonialisme dans le monde arabe », *Revue internationale de science politique*, vol. 4, n° 4, octobre 1983, pp. 455-494.

d'éminents constitutionalistes, donnent l'impression d'être bureaucratiques, au sens où cette expression est entendue dans la sociologie des organisations[103]. Bref, ils donnent l'impression d'être *« sur-développés »,* pour utiliser une expression chère à Jean-François Médard[104]. Pourtant, à l'intérieur de cette coquille, les détenteurs d'une parcelle de pouvoir, du président au simple planton, continuent d'user des logiques traditionnelles de domination et d'exploitation. L'État devient donc *« sous-développé »*[105] car il néglige la traduction des objectifs qu'il s'est fixés en politiques publiques. Autrement dit, contrairement à ce qui se passe dans le modèle-type du système patrimonial, le leader politique dans l'État africain postcolonial tire sa légitimité politique à la fois dans la tradition et dans le droit écrit. Il s'agit d'un régime néo-patrimonial, un État où le détenteur du pouvoir fait le même usage des ressources publiques et domestiques, sauf qu'ici, il s'appuie sur un cadre légal et des institutions établies :

> *« Le néo-patrimonialisme décrit la poursuite, dans un contexte contemporain, d'un modèle ancien de domination qui, en combinant, selon un dosage variable, arbitraire personnel et normes traditionnelles, étend la logique de l'autorité patriarcale, au-delà des frontières de la parenté, à la société globale. »*[106]

Il ressort que l'administration de cet État fait usage du droit écrit et se réfère à des normes de fonctionnement légales-rationnelles. Ses tenants prétendent souscrire aux idéaux de la construction étatique et nationale et tiennent un discours sur l'intérêt général. Or, dans les faits, les élites politiques, à commencer par le chef de l'État, captent, contrôlent et privatisent toutes les ressources étatiques. À cet effet, elles recourent aux techniques de l'allégeance et de la soumission. Cette manière de conduire les affaires de l'État fait que la plupart de ces pays n'atteignent pas la prospérité et demeurent dans un état perpétuel de sous-développement. Cette situation tire ses racines de récents développements politiques qui n'ont pas su gommer les anciennes et traditionnelles formes de domination et d'inégalités. Cette idée est partagée par Jean-François Bayart qui l'a montré dans un ouvrage ayant trait au fonctionnement de l'État au Cameroun[107].

---

[103] M. CROZIER, *Le Phénomène bureaucratique*, Paris, Seuil, 1963.

[104] J.-F. MÉDARD, « L'État patrimonialisé », *op.cit.* p. 27.

[105] *Ibid.*

[106] Y.-A. FAURÉ et J.-F.MÉDARD, « L'État-business et les politiciens entrepreneurs. Néo-patrimonialisme et *big men* : économie et politique », *in* S. ELLIS et Y.-A. FAURÉ (sous la dir. de), *Entreprises et entrepreneurs africains*, Paris, Karthala, 1995, p. 290.

[107] Pour J.-F. Bayart, il est hors de question de continuer à analyser les systèmes politiques africains en les plaçant dans les cadres analytiques et conceptuels qui fondent leur argumentaire, dans une perspective comparatiste, sur les sociétés occidentales. Tout comme celles-ci, elles ont leur propre historicité dont il faut tenir compte, même si on ne peut pas considérer la colonisation et, donc, la rencontre des deux systèmes, comme un épiphénomène, une parenthèse. Selon cet auteur, lors du transfert du mode étatique en Afrique, au lieu

Ce modèle théorique est d'une importance capitale pour comprendre les défaillances d'un État qui n'arrive pas à anticiper les solutions aux crises alimentaires. La grande question qu'on peut alors se poser serait de comprendre pourquoi deux pays, aux conditions climatiques identiques, à l'exception des aspects culturels, peuvent connaître des situations bien différentes à l'égard de la faim.

2.2. Production et traitement des données

Nous l'avons déjà souligné dans la brève présentation de la première partie : la sociologie est une discipline de terrain. Les hypothèses formulées au niveau de la problématique sont appelées à être validées ou invalidées à travers les données récoltées. Cette partie se justifie parce qu'elle nous permet d'exposer les aspects méthodologiques suivis lors de recueil des matériaux. De prime abord, il faut préciser que nous avons combiné les méthodes qualitatives et quantitatives, parce qu'au-delà du caractère complémentaire de ces deux approches, *« toutes les données produites ont en commun d'avoir été produites par des interactions entre le chercheur et le milieu social »*[108].

2.2.1. Pourquoi collecter les données ?

L'argument répété depuis le début de ce chapitre est que les travaux du sociologue ne sauraient recevoir un crédit scientifique s'ils ne se fondent pas sur un matériau collecté sur le terrain. Cela signifie que la validité du discours sociologique est subordonnée à ces données. Toutefois, il faut relativiser cette affirmation, parce que si l'on est d'avis que le sociologue utilise un corpus fraîchement sorti du terrain pour donner crédit au travail d'investigation, on peut également baser sa recherche sur des données secondaires, celles des institutions statistiques, par exemple. Dans le présent travail, nous avons été obligé d'aller *in situ* parce que les données disponibles provenaient de diverses sources souvent contradictoires.

---

d'assister à une mise en domination des façons de faire propres au contexte socio-culturel africain, il s'est plutôt réalisé une greffe qui, à bien des égards, n'a que partiellement réussie : *« La mise en rapports inégaux des sociétés européennes et des sociétés africaines s'est donc greffée sur la dynamique historique de ces dernières, dont elle a modifié plus ou moins amplement, selon les cas considérés, les structures d'inégalité et de domination et les relations réciproques »* (J.-F. BAYART, *L'État au Cameroun*, Paris, Presses de la FNSP, 1979, p. 18.)

[108] J.-P. OLIVIER DE SARDAN, *La Rigueur du qualitatif. Les contraintes empiriques de l'interprétation socio-anthropologique*, Louvain-la-Neuve, Bruylant Académia, 2008, p. 49.

On comprend que l'obstacle majeur auquel nous avons été confronté a été l'absence des statistiques officielles et fiables relatives à la gouvernance des politiques publiques en général. Cette absence dommageable de l'État a sans doute créé une cacophonie qui a caractérisé les acteurs humanitaires dans leur élan à « diversifier » leurs champs d'opérations. Cet état de fait a profité aux acteurs humanitaires qui, chacun à leur manière, produisent leurs données pourtant sur les mêmes phénomènes. Cela ne saurait surprendre car c'est dans l'intérêt des organisations travaillant dans le domaine de l'offre de secours aux sinistrés de dramatiser les faits, pour qu'elles puissent trouver un alibi qui légitimerait leurs actions. D'autant plus que bon nombre d'entre elles ne « vivent » que des situations de catastrophes. C'est ainsi qu'au vu de la polémique entretenue sur l'absence des statistiques officielles pour rendre compte de l'ampleur du cataclysme de l'époque, les acteurs humanitaires ont vite compris les enjeux qui se dessinaient en produisant leurs propres versions des faits. Très souvent en amplifiant l'ampleur de la situation, dans l'objectif d'attirer l'attention de la communauté internationale pour une mobilisation accrue de fonds. C'est ainsi qu'en ce qui concerne celles relatives aux vulnérabilités des ménages par exemple, plusieurs informations se croisent parfois même se contredisent.

À titre illustratif, dans le département de Gouré, le nombre des familles déclarées sinistrées avait atteint 67 % des ménages selon une étude menée par ACF-France (Action Contre la Faim) en 2005. Ce qui classait, de fait, la localité en zone de catastrophe humanitaire à cause de la famine. Toujours à la même période, MSF-Suisse, une autre structure présente dans la zone pendant la crise, faisait apparaître un tout autre rapport dans lequel seuls 15 % des ménages étaient dans une indigence alimentaire chronique. Cette dichotomie a vivement attiré notre attention pour ne pas rester insensible quant à la véracité des chiffres. Il est toutefois vrai qu'à l'instar des pays en voie de développement, la production des statistiques officielles ne constitue pas une priorité des gouvernants nigériens. Et cela handicape considérablement beaucoup des politiques dédiées au développement en termes de visibilité surtout quand il est question de mesurer l'impact d'une action de développement. Cette situation a été vécue (personnellement) comme un dilemme doublement préjudiciable à la réalisation de notre terrain.

Premièrement, il s'agit de pallier l'indisponibilité des données fiables consécutive à « l'abandon de l'État ». Deuxièmement, lorsque celles-ci existaient, la question de leurs fiabilités se posait. C'est pourquoi, dans un souci de triangulation et en tenant compte de l'objectif de notre travail, il a été convenu de mener nos propres investigations aux fins d'aboutir sur des corpus représentatifs et vérifiables. En procédant à une forme « *d'hétérogénéité* » selon l'expression de Marcel Griaule, le but était de parvenir à croiser de façon raisonnée des points de vue dont nous pensons que la différence fait sens[109]. Les méthodes qualitatives et quantitatives ont été utilisées pour collecter les données de cette étude.

2.2.2. La combinaison du quantitatif et du qualitatif

La méthodologie suivie pour rendre compte de la réalité sociale a été l'aboutissement d'un long processus parfois jalonné d'embûches. Le sacrifice consenti pour arriver à la phase d'acquisition du matériau ayant rendu possible ce présent travail est l'engagement de presque une année de va-et-vient entre les références théoriques et les exigences de terrain. Déjà, la phase d'avant la collecte proprement dite a été caractérisée par plusieurs séquences. Ce travail se base sur un matériau à la fois qualitatif et quantitatif.

a. L'approche quantitative

L'approche quantitative a été réalisée auprès des différents chefs de ménages de la ville de Gouré. À cet effet, il a été organisé une enquête CAP (Connaissances, Attitudes et Pratiques) auprès de ménages reposant sur une technique d'échantillonnage probabiliste à plusieurs degrés après stratification de quartiers selon le niveau de vie. Quant à la collecte des données, elle a été effectuée par interview directe auprès des personnes concernées au moyen d'un questionnaire semi-ouvert.

b. L'approche qualitative

S'agissant de cette approche, elle a été menée auprès de cinq catégories en tenant compte des critères comme : l'âge, le sexe, le statut social et le niveau d'instruction. Deux techniques ont été utilisées dans la collecte de ces données : les interviews individuelles semi-structurées et les discussions focalisées de groupe ou *focus group*.

Les entretiens individuels semi-structurés étaient menés auprès des chefs de familles et les autorités coutumières. Les *focus group*, quant à eux, ont été organisés entre les chefs de ménages, les autorités politico-administratives, les leaders d'opinion et les élus locaux.

2.2.3. Échantillonnage

Le mot « échantillon » peut prendre une double signification. Au sens strict ou opérationnel, il désigne exclusivement le résultat d'une démarche visant à prélever une partie d'un tout bien déterminé ; au sens large, il évoque le résultat de n'importe quelle opération visant à constituer le corpus empirique d'une recherche.

---

[109] M. GRIAULE, *Dieu d'eau, entretien avec Ogotemmêli*, Paris, Fayard, 1948.

2.2.3.1. Unités statistiques

L'unité statistique dont il est question dans aux catégories ayant subi le questionnaire.

a. L'approche quantitative

L'unité statistique appliquée dans le présent travail a été exclusivement constituée des chefs des ménages du département de Gouré.

b. L'approche qualitative

Pour cette approche, les chefs de ménages, les autorités politico-administratives, les leaders d'opinion et les élus locaux ont servi d'unité.

2.2.3.2. Taille de l'échantillon

Le calcul de la taille de l'échantillon nécessaire à cette étude a été rendu possible grâce au logiciel *Open Epi* suivant la formule :

Taille de l'échantillon n = [DEFF*Np (1-p)]/ [(d2/Z21-α/2*(N-1) +p*(1-p)]

La taille de la population N (avec facteur de correction de la population fini ou fpc) correspond à : 70.193, ce qui correspond à la population de Gouré en 2012. La fréquence(%) du facteur du résultat dans la population (p) est de : 15 % qui correspond au taux de malnutrition dans la zone étudiée :

- Zα = le coefficient de confiance, avec α =0,05 ;
- Effet du design : 1 ;
- N = taille de l'échantillon ;
- D = le degré de précision voulu (d = 5%).

La taille de l'échantillon (N) calculée est de 196 chefs de ménages. Mais, en prenant en compte 20 % des personnes non répondantes, elle se situe à 236 qu'il convient d'interroger. Dans un souci d'améliorer la représentativité de l'échantillon, cette taille a été majorée à 350.

2.2.3.3. Technique d'échantillonnage

Comme dans la plupart des cas, le recours à l'échantillonnage constitue le moyen le plus adapté pour réduire la population mère, trop importante tout en ayant le souci de représentativité : *« Les résultats obtenus sur un échantillon sont valables pour l'ensemble, revient à prétendre que les caractéristiques, opinions, etc., des quelques personnes interrogées représentent approximativement celles de la population sur laquelle porte notre étude. On parle alors d'un échantillon représentatif »*[110]. Le propos de Daniel Bertaux est encore plus précis quand il explique qu'un *« échantillon est dit représentatif d'une population pour un caractère s'il n'y a aucune raison de penser que la valeur de ce caractère puisse différer dans l'échantillon et dans la population »*. Par conséquent, pour qu'un échantillon soit crédible, *« il faut que tous les individus de la population aient la même chance d'être sélectionnés »*[111].

a. L'approche quantitative

Les conditions de vie des ménages de Gouré restent hétérogènes. Nous avons des quartiers à revenus élevés, à revenus intermédiaires et à revenus faibles. C'est pourquoi trois strates des quartiers ont été constituées. C'est ainsi que nous avons appliqué la technique d'échantillonnage stratifiée à deux degrés :

- au premier degré : étant donné que nous avons retenu d'enquêter sur six quartiers (soit deux quartiers par strate) sur les quinze que compte la localité, il a été procédé à un tirage aléatoire simple en fonction de la liste des quartiers de chaque strate ;
- le deuxième degré a consisté en un tirage systématique des ménages. Partant de la liste des ménages de chaque quartier retenu, 58 (pour quatre quartiers) ou 59 (pour deux quartiers) ménages ont été tirés. Ce qui fait le total des concessions enquêtées à 350 ménages. Au niveau de chaque unité, le chef de ménage était interrogé.

> « *Toutes les données produites sont le produit des interactions entre le chercheur et le milieu social qu'il étudie. Chacun de ses corpus est constitué à partir d'une démarche qui d'un côté, cohérence et systématicité de l'autre. Ainsi on le sait le plus souvent à peu près pourquoi on mène un entretien avec un tel interlocuteur et sur tel sujet, et dans quelle série il s'insère.* »[112]

b. L'approche qualitative

Au niveau de cette approche, des 350 chefs de ménages interrogés dans l'approche quantitative, 27 ont été tirés au hasard à raison de 9 personnes par

---

[110] J.-M. FIRDION, « Construire un échantillon », *in* S. PAUGAM (Sous la dir. de), *L'Enquête sociologique*, Paris, PUF, 2010, p. 71.

[111] D. BERTAUX, *L'Enquête et ses méthodes. Le récit de vie*, Paris, Armand Colin, 2014, p. 26.

[112] J.-P. OLIVIER DE SARDAN, *La Rigueur du qualitatif. Les contraintes empiriques du terrain…*, *op. cit.*, p. 50.

strate. Sur les 27 chefs de ménages, 12 ont subi des entretiens de type semi structuré et 15 autres ont participé aux séances d'animation de *focus group.*

Les autres cibles ayant participé aux différentes techniques de cette approche sont :

- les autorités politico-administratives :
  - Le Préfet et son Adjoint, le SG de la Préfecture et son Adjoint, le Directeur départemental de l'Agriculture et de l'Environnement et son adjoint ont été soumis à un entretien semi-structuré ;
  - Quatre cadres techniques de la direction de l'Agriculture et de l'Environnement ont assisté aux séances d'animation de *focus group.*
- les leaders d'opinion : la technique de *focus group* a été appliquée aux deux Imams et aux quatre responsables de la plateforme paysanne.
- les élus locaux : l'entretien semi structuré a été administré au Maire, à son adjoint et aux quatre conseillers communaux.
- les autorités coutumières : le Chef de canton de Gouré a fait l'objet d'un entretien semi structuré tandis que les chefs des quartiers *Gangamari* et *Limandi* ont subi la technique du *focus group.*

2.2.3.4. Technique de collecte de données

a. L'enquête quantitative au niveau des ménages

Elle a été effectuée par administration du questionnaire grâce à la méthode d'interview utilisant un questionnaire écrit dont la plupart de questions sont fermées. Le questionnaire a pour contenu diverses informations concernant les chefs de ménages : les caractéristiques socio-démographiques, les niveaux de revenu, les us et habitudes alimentaires, les modes et comportements, les perceptions des ménages sur la récurrence des crises agricoles.

b. L'enquête qualitative au niveau des ménages

Après la méthode quantitative, le recours à l'approche qualitative s'avère judicieux car, comme les font remarquer Blanchet et Gotman, *« une seule information donnée par l'entretien peut avoir un poids équivalent à une information répétée de nombreuses fois dans des questionnaires »*[113]. S'inscrivant dans ce prolongement, nous avons jugé satisfaisante la réalisation de 25 entretiens semi-structurés et de 27 *focus groups* dans une dynamique de conversations itératives avec les différents acteurs concernés.

Ainsi, l'élaboration du guide d'entretien a nécessité la prise en compte d'une série de variables comme le profil des interviewés, leur situation

[113] A. BLANCHET et A. GOTMAN, *L'Enquête et ses méthodes : l'entretien,* Paris,Nathan, 1994, p. 54.

socio-professionnelle, mais également le rôle qui échoit à certains acteurs dans l'arène locale. Concernant le *focus group*, il a été conçu un deuxième guide d'entretien pour mener à bien les séances.

Il est important de signaler que la collecte proprement dite a été l'œuvre de deux personnes. Nous avons nous-mêmes procédé à la passation de la totalité des entretiens. Notre assistant, au profil de sociologue, préalablement formé pour la circonstance, a joué un rôle central dans l'administration des questionnaires à l'attention des chefs de ménages. Il a aussi été actif dans l'animation des discussions de groupes. Nous profitons de cette opportunité pour lui témoigner, une fois encore, toute notre gratitude.

Tableau III : Distribution de l'échantillon
lors la collecte des données à Gouré en mai 2013

Profils des enquêtés	**Outils de collectes adaptés**	**Nombre de personnes interrogées**	**Techniques d'approches**
Chefs des Ménages	Questionnaire Guide d'entretien Guide d'entretien	350 12 entretiens 15 entretiens	Administration du questionnaire Entretien semi-structuré *Focus group* autour d'une même thématique regroupant 5 à 10 personnes
Responsables administratifs au titre du département de Gouré :			
❖ Préfet et son adjoint	Guide d'Entretien	2 entretiens	Entretien semi-structuré à bâton rompu
❖ SG de la Préfecture et son adjoint	Guide d'Entretien	2 entretiens	Entretien semi-structuré à bâton rompu
❖ Directeur de l'Agriculture et de l'Environnement et son adjoint	Guide d'Entretien	2 entretiens	Entretien semi-structuré à bâton rompu
❖ Cadres techniques de la dite direction	Guide d'Entretien	4 entretiens	*Focus group*
La Société civile au titre départemental			
❖ Leaders d'opinion : 2 Imams	Guide d'Entretien	2 entretiens	*Focus group*
❖ Responsables de la plate-forme paysanne	Guide d'Entretien	4 entretiens	*Focus group*
Élus locaux			
❖ Maire et son adjoint	Guide d'Entretien	2 entretiens	Entretien semi-structuré à bâton rompu
❖ Conseillers Communaux	Guide d'Entretien	4 entretiens	Entretien semi-structuré à bâton rompu
Autorités Coutumières			
❖ Chef de canton de Gouré (autorité morale)	Guide d'Entretien	1 entretien	Entretien semi-structuré à bâton rompu
❖ Chefs des quartiers (villages)	Guide d'Entretien	2 entretiens	*Focus group*
Au total, ce sont : ❖ 350 questionnaires correspondant aux 350 chefs de ménages interrogés, ❖ 25 entretiens semi-structurés ❖ 27 *focus group*.			

Source : Données de terrain.

À travers les différentes catégories de personnes retenues et les diverses approches utilisées, comme indiqué dans le tableau ci-dessus, il était question de collecter le plus d'informations possibles pour permettre de confirmer ou d'infirmer nos hypothèses de départ. Dans cette démarche, l'important était de tirer profit des avantages offerts par chacune des approches et de mettre en interaction les différentes opinions de chaque acteur. En un mot, bâtir une stratégie de recherche basée sur la quête des différences. Car c'est de la diversité des informations recueillies que dépend une lecture objective de l'objet d'étude en question. On arrive alors à la notion des groupes stratégiques. C'est exactement le sens même de notre démarche. En effet, définir la population cible, c'est sélectionner les catégories de personnes que l'on veut interroger et à quel titre. En d'autres termes, il s'agissait de déterminer les acteurs que l'on estime capables de produire des réponses aux préoccupations soulevées. Ce qui a guidé tout le processus de collecte.

Le corpus qui fait office d'outil de collecte repose sur une série de grilles d'analyses avec, pour cible, un groupe socioprofessionnel bien déterminé. Nous avons mis à jour cinq modèles de guides d'entretiens à l'attention de cinq types d'acteurs dont les points de vue nous ont été cruciaux dans l'analyse et l'interprétation des situations d'indigences alimentaires.

La population-cible de notre enquête a été déterminée une fois les hypothèses formulées, le choix de l'enquête arrêté et ses objectifs définis. Premièrement, il a été question de passer un guide d'entretien à l'attention du chef de canton de Gouré. Considérée comme le dépositaire de la tradition, la chefferie coutumière joue un rôle de premier ordre, dès lors qu'il s'agit de consolider la paix sociale ou de vivifier le développement local. D'autres activités lui incombent, comme la sensibilisation et l'éducation de la population dans des domaines variés que sont la politique, l'économie ou le social. Nous nous sommes laissé aller aux fins de comprendre, par exemple, les rapports qui existent entre le « gardien de la tradition » et le monde administratif assimilé par la population plutôt comme un outil servant plus les intérêts de Niamey. C'est ainsi que nos conversations se sont portées sur le rôle qui échoit à la chefferie traditionnelle dans les politiques locales, mais également son apport dans la gestion des catastrophes humanitaires et, particulièrement, dans les situations de disette.

La deuxième catégorie à laquelle nous nous sommes rapproché pour les besoins de notre recherche a été celle composée de chefs des ménages. En effet, cette catégorie constitue une pièce maîtresse dans la collecte puisqu'elle représente une « banque de données » à exploiter surtout dans le cadre de la présente analyse. Outre leur rôle d'acteur de proximité de premier plan, les familles représentent un indicateur d'analyse fiable dans les situations d'indigence alimentaire pour une double raison. D'abord, la vulnérabilité de foyers en contexte de famine est le reflet de l'état de l'ampleur de la situation de l'ensemble de la localité. Ensuite, la connaissance de certaines réalités liées à la culture et relevant du terroir de cette même population va permettre de comprendre leurs adhésions par rapport aux stratégies de lutte mises en place. Dans ce cadre, il est apparu intéressant de constituer des sous-populations ou groupes stratégiques. Le choix de ces sous-populations a été fonction des hypothèses préalablement formulées. Ainsi, chaque groupe a été interviewé dans le cadre des activités relevant de son champ d'intérêt.

Concrètement, il a été mené des discussions sous forme de *focus group*. Celles-ci ont été organisées autour des thématiques suivantes : les comportements et les habitudes alimentaires des populations de Gouré, les perceptions des interdits en la matière et les stratégies souvent utilisées pour juguler des pénuries de subsistance. À ce titre, 27 discussions de groupe ont été effectuées regroupant cinq à dix chefs de familles lors de chaque entretien. Au vu de l'ampleur des interactions suscitées, liées certainement à la qualité des débats, il nous a fallu passer plus de temps que prévu. Dans certains cas, nous avons été dans l'obligation de prolonger la discussion le lendemain, rallongeant, de fait, le chronogramme préétabli.

La passation du guide d'entretien à l'attention des leaders d'opinion et des responsables de la plate-forme paysanne caractérise le troisième temps fort de notre ethnographie. Là également, c'est la même logique d'intervention qui a prévalu avec une série de débats autour des thématiques comme des stratégies mises en œuvre pour rentabiliser la coopération. Cela a été fait entre les différentes composantes de la société civile au niveau local, entre ces dernières et les acteurs politiques. La technique adoptée a consisté à réaliser des *focus group* regroupant deux leaders religieux (Imams) de la société civile et deux autres provenant de la plateforme paysanne.

Enfin, la quatrième catégorie d'acteurs à recevoir un même guide d'entretien commun était représentée par les responsables administratifs et les élus locaux du département de Gouré. Comparativement aux autres couches socioprofessionnelles précédemment décrites, seuls les cadres techniques de la direction départementale de l'agriculture et de l'environnement ont subi la technique d'approche *focus group*. Les discussions ont porté autour des dispositifs mis en œuvre au niveau départemental pour faire face aux cycles récurrents des crises de subsistance ainsi que les limites constatées. Il a été discuté la façon dont ont été conçues les politiques locales dédiées à la SA ou encore les difficultés quotidiennes auxquelles les intéressés font face dans l'exercice de leurs métiers. Les débats à ce niveau se passaient autour de conseillers techniques, du directeur des services de l'environnement qui ont accepté, à titre volontaire également, de participer aux discussions.

Le choix d'administrer le même support de collecte des données n'a pas été fortuit. Partant du postulat que les informations délivrées par les administrateurs ne seraient pas identiques à celles donnés par les élus locaux, le choix de ces différents acteurs a été comme une aubaine, parce qu'il permet de comprendre et d'analyser les rapports parfois conflictuels entre les représentants de l'État et les élus locaux. Idéalement, ceux-ci n'ont de compte à rendre qu'auprès de leur population respective. Ce qui fait qu'ils ont une certaine « liberté d'esprit » lorsqu'ils expriment leur opinion. Toutefois, la conversation à bâton rompu avec les autres classes dirigeantes (le Préfet, le Secrétaire général, le Maire, le Directeur départemental de l'agriculture et de l'environnement) a fait l'objet d'un entretien individuel. L'objectif d'une telle technique était de collecter le maximum d'informations relatives aux stratégies en instance d'élaboration ou mises en œuvre dans l'atteinte de la SA. Aussi, fallait-il avoir les points de vue des pouvoirs publics mais aussi des élus locaux face aux périls humanitaires qui guettent souvent les habitants de Gouré. En d'autres termes, il apparaît clairement que le contenu du guide d'entretien a tenu compte du profil de chaque catégorie d'interlocuteurs.

Concernant l'approche quantitative, un questionnaire a été conçu à cet effet et administré uniquement à la seule catégorie socio-professionnelle des chefs des ménages. Son élaboration a nécessité la prise en compte de certaines variables : l'âge, le sexe, le statut matrimonial, le niveau d'instruction, le nombre de personnes à nourrir ou encore la situation socio-professionnelle des conjoints. L'objectif poursuivi a consisté à produire des données qui ont été par la suite codifiées, saisies et analysées.

2.2.3.5. Plan de traitement et d'analyse de données

Sous cet angle, le travail est essentiellement axé sur les phases suivantes : le tri et contrôle des données, la méthode de saisie et enfin, le protocole qui a guidé l'ensemble du processus, autrement dit l'opération ayant abouti au traitement et à l'analyse des données.

2.2.3.5.1. Tri et contrôle de données

Avant d'être analysées, les données ont été d'abord triées et séparées par quartiers, ensuite il a été vérifié leur complétude et leur cohérence. Le contrôle a été effectué essentiellement sur le terrain lors de la collecte dans le but de détecter les erreurs commises pendant le remplissage des fiches d'enquête. Puis, chaque donnée a été codifiée et reprise sur une fiche récapitulative.

2.2.3.5.2. Méthode de saisie, de traitement et d'analyse

Habituellement la méthodologie d'une enquête sociologique décline trois phases distinctes dans l'analyse des phénomènes sociaux. Après la traditionnelle formulation des hypothèses et celle qui consiste à la phase de terrain, vient l'étape décisive qui consacre l'analyse et l'interprétation des données. Il est question, à ce niveau de notre réflexion, d'exposer la méthodologie qui a été observée lors de l'analyse des données.

a. Approches quantitatives

Les données chiffrées ont été traitées, tout d'abord, en recourant au logiciel *épi data*. Pour y parvenir, un masque de saisie a été construit, par le recours aux services d'un statisticien. Ensuite, les données ont été restituées en respectant la double saisie. Si la première visait la constitution de base de données, la seconde avait comme objectif la vérification, pour ne pas dire le toilettage, de notre corpus. Après cette phase, nous avons procédé à l'analyse proprement dite. Cette dernière a consisté à croiser un certain nombre de variables pour produire les statistiques. Selon les besoins, nous avons articulé les graphiques, les tableaux ou alors les diagrammes. Pour ce qui est des tableaux, nous avons recouru au tableur Excel.

Ces données ont été analysées avec le logiciel SPSS version 12,0. La vocation des matériaux du questionnaire était purement descriptive, les données quantifiées ont été présentées sous forme de moyennes avec leur écart type. Les autres données ont été résumées sous forme de proportions (%). Pour mieux cerner l'ampleur de l'insécurité alimentaire, les distributions des résultats selon l'âge, le sexe, le statut matrimonial, le niveau d'instruction, la situation socio-professionnelle, le nombre d'enfants et de femmes dans le ménage, le niveau de revenu des familles ou le pourcentage de certaines variables ont été présentés.

Ces analyses statistiques ont été très utiles, par exemple, pour établir un lien entre les variables sexe ou niveau d'instruction et le niveau de vulnérabilité de ménage ou le degré d'exposition d'un foyer dans un contexte d'incertitude alimentaire. Elles ont permis d'avoir une idée sur la proportion de personnes consommant le mil et celles préférant les pâtes alimentaires. À titre illustratif, dans la proportion des personnes consommant le mil, il sera recherché la préférence des Gouréens pour le *brabousco*[114] comme priorité de subsistance pendant le dîner par rapport à d'autres variétés alimentaires.

D'après les données de notre enquête, cette semoule est consommée, chaque soir, à hauteur de 90 % des foyers interrogés[115]. Les mêmes préoccupations nous ont conduit à mesurer le degré du rejet de l'entomophagie comme pratique alimentaire. Il ressort que la consommation des criquets est vue d'un mauvais œil, surtout auprès de la population dont l'âge dépasse 50 ans : 71 % affirment qu'en tant qu'insecte, le criquet ne peut en aucun cas être considéré comme aliment quel qu'il soit. De cette

---

[114] Une semoule en forme de couscous faite à base du mil ou du maïs très appréciée par la population locale.

[115] D'après les données de l'enquête de terrain.

méthode quantitative ont découlé des représentations graphiques qui ont été réalisées à l'aide du tableur Excel.

Le travail d'analyse ne s'est pas arrêté là. Certaines données du questionnaire ont été interprétées à l'aune de la connaissance du milieu étudié, des observations de type qualitatif faites sur les aires du jeu ou alors en rapport avec les avancées théoriques de la sociologie. Cette mobilisation des matériaux qualitatifs pour interpréter les données quantitatives nous a permis de transcender la dualité qualitative/quantitative. À ce propos, nous rejoignons Marion Salz : *« On ne peut être un bon quantitativiste que si l'on a une connaissance qualitative approfondie du domaine étudié, quelles que soient les méthodes par lesquelles on a acquis cette connaissance... »*[116]

Ainsi, il a été procédé à une analyse quantitative des données en dénombrant et en établissant des fréquences d'apparition d'un certain nombre d'éléments retenus comme unités statistiques.

b. Approche qualitative

Pendant les entretiens, les données ont été enregistrées en langues locales (Kanuri) dans des dictaphones numériques, ensuite il y a eu leur traduction en français. Les données traduites ont été transcrites sur le logiciel Word, accompagnées de l'analyse de l'ambiance du déroulement et des points saillants des entretiens. L'exploitation des données a été faite sous la forme d'une analyse de contenu du discours livré par chaque acteur lors des entretiens semi structurés individuels et lors des *focus group*.

Pour ce qui est de l'analyse des discours issus de différents entretiens, l'analyse thématique de contenu a constitué le modèle retenu pour examiner les grilles d'évaluation issues de différentes discussions. La retranscription des discours des interviewés a été au fur et à mesure ponctuée des annotations et commentaires. Le but de cette technique procède d'une double préoccupation. Tout d'abord, elle permet un premier repérage du contenu de l'entretien, de sa cohérence et des idées fortes, par la facilitation des lectures et des repères comportementaux qui organisent le monde alimentaire des acteurs en question. Ensuite, le choix de l'analyse thématique comme recours pour interpréter les différents corpus a été motivé par notre volonté d'expliciter des sous-thèmes dans le souci de mieux décrypter le contenu des discussions. En guise d'illustration, bon nombre de retranscriptions issues des entretiens avec les chefs de ménages font ressortir que les sécheresses cycliques constituent une fatalité qu'il convient d'accepter comme telle puisque relevant du bon vouloir de la nature (divinité). D'autres grilles de lectures font de la difficile coopération entre les élus locaux et

---

[116] M. SALZ, « Le raisonnement statistique en sociologie », *in* PAUGAM Serge (sous la dir. de), *L'Enquête sociologique,* Paris, PUF, 2010, pp. 247-266. Voir également J.-P. OLIVIER DE SARDAN, *La Rigueur du qualitatif…*, *op. cit,*. p. 53.

l'administration centrale une réalité. Dans la plupart des cas, les enjeux tournent autour de la légitimité des acteurs concernant les grandes orientations des politiques locales. Très exactement, le principal obstacle réside dans la définition du rôle des personnes concernées sans empiéter sur l'autorité de l'État dans le domaine des politiques locales.

2.2.3.6. Pré-test ou étude pilote

Afin d'identifier et de corriger les problèmes éventuels qui pourraient surgir lors de l'exécution de notre étude sur le terrain, un pré-test a été réalisé sur un échantillon de 40 ménages à raison de 20 ménages dans 2 quartiers de la ville de Gouré non sélectionnés par l'échantillonnage. Ce pré-test ainsi réalisé a contribué à vérifier l'acceptabilité de l'approche utilisée pour entrer en contact avec les sujets de notre enquête, la précision des instruments de collecte, la compétence des enquêteurs ainsi que l'évaluation en moyen du temps à soumettre pour chaque sujet.

2.3. Difficultés rencontrées

Les difficultés rencontrées dans la réalisation de ce travail peuvent se lire à deux niveaux. Dans un premier temps, la phase de collecte des données n'a pas du tout été un travail aisé compte tenu de la confusion qu'entretiennent les populations en nous assimilant aux agents de projets ou au personnel humanitaire. Dans leur entendement, nos procédés de terrain s'assimilent aux leurs. Par exemple, certaines catégories de la population conditionnent leur coopération contre rémunération :

> *« Vous* [en s'adressant à moi] *ressemblez fort bien aux personnes des projets. C'est vrai que dans la plupart des cas, nous les voyons circuler dans des voitures 4×4 flambant neuves. Chose étonnante, je constate que vous vous déplaciez d'un ménage à un autre à pieds sous ce soleil infernal. Pourtant vous vous comportez de la même sorte que le projet. Je devine sans nul doute que vous avez beaucoup d'argents car vous venez de la France. Un pays où l'argent se donne à tout bout d'effort. Je voudrai juste vous rassurer en vous faisant comprendre qu'ici les gens sont dans l'indigence la plus absolue. Vous venez pour recueillir des informations, c'est chose formidable. Mais il faut bien, qu'on ait une contrepartie, de préférence financière. Regardez-moi s'il vous plaît, cela fait presque un mois que je n'ai pas gagné la somme de 1000 Francs CFA (1,5 euros). Comment voulez-vous qu'on coopère avec les décideurs politiques dans ces conditions ? D'ailleurs, je vais vous dire une vérité. Avant que vous ne fassiez votre enquête, d'autres vous ont précédé. Mieux, c'est chaque fois la même chanson. Il y avait le projet qui était venu pour poser les mêmes questions sur les campagnes agricoles 3 ans avant. Ils nous ont promis qu'ils passeront dans un bref délai pour donner à chaque ménage 50 kg d'engrais pour nos champs. Il n'en est rien. Nous sommes fatigués car nous avons assez donné sans retour. Là, je réponds à tes questions mais à contrecœur. Tout simplement, ma*

morale ne me permet pas de décliner ton offre sans raison apparente. Mais, sachez une chose, je suis presque certain que vous aurez peu de personnes qui vous prêteront oreille attentive. C'est fini le long discours sur papier. »

De tels propos ont sérieusement perturbé le processus de collecte. Cela s'expliquait par la présence de certaines organisations qui interviennent dans l'humanitaire. En d'autres termes, elles procédaient aux opérations de ciblage des ménages vulnérables en vue de leur octroyer des aides financières pour qu'elles puissent faire face à la difficile période de soudure.

La deuxième difficulté qui a failli compromettre la réalisation de ce travail a été l'absence des données relatives à notre objet d'étude. À ce niveau, il y a lieu de faire ressortir deux handicaps de taille. D'abord, l'absence des statistiques officielles avait engendré de nombreuses plaintes tant des acteurs humanitaires que de la communauté internationale. Parce que c'est à l'aune de ces données que les partenaires au développement seront capables de mesurer l'ampleur de la situation. Dans le contexte de 2005, on se rend compte que cette situation était largement imputable à l'absence de l'État dans les politiques de prévention et de gestion des catastrophes humanitaires et crises alimentaires. En d'autres termes, cela se donne à voir comme une défaillance, voire une démission de ce dernier dans l'élaboration et la mise en œuvre des politiques publiques pour le bien-être des populations concernées. De ce constat découle une seconde anomalie qu'on peut considérer comme le second handicap : la mal-gouvernance. Il n'est inutile de trop de l'évoquer, le manque des données constitue un sérieux handicap pour les décideurs comme pour les acteurs au développement. La preuve : sur le terrain, les données se nuancent, voire se contredisent. Cela nous a contraints à recourir aux informations qui reflètent un contexte beaucoup plus adapté à la situation générale plutôt qu'à une vraie étude de cas. C'est pour cela que tous ceux qui seront tentés de lire ce travail auront l'impression de faire face beaucoup plus, à une analyse d'ensemble qu'à une étude de cas.

Le troisième point difficile de ce travail a été le manque de centres de documentation. En effet, ces centres, contrairement en Europe, font cruellement défaut en Afrique. Les rares encore opérationnels sont sous-équipés. Le Niger ne constitue malheureusement pas une exception dans ce domaine. La seule bibliothèque universitaire est celle de la Faculté des Lettres et Sciences humaines (FLSH) qui ne constitue que l'ombre d'elle-même. En plus, l'internet qui est considéré comme un moyen de travail reste encore un domaine de privilégiés dans certaines contrées du Niger comme c'est le cas du département de Gouré. Néanmoins, c'est le Laboratoire de Recherche sur les Dynamiques Sociales et le Développement Local (Lasdel)[117] qui nous a servi de repère documentaire.

[117] www.lasdel.net.

Dans l'ensemble, l'aboutissement de nos travaux doit beaucoup aux bibliothèques universitaires de Besançon qui cependant, bien qu'étant fournies, disposent peu de documentations relatives à notre objet d'étude. Autrement, les quelques rares ouvrages qui traitent de la famine ou de l'insécurité alimentaire restent peu précis en ce sens qu'ils dressent un état des lieux sur le phénomène des famines dans le monde par exemple. Cela n'a pas été de nature à faciliter le bon déroulement de notre travail.

DEUXIÈME PARTIE

L'espace social alimentaire et ses ambiguïtés

La deuxième partie dresse un éventail des dimensions que peut revêtir l'espace social alimentaire. Par ce dernier, nous entendons méditer sur le poids des croyances et des traditions locales dans la (re) construction des savoirs qui définissent des pratiques et/ou des comportements, singulièrement dans un registre cultuel. À partir de cet instant, la portée du social dans l'organisation et la définition des modes alimentaires en Afrique traditionnelle est plus que jamais fondamentale, dans l'analyse des situations de disettes. Dans des pays du Sahel comme le Niger, l'espace dédié à l'alimentaire est culturellement riche de savoirs. Malheureusement, peu d'écrits font de cet élément un objet d'étude sociologiquement valable. La présente réflexion se donne donc pour tâche d'analyser ce contour qu'est le mystère jusque-là entretenu : la portée des déterminants culturels dans la survenance des famines.

Dans le contexte de Gouré, il s'agissait pour nous de souligner que, malgré la situation de pénurie qui caractérisait cette localité en 2005, l'entomophagie n'était pas tolérée par la culture locale. L'exemple le plus édifiant était le refus des locaux à consommer des criquets malgré la recommandation des nutritionnistes pour pallier les carences en protéines que présentaient les enfants âgés de 0 à 59 mois. Les données recueillies sur place en disent beaucoup dans l'explication de cette situation. C'est dans ce cadre qu'il a été nécessaire de recourir à l'analyse *in fine,* des totems et des croyances très souvent locales qui définissent les interdits et tabous alimentaires. En dépit de ces faits culturels, il existe également le questionnement des représentations sociales relatives à la fécondité : bref, ce que représente la démographie dans l'imaginaire collectif des Nigériens en général et des Gouréens en particulier dans ce contexte de disette.

En résumé, le contenu de cette seconde partie reflète la résistance, voire la persistance, des pratiques culturelles traditionnelles locales face à la nécessité d'innover au regard du contexte actuel qu'est la modernité. Ce « choc des cultures », entendu également comme un « choc des civilisations » pour paraphraser le titre d'un ouvrage de Samuel Huntington[118], serait l'une des explications de la survenance des crises alimentaires auxquelles font face quotidiennement les populations nigériennes de Gouré.

[118] S. HUNTINGTON, *Le Choc des civilisation*, trad. fr., Paris, Odile Jacob, 1997 (1re éd. américaine : 1996).

CHAPITRE 3

Cultures et comportements alimentaires

S'intéresser au lien entre culture et comportement revient à interroger les travaux de Margaret Mead qui *« chercha à relier certaines caractéristiques psychologiques des individus aux conditions particulières de la culture dans laquelle ils évoluent »*[119]. Depuis lors, une nouvelle discipline commença à marquer son espace dans l'arène scientifique : la psychologie sociale pour les uns, la psychosociologie pour les autres. Malgré les controverses sémantiques, tous s'accordent à converger vers un même centre d'intérêt : l'étude de l'homme aux confluents de ses interactions avec son environnement culturel. Geneviève Vinsonneau déploya le concept de *« congruence de la personnalité modale »* pour rendre compte du déterminisme culturel dans le façonnement de l'individu dans toutes ses dimensions. S'inscrivant dans cette posture, l'objet de ce travail est de porter un regard socio-anthropologique sur les pratiques et sur les représentations sociales qui organisent les comportements alimentaires à l'aune des cultures, des croyances et des traditions locales d'un groupe bien déterminé : la population de Gouré.

3.1. Les pratiques alimentaires à l'aune des croyances et traditions locales

L'alimentation locale à travers ses patrimoines matériels et immatériels connaît aujourd'hui un véritable engouement, et les débats qui se dessinent transcendent le paramètre nutritionnel pour mettre en valeur l'aspect culturel au regard des enjeux souvent complexes qui caractérisent les problèmes sociaux, notamment les crises alimentaires. De plus en plus, la question alimentaire devient non plus l'apanage des seuls nutritionnistes mais celle aussi des sociologues ou des anthropologues. C'est dans ce cadre que le

---

[119] G. VINSONNEAU, *Culture et comportement*, Paris, Amand Colin, 2000, p. 38.

champ d'action de l'*« espace social alimentaire »*[120] transcende largement la simple sphère du consommable pour s'intéresser aux représentations symboliques. Cet espace serait le résultat des choix opérés par une communauté humaine à l'intérieur de l'ensemble constitué par les produits nutritifs mis à sa disposition dans le milieu naturel.[121]. Ce qui fait dire à Mondher Kilani qu'*« en établissant à l'intérieur du nutritif la distinction entre le mangeable et le non-mangeable, la valeur sociale investie crée l'aliment au sens culturel et ordonne les aliments dans une hiérarchie qui transcende les goûts subjectifs individuels et s'affirme comme la valeur culturelle partagée par l'ensemble du groupe »*[122].

En faisant le parallèle avec la rémanence des crises alimentaires qui jalonnent le quotidien des Nigériens, beaucoup d'auteurs s'attèlent à démontrer que celles-ci sont la résultante (en partie) des atteintes répétées des habitudes de consommation. Pour donner sens à cette affirmation, l'apport du registre culturel a été plus que jamais essentiel dans la présente analyse. Car les débats et réflexions qui se font autour de cette thématique participent à la reconstruction des savoirs relatifs à l'innovation patrimoniale alimentaire. Cette dernière est désormais considérée comme un processus transversal et global dont l'acceptation dépend essentiellement des cultures locales qui gouvernent le mode de consommation d'un groupe social donné.

3.2. L'espace social alimentaire d'un point de vue culturel

L'état des lieux sur la production des savoirs relatifs à la socio-anthropologie des dynamiques culturelles ne s'est pas limité à décrire les logiques propres à chaque type d'organisation sociale. Cette quête de connaissance va plus loin en s'intéressant aux variabilités des formes et techniques qui gouvernent l'espace social alimentaire. Lowie, dans son *Manuel d'Anthropologie culturelle*[123], consacre à cette thématique tout un chapitre intitulé : « Le feu, la cuisine et les aliments », dont le contenu est bien plus large que le titre ne le laisse penser. L'auteur montre, dans une démonstration savante, que l'heure et la nature des repas diffèrent considérablement selon les sociétés auxquelles on appartient.

---

[120] L'expression est empruntée à J.-P. POULAIN, *Sociologie de l'alimentation*..., *op. cit.*

[121] G. CONDOMINAS, « Les pratiques alimentaires : un patrimoine culturel à sauvegarder », *Les études vietnamiennes*, vol. 1, n° 125-126, 1997, pp. 21-30.

[122] M. KILANI, *Introduction à l'Anthropologie*, Lausanne, Payot, 1992, p. 157.

[123] R. LOWIE, *Manuel d'anthropologie culturelle*, trad. fr., Paris, Payot, 1980 (1re éd. américaine : 1936).

Mais c'est avec Mead que la dimension sociale de l'espace fit son apparition. En effet, dans *Mœurs et sexualité en Océanie*[124], le contenu laisse apparaître la manière selon laquelle les comportements parentaux dans la distribution des aliments aux enfants peuvent être un élément déterminant dans la construction de ce que Linton appelle *« la personnalité de base »*[125]. Mead a beaucoup travaillé sur les questions relatives aux pratiques alimentaires. La définition de ces habitudes alimentaires rend compte de la conception culturaliste puisqu'elle décrit *« les façons selon lesquelles des individus ou des groupes d'individus, en réponse aux pressions sociales et culturelles choisissent, consomment et mettent à contribution certaines portions de disponibilités alimentaires présentes »*[126].

C'est donc la culture, ou le système culturel qui détermine l'originalité des pratiques alimentaires. Cette perspective sera introduite par l'école néo-freudienne de la personnalité sous la direction de Kardiner, Linton et Benedict[127] qui s'efforcent de montrer l'importance du mode alimentaire dans la construction de la personnalité et de ce que Garine[128] appelle le *« style ethnique »*.

Travaillant sur un matériau ethnologique, dans lequel l'alimentaire tient une place prépondérante, Marshall Sahlins[129] développe la thèse selon laquelle les cultures humaines ne sont pas élaborées à partir d'activités pratiques comme les techniques de production par exemple et ne relèvent pas des préoccupations utilitaires mais de logiques qui s'enracinent dans le symbolique. Cette perspective affirme l'influence culturelle et de son arbitraire sur les habitudes de consommation. Cependant, cette vision ne tient pas compte des interactions entre contraintes biologiques et culturelles. Dans le même prolongement que son prédécesseur, Léo Moulin[130] relève les différences des modes alimentaires dans une logique de construction identitaire. C'est ainsi qu'il note :

---

[124] M. MEAD, *Mœurs et sexualité en Océanie,* trad. fr, Paris, Plon, 1963 (1re éd. américaine : 1928).

[125] A. KARDINER, R. LINTON et *al.*, *The Psychological Frontiers of Society*, New York, Columbia University Press, 1945, cité par J.-P. POULAIN *in Sociologie de l'alimentation,* Paris, PUF, 2005.

[126] M. MEAD et C. GUTHE, « Manual for the Study, of Food Habits, Bulletin of National Research Council, National Academy of Sciences », vol.4, n° 111, 1945, p. 13 (1re éd. anglaise 2010)

[127] R. BENEDICT, *Pattern of Culture*, New York, Mentor Books, 1946.

[128] I. GARINE, (sous la dir. de), *Bien manger et bien vivre,* Paris, L'Harmattan, 1996, p. 25.

[129] M. SAHLINS, *Au cœur des sociétés : raison utilitaire et raison culturelles*, Paris, Gallimard, 1980 (1re éd. américaine : 1976).

[130] L. MOULIN, *L'Europe à table. Introduction à une psychosociologie des pratiques alimentaires,* Bruxelles Elsevier, 1975.

« Nous ne mangeons pas avec nos dents et nous ne digérons pas avec nos estomacs ; nous mangeons avec notre esprit, nous dégustons selon les normes culturelles liées au système d'échanges réciproques qui est à la base de toute vie sociale. C'est pourquoi chaque peuple se définit selon ses pratiques alimentaires et ses manières de table aussi nettement, aussi sûrement, que par sa langue, ses croyances ou ses pratiques sexuelles. »[131]

De cette citation, nous comprenons aisément toute l'importance que peut revêtir une étude dédiée à l'alimentaire. Dans la même optique, nous saisissons qu'au-delà de sa vocation première, celle de lutter contre la faim, l'alimentaire peut revêtir un espace d'expression identitaire.

3.2.1. Les cultures alimentaires locales : symbole de résistance identitaire

Le phénomène de patrimonialisation de l'alimentation constitue un lieu de lecture privilégié des mutations sociales. Ces dernières se donnent à voir dans *« les manières de cuisiner »* ou *les manières de manger ou de boire »*[132]puisqu'elles constituent des objets culturels porteurs de l'histoire et de l'identité d'un groupe social donné. Dans un monde en profonde mutation où le poids de la mondialisation force à l'innovation comme unique alternative, la question de préserver à tout prix son identité (sa manière d'être, de penser, d'agir) est plus que jamais une nécessité. L'idée que des savoir-faire et des techniques puissent être protégés ou conservés sous-entend la crainte qu'ils disparaissent. À cet effet, Poulain affirmait que : *« la patrimonialisation de l'alimentaire émerge dans un contexte de transformation vécue comme un mode de dégradation et, plus largement, comme un risque de perte d'identité »*[133].

Cette situation semble être le prototype au sein duquel les Gouréens semblent exprimer une forme de résistance à tout changement tendant à remettre en question leurs pratiques alimentaires locales. Ces populations s'identifient aux modèles ancestraux. Par conséquent, les reléguer au second plan au profit d'une certaine « modernité » ou sous le poids de la contrainte, reviendrait à abandonner son identité. Cela sous-entend tourner le dos à son patrimoine culturel, pourtant considéré comme une valeur incommensurable transmise de génération en génération. D'ailleurs de nos jours, les débats relatifs aux cultures alimentaires locales attisent bien résistance et conservatisme puisqu'ils symbolisent, dans la plupart des cas, un label gastronomique local. Jean-Pierre Poulain va plus loin en montrant la place de choix que constituent certaines spécialités gastronomiques comme

---

[131] L. MOULIN, …cité par J.-P. POULAIN *in Sociologie de l'alimentation,* Paris, PUF, 2005, p. 141.

[132] J.-P. POULAIN, *Sociologie de l'alimentation*, Paris, PUF, 2005, p. 26.

[133] *op cit.*

symbole de fierté de tout un peuple : *« Le débat sur l'Europe de 1993 a vu le camembert au lait cru s'ériger en symbole de fierté de la nation française. »*[134]

Dans le même ordre d'idée, cet exemple est attesté dans un contexte africain. En se fondant sur des travaux de terrain, nous constatons que la même réalité se vérifie dans un champ culturel radicalement diffèrent du précédent. Ce qui laisse à penser que la localité de Gouré présente bien les caractéristiques d'une revendication identitaire de par le symbole de fierté que représente le *« brabousco »* en langue haoussa[135], une variété alimentaire locale bien appréciée même sur le plan national. Son nom de terroir est *Gajikarasouwa*[136]. En effet, sa renommée dépasse largement la seule frontière locale puisqu'au-delà, cette spécialité constitue un patrimoine alimentaire national du Niger. Ce qui revient à dire qu'en promouvant la dite variété comme une forme de vitrine nationale, c'est quelque part la culture locale du terroir qui est à l'honneur.

3.2.2. La gouvernance alimentaire *versus* le *diktat* des croyances

Les principales institutions qui organisent l'espace publique local sont les chefferies coutumières, les services publics déconcentrés de l'État, les institutions communales, les organisations associatives locales et les institutions religieuses. À propos des croyances, qui organisent le quotidien des habitants de Gouré, le constat est sans appel : l'islam et le christianisme représentent officiellement les deux principales religions pratiquées. Toutefois, d'autres formes de croyances se font voir essentiellement dans un cadre magico-culturel.

Officiellement la population de Gouré, en dépit des diversités sociolinguistiques, se revendique majoritairement de confession musulmane. D'ailleurs, les statistiques dédiées à cet effet, mais non vérifiées par nos soins, indiquent une communauté islamique qui tournerait autour de 98 % de la population globale. Le christianisme, bien qu'étant accepté dans l'arène locale, se pratique plutôt de manière timide. Comparativement à l'islam qui jouit d'une intégration réussie au sein de la population locale, il peine à conquérir les consciences, ce qui est très certainement lié à son avènement récent.

Quoi qu'il en soit, s'identifier à un culte est une chose, l'exercer dans toute sa plénitude en est une autre. Les dynamiques sociétales qui organisent

---

[134] *Op cit.* p. 21.

[135] Une variété alimentaire locale très prisée même au plan national et qui est associé à l'identité Kanuri. Le terme *brabousco* est beaucoup plus connu puisque c'est un terme *haoussa*, une langue parlée majoritairement au Niger.

[136] C'est le nom local auquel la population de Gouré se réfère le plus pour désigner la spécialité.

les rites des Gouréens montrent qu'à côté des institutions religieuses officielles, s'invitent d'autres formes de croyances bien ancrées socialement mais que la prégnance de l'islam relègue au second rang[137]. Celles-ci se donnent à voir, le plus souvent, dans les traditions culturelles propres à chaque groupe sociolinguistique. C'est dans cette dynamique réflexive que nous entendons démontrer l'influence de ces croyances qui déborde le simple cadre religieux. Selon James William, cette influence inclut *« les sentiments, les actes et expériences d'individus dans leur solitude, pour autant qu'ils se perçoivent eux-mêmes en relation stable avec tout ce qui leur paraît comme divin »*[138]. Cela affecte d'autres paramètres sociétaux comme les us et coutumes qui organisent le monde alimentaire des Gouréens.

Comme nous l'avons précédemment exprimé, ces croyances vont au-delà de la simple sphère du groupe auquel chaque membre s'identifie et s'étendent jusqu'à la sphère communautaire pour interpeller les consciences individuelles. Ainsi malgré les différences des rites constatées dans chaque communauté, force est de constater l'influence de ces pratiques dans les comportements alimentaires des croyants. Sinon comment peut-on expliquer le bien fondé de certains interdits alimentaires qui n'ont publiquement aucune accointance avec les binômes *harem/halal* (islam) ou permis/prohibé (christianisme).

De cette réflexion, il ressort l'hypothèse suivante : *le rejet d'une variété alimentaire par un groupe social renseigne sur le monde totémique auquel cette communauté se doit respect et obéissance.* Ainsi, les déterminants culturels qui organisent les modes et les comportements, en particulier les représentations sociales qui définissent des tabous dans la rémanence des crises alimentaires comme ce fut le cas de la situation de 2005 dans la localité de Gouré. Nous nous demandons alors quelle portée religieuse que peut avoir le totem dans l'explication des situations d'indigence de subsistance.

La réponse à cette interrogation rejoint le postulat selon lequel le totem est un *« modèle de significations incarnées dans des symboles qui sont transmis à travers l'histoire, un système de conceptions héritées qui s'expriment symboliquement, et au moyen desquelles les hommes communiquent, perpétuent et développement leur connaissance de la vie, et leurs attitudes devant elle »*[139].

---

[137] Le critère fondamental que pose l'Islam pour se faire accepter par la *ouma* est le *chahada* : le fait de n'associer personne à Allah et reconnaître que Mohamed et son envoyé.

[138] J. WILLIAM, *TheVarieties of Religious Experience. A Study of Human Nature*, New York, Modern Library, 1929, p. 31.

[139] C. GEERTZ, E. ROBERT, *etal.*, « La religion comme système culturel » *in Essai d'Anthropologie religieuse*, Paris,Gallimard, [1972], pp. 19-66, cité par M. KILANI, 2014, in *Pour un universalisme critique*, Paris,La découverte, p. 48.

3.3. Le totémisme comme entité religieuse complexe

Les premiers débats autour du totémisme concernent son statut de *« religion primitive »* ou de *« forme élémentaire »* de la religion. Cette assertion est défendue par des auteurs comme Evans-Pritchard[140] et Durkheim[141]. Par la suite, le totem devient le centre d'intérêt de tous les interdits religieux comme culturels. Car *« définir la religion et la culture en tant que* "world views", *revient à considérer ces deux instances comme satisfaisant par équivalence les mêmes nécessités fonctionnelles »*[142]. Cette lecture considère ces deux aspects pour intégrer le monde alimentaire à travers le qualificatif d'interdits alimentaires. D'où la justification de Jean Pouillon : *« Le comestible n'est pas toujours consommable. »*[143] Cette allusion reposant sur les principes religieux parfois culturels qui défendent ou conditionnent strictement, la comestibilité de certains aliments eu égard à leurs représentations sociales dénote, si besoin, que l'institution totémique n'épargne nullement l'espace de consommation. Dans cette optique, les tabous alimentaires participent parfaitement à cette structuration dès l'instant où subsistent des réalités sociétales qui ne sont pas culturellement uniformes au sein de chaque groupe ou clan. En accordant un intérêt de choix à étudier une institution sociale hyper complexe aussi bien dans ses formes rituelles que dans ses représentations symboliques, le totémisme témoigne d'une *« organisation sociale bien structurée : celle qui a pour base la division de la société en clan »*[144].

À titre de rappel, l'origine première du terme « *totem* » signifie *lien* en langue *ojibwa*[145] et non pas représentation animale ou végétale à laquelle est voué en un culte. *« Le totem désigne nominalement une forme de croyance et de pratique où une entité (animale ou végétale) qui est associée (de manière généalogique) à un groupe humain ou à une de ses subdivisions (en général un clan ou une lignée)… »*[146]

Partant de cette logique, le totémisme revêt diverses caractéristiques qui ne peuvent s'interpréter que dans les logiques culturelles auxquelles il se réfère. C'est ainsi qu'Isabelle Bouard[147] avance que l'explication des

---

[140] E. EVANS-PRITCHARD, *Nuer religion*, Oxford, Oxford University, 1956.

[141] É. DURKHEIM, *Les Formes élémentaires de la vie religieuse*, Paris, PUF, 1981 (1re éd. : 1912).

[142] M. KILANI, *Pour un universalisme critique*, Paris, La Découverte, 2014, p. 46

[143] J. POUILLON, « Manières de table, manières de lit, manière de langage », *Nouvelle revue de psychanalyse,* vol. 6, n° 4, 1972, pp. 25-26.

[144] É. DURKHEIM, *Les Formes élémentaires de la vie religieuse*, Paris, PUF, 2013 (1re éd.: française 1912).

[145] Un dialecte parlé en Amérique du Nord et au Canada par les Amérindiens.

[146] L. OBADIA, *L'Anthropologie des religions*, Paris, La Découverte, 2011, p.55.

[147] I. BOUARD, « Regard anthropologique sur les interdits alimentaires », *op. cit.*

interdits alimentaires va des arguments les plus savants aux simples opinions guidées par une pensée rationaliste et/ou matérialiste. Selon cette auteure, la logique totémique fait partie du modèle alimentaire qui organise chaque institution religieuse.

Allant dans le même sens, Bouard[148] nous apprend que la prohibition du porc chez les Juifs et les Musulmans s'expliquerait par le fait qu'il est dangereux de le consommer dans les conditions réputées caniculaires. La raison à cela tient essentiellement à la forte propagation de la trichinose, considérée en son temps comme une pathologie exclusivement porcine. Mais l'avancée de la science a bien démontré que d'autres animaux, acceptés comme licites, peuvent aussi être porteurs du germe de cette maladie. Ce qui fait dire à Mary Douglas[149] que cette thèse repose essentiellement sur un postulat hygiéniste et, par conséquent, le prophète Mohamed peut être considéré pour cela comme un hygiéniste avisé. L'auteur affine son analyse en puisant dans les textes sacrés auxquels se réfèrent le judaïsme et l'islam.

Selon l'Ancien Testament, il est écrit que la terre, les eaux, les firmaments correspondent bien à une classe animale. Cela est bien illustré dans la citation de Douglas : *« Dans le firmament, ce sont des volatiles ailés à deux pattes ; dans les eaux ce sont les poissons à écailles qui nagent avec des nageoires ; sur la terre ce sont des animaux à quatre pattes et qui sautent ou marchent. »*[150] À la lumière de ce qui précède tout animal, qui ne répond pas à de tels critères est enclin à la souillure et donc impropre à la consommation. Dans la classification de catégories d'animaux, interviennent d'autres critères comme la conformation des pattes et le mode de digestion. Le porc, qui est un animal aux pattes fendues et onglées, est exclu de cette catégorie et devient logiquement *« abominable »* et *« impur »*. C'est suite à l'intégration des représentations culturelles dans le monde religieux qu'il a été plus aisé de comprendre le comportement alimentaire des Gouréens pendant la situation de 2005.

3.3.1. La situation de 2005 dans le cadre d'une approche culturelle locale

Habituellement, l'organisation sociétale du mode alimentaire des Gouréens est basée sur le binôme licite/illicite ou encore *halal/harem*. Le premier terme est considéré comme tout ce qui est autorisé ou permis, et donc sans conséquence préjudiciable pour son entourage, son environnement, voire sa religion. Le second, quant à lui, se justifie sous forme de « mise en garde » entraînant, de fait, une interpellation de sa conscience.

---

[148] *Op. Cit.*

[149] M. DOUGLAS, *De la souillure*, trad. fr.,Paris, Maspero, 1981 (1re éd. anglaise : 1966).

[150] *Ibid.*, p. 55.

Cela se manifeste par une désapprobation sous le modèle de rejet social vis-à-vis de son environnement identitaire. Comme évoqué ci-dessus, la population de Gouré est majoritairement musulmane. Cependant, le poids des traditions reste encore vivace dans les esprits. Cette situation interroge les pratiques ancestrales à forte résonnance culturelle de chaque communauté, clan ou famille. Au sein d'une même communauté religieuse, apparaissent diverses formes de croyances dont seul le registre culturel a le secret.

Ceci laisse entendre qu'en s'appuyant sur l'islam ou le christianisme comme relevant d'une solidarité mécanique, d'autres détails non moins importants concourent à une entreprise au sein de laquelle se construisent des manières d'agir, de penser, de manger et de croire. En résumé, on a affaire à une institution très organisée au sein de laquelle toutes les interactions ont pour champ d'intérêt les traditions locales. Cela explique de manière distincte comment la crise de 2005, qui a sévi dans la localité de Gouré, a été la résultante aussi bien des comportements dictés par des habitudes alimentaires que de l'impact de la sécheresse.

L'enquête de terrain réalisée à cet effet auprès de trois catégories de personnes différentes, laisse apparaître les résultats ci-après

Tableau IV : Niveau de croyance qui organise les pratiques culturelles alimentaires

Catégorie d'âge	Oui	Non	Ménages interrogés
1re catégorie [20 à 39 ans [	53 %	47 %	200
2e catégorie [40 à 59 ans [	60 %	40 %	100
3e catégorie [60 et + [	88 %	12 %	50
Population totale des ménages enquêtés 350			

Source : Données de terrain.

L'interprétation de ce tableau conforte notre analyse car sur une population cible de 350 foyers ayant subi la passation du questionnaire (toutes catégories d'âge comprises), l'analyse montre bien l'existence d'un ou même plusieurs interdits (culturels) qui fondent le quotidien de consommation des Gouréens. Mieux, l'enquête confirme que dans la plupart des cas, ces tabous revêtent de signes caractéristiques de totem. En s'inscrivant dans un prolongement durkheimien, et sur la base des interdits qui caractérisent le mode alimentaire local des Gouréens, ces tabous répondent bien à une double préoccupation : *« D'abord et avant tout un nom* [...] *et ensuite un emblème. »*[151]

Certains groupes locaux font de la consommation des insectes, et particulièrement des criquets, un interdit alimentaire. Car dans la conscience

[151] E. DURKHEIM, *Les Formes élémentaires de la vie religieuse, ...op. cit.*, 2012, p. 154.

collective, l'entomophagie est plutôt une attitude amorale. Ce qui explique les formes de résistances d'obédience culturelle constatées ici ou ailleurs. Cette posture fait dire à Mondher Kilani que l'emprise de l'environnement est plus que déterminant dans le façonnement de l'individu dans son espace social. La société ne renonce jamais à *« classer les individus selon leur appartenance à des groupes culturels... »*. Et d'ajouter : *« le culturel a tendance à altérer l'ordre* [...] *de l'espace public. »*[152]

3.3.2. Genèse de la situation de 2005 dans la zone étudiée

La famine de 2005 a été l'une des calamités les plus dramatiques que le Niger ait connus et tient essentiellement à trois facteurs majeurs. Tout d'abord, il était question d'une crise agricole résultant d'un déficit céréalier certes marginal, mais dont l'impact a été décisif dans la détérioration du quotidien alimentaire des Gouréens. L'évolution du bilan céréalier de la zone d'étude montre que les productions agricoles varient d'une année à une autre. Selon le Système d'Alerte Précoce (SAP), cette évolution laisse présager des indices d'essoufflement. Au fur et à mesure que les années passent, la production céréalière s'amenuise comme peau de chagrin. Cette assertion est corroborée par les quelques rares statistiques disponibles. Ainsi, de 1995 à 2005, le bilan céréalier du département de Gouré fait ressortir l'évolution des différentes campagnes selon la forme graphique suivante :

Figure 3 : Bilan céréalier du Niger de 1995 à 2005

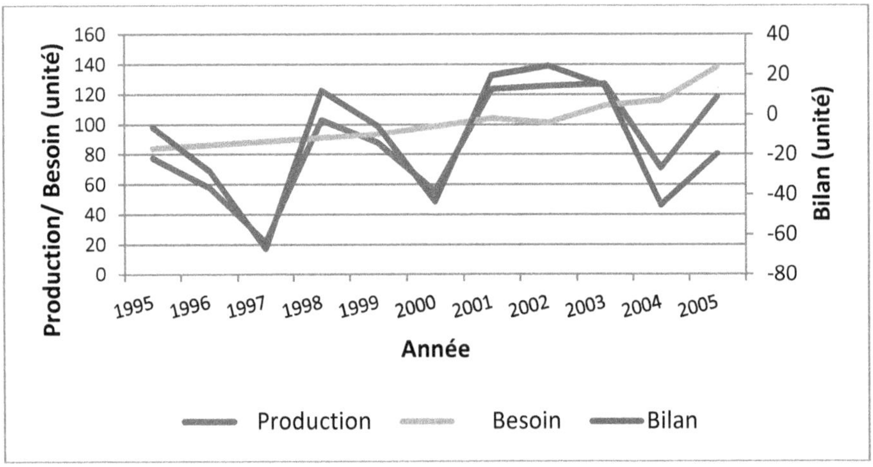

Source : Direction des Statistiques agricoles.

[152] M. KILANI, *Pour une critique de l'universalisme*, Paris, La Découverte, 2014, p. 54.

Les données ci-dessus indiquent que la campagne agricole de 2005 laisse apparaître un léger déficit céréalier, certes plus conséquent que le déficit agricole national qui était de 7,5 % mais insuffisant pour expliquer le désastre de 2005 à Gouré. Pour comprendre les causes de cette sous-production, il y a lieu de faire cas d'autres éléments, comme l'invasion des semis par les insectes de culture, essentiellement les criquets pèlerins. D'ailleurs, un habitant de Gouré témoigne de la situation en ces termes :

« La production agricole de 2005 a été entachée par les ravages des criquets pèlerins. Nous ne savons même pas d'où viennent ces insectes maudits. Ils détruisent tout sur leur passage. Vous ne pourrez pas imaginer l'ampleur des dégâts causés à défaut d'avoir vécu l'année des criquets. J'ai l'impression qu'ils se multiplient à chaque heure tellement qu'ils sont nombreux. Dans mon champ, je comptais plusieurs centaines de criquets sur une seule épine de mil et ils dévoraient des champs entiers en quelques heures seulement. »

Cependant, cette explication s'est avérée insuffisante car se limitant au seul déficit agricole et à l'invasion acridienne. Abondant dans ce sens, Christian Troubé[153] et Jean-Hervé Jézéquel[154] démontrent qu'avec les conséquences du changement climatique, les crises alimentaires révèlent d'autres complexités tant dans leurs explications que dans leurs manifestations. Benedetta Rossi ajoute que : *« La crise alimentaire de 2005 est différente dans sa nature et son déroulement des crises qu'a connues jusqu'ici le Niger qui ont été des "crises d'offre". La crise n'a pas suivi le schéma "habituel" d'une chute de la production céréalière due à un choc, scénario sur lequel le SAP concentre son attention ; l'ampleur qu'elle prendra n'était pas "annoncée" au départ. »*[155] Cette situation confirme la texture des événements qui avaient caractérisé le département de Gouré en 2005. Celle-ci était également consécutive à un manque de déficit fourrager à grande échelle. Il est important de retenir que le drame de 2005 n'avait pas seulement affecté le seul registre alimentaire humain mais avait aussi causé beaucoup de désagréments au cheptel tant sur l'échiquier national qu'au niveau local. Un éleveur notait ainsi :

« Les éleveurs ont plus souffert de la situation de 2005 plus que n'importe qui. Ils ont perdu beaucoup d'animaux rien qu'à cause du manque de fourrage. Tu peux voir un éleveur, malgré les liens qui l'unissent à son troupeau, abandonner quelques têtes parce qu'elles sont terrassées par la faim. »

---

[153] C. TROUBE, *Les Nouvelles famines, des catastrophes si naturelles*, Paris, Autrement, 2007.

[154] J.-H. JÉZÉQUEL (sous la dir. de), *Niger 2005, une catastrophe si naturelle,* Paris, Kartala, 2008.

[155] B. ROSSI, « Les paradoxes de l'aide chronique », *in* J.-H. JEZEQUEL et X. CROMBE (sous la dir. de), *Niger 2005, une catastrophe si naturelle*, Paris, Karthala, 2007, p. 153.

La crise pastorale a été peu médiatisée, sans doute parce qu'elle était moins spectaculaire aux yeux des médias. Elle avait peu d'impact sur le régime alimentaire humain et touchait des populations où la malnutrition infantile était moindre par rapport au reste du pays[156]. Mais pourtant, 2005 a été une année très éprouvante pour les éleveurs, dont ceux de Gouré. Le déficit fourrager s'élevait à 35,6 % du besoin national. Une bonne partie du cheptel de cette localité a été décimée par manque de pâturage. D'après le personnel de la météorologie, le déficit fourrager était bien antérieur à la crise de subsistance. L'année 2004 a fait l'objet d'un manque de fourrage, entraînant une transhumance précoce de nombreux troupeaux vers des zones beaucoup plus humides. Cette situation avait occasionné un déséquilibre entre l'offre et la demande en termes de besoin fourrager au regard du nombre important de la population du bétail. Entre-temps, les mares, habituellement lieux d'abreuvement des animaux, s'étaient asséchées par manque de pluies, et la complémentation en paille devenait de plus en plus difficile. L'urgence était telle que chaque éleveur cherchait, coûte que coûte, à se débarrasser de ses animaux pour minimiser les risques de perte. Du coup, les prix sur le marché à bétail étaient dérisoires comparativement au coût réel des animaux. Par exemple, une vache se vendait à 15.000 francs CFA, alors qu'en période normale ce même animal valait 100.000 francs CFA. Ceci a été le déclencheur principal d'une autre crise, celle du marché, l'un des vecteurs déterminants dans l'aggravation de la famine de 2005. L'envolée des prix des denrées alimentaires, due à la spéculation d'une poignée des commerçants véreux, était le principal motif de cette conjoncture. Ce qui avait entraîné l'afflux de nombreuses ONG en quête de vivres à acheter. Réagissant à cette situation, l'un des enquêtés a déclaré : *« La rareté a été aggravée, en achetant auprès des producteurs pour stocker. À ce niveau, la médiatisation de la crise alimentaire y a contribué. Il y a des commerçants qui ont constitué des stocks, beaucoup de stocks, ils attendent une chose : les commandes des projets. »* Un autre confirme : *« Quand les commerçants ont constaté que le mil était devenu cher et que les paysans s'étaient rabattus sur le riz, ils ont caché le riz. Il y a eu beaucoup de demandes, alors ils ont vendu ça cher. »*

Le dernier enquêté s'était également exprimé à propos de cette situation de la manière suivante : *« Elle* [la crise] *a été un peu plus difficile parce qu'il y a eu une médiatisation qui a fait augmenter le prix des denrées alimentaires, mais les secours alimentaires ont vite dissipé cette difficulté. »*

---

[156] Comme nous l'avions précédemment illustré, la malnutrition était le facteur déclencheur de la crise de 2005 selon les médias internationaux. À l'époque, la maladie sévissait dans la localité de Gouré avec une ampleur relativement faible (9 %) comparativement aux autres provinces où elle frôlait les 17 %. Cette situation pourrait expliquer l'indifférence des médias vis-à-vis de la crise pastorale.

Par exemple, le prix du sac du mil de 100 kilogrammes se vendait entre 8.000 et 10.000 francs CFA juste après la récolte. Le même sac se négociait à 30.000 francs CFA six mois plus tard. Le graphique ci-dessous montre l'évolution des prix des denrées de base. Il s'agissait des prix à la *tiya*[157] des produits de consommation courante que sont le mil, le maïs, le sorgho, le riz et le niébé. Ces prix étaient en franc CFA et couvraient la période d'octobre 2004 au mois de septembre 2005.

Figure 4 : L'évolution des prix des denrées

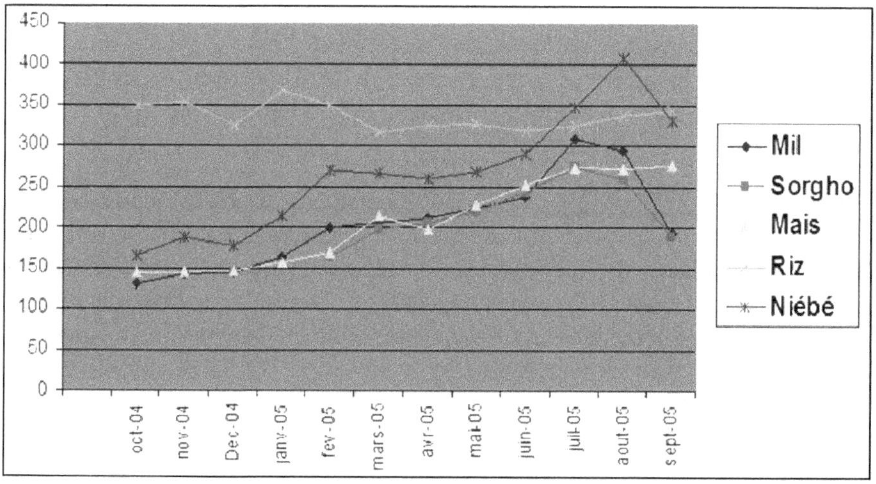

Source : SIMA (Système d'informations sur les marchés agricoles).

Partant de ce constat, la situation de 2005 n'apparaît exceptionnelle et inhabituelle que pour les organismes soucieux d'expliquer cette crise en fonction de leurs propres grilles de lecture. Bien que le Niger ait connu par le passé des famines essentiellement dues à des écarts entre l'offre et la demande de nourriture, il est tout aussi largement admis, notamment depuis les travaux de Amartya Sen que le déclin des disponibilités alimentaires n'est pas le seul indicateur d'une crise : *« La sous-alimentation est le fait de ne pas avoir assez à manger et non le fait qu'il y ait pas assez de nourriture disponible. »*[158]

Cependant, passer du concept de disponibilité à celui d'accessibilité alimentaire n'est pas suffisant en soi pour comprendre la crise de 2005 et

[157] Il s'agit d'un instrument local de mesure des denrées de première nécessité sur les marchés céréaliers au Niger. Généralement, la mesure *tiya* équivaut à 2,5 kilogrammes. Il faut noter également que les *tiya* varient d'une localité à une autre. Ce qui fait dire aux habitués des marchés céréaliers, qu'il existe de grande comme de petite *tiya.*

[158] A. SEN, *Poverty and Famines: An Essay on Entitlement and Deprivation*, Oxford, Clarendon Press, p. 1.

empêcher qu'elle ne se répète. Le « tout alimentaire » doit céder la place à la promotion des moyens de subsistance, de la santé nutritionnelle et à une responsabilisation politique beaucoup plus en phase avec la réalité nigérienne. Une telle situation que d'aucuns assimilent à de la fatalité, semble devenir de nos jours la priorité des gouvernants. La raison à cela est à rechercher dans les politiques publiques. À ce propos, Sylvie Brunel affirmait que *« la famine n'est nullement inéluctable dans la mesure où, aujourd'hui, les moyens d'information et d'acheminement des secours existent. À partir du moment où une situation de pénurie alimentaire* ''perdure''*, c'est qu'il y a eu volonté humaine »*[159]. Bien que le rôle de l'État soit primordial dans la résolution des questions de famines, il est tout aussi important de considérer les représentations sociales qui organisent les cultures locales notamment celles ayant trait aux situations des disettes.

3.3.3. La crise de 2005 selon les représentations populaires

Nous entendons ici par *représentations populaires locales* le reflet de l'imaginaire collectif de la population de Gouré à propos de la situation de 2005. Il s'agit, à travers la nature des faits, d'interpréter les choses vécues par les acteurs mais également de faire prévaloir les perceptions locales sur ces thématiques qui sont cruciales et complexes. Celles-ci définissent la trame quotidienne de cette population longtemps meurtrie par les catastrophes plus tragiques les unes que les autres. Dans cette partie, il sera débattu les problèmes de la rémanence des crises alimentaires en lien avec la démographie galopante et la pauvreté endémique caractérisant cette partie du Niger. Les résultats de ces analyses ne reflètent nullement le point de vue de l'ensemble des acteurs mais renvoient à la logique qui caractérise les cultures propres à chaque communauté.

Ce travail rend compte des sémiologies populaires, souvent à l'allure de croyances qui gouvernent l'espace traditionnel local. La crise qui a sévi en 2005 dans la localité de Gouré a été le théâtre de nombreuses explications. Ici, l'apport des représentations sociales dans un contexte culturel local est plus que jamais essentiel pour donner sens à cette réflexion. Car, comme le souligne Branislow Malinowski, un travail sociologique a pour vocation trois fonctions inéluctables : *« Restituer l'organisation sociale, rendre compte des impondérables de la vie authentique et constituer un* corpus inscriptionum *servant de témoignage sur la vie indigène. »*[160]

C'est fondamentalement le sens qui guide notre entreprise dès lors qu'il s'agit de restituer fidèlement la perception des acteurs dans le contexte de

---

[159] S. BRUNEL, *Famine et politique*, Paris, Presses de sciences Po, 2002, p. 35.

[160] B. MALINOWSKI cité par P. DEMEULENAERE, *L'Interprétation de terrain et des recours à des propositions théoriques*, voir *L'Année sociologique*, vol. 12, n° 9, Paris, PUF, 2012, p. 69.

2005 en tenant compte des normes et des institutions qui encadrent les pratiques culturelles locales et du décalage entre les normes officielles et les pratiques des acteurs.

Selon la croyance populaire de la plupart des Gouréens, la rémanence des crises alimentaires serait la résultante d'une colère des ancêtres. Les raisons mises en avant reposent essentiellement sur l'abandon des rites traditionnels indispensables à la sécurité alimentaire des hommes et des animaux. Les conséquences du non-respect de ces rites exposent dangereusement le terroir aux multiples malheurs. L'exemple le plus édifiant est l'invasion acridienne survenue à Gouré pendant cette période, conséquence de la transgression par la population de certaines valeurs et croyances ancestrales. Pour les chefs de ménages locaux et sur la base du matériau de terrain, bon nombre de rites existent, lesquels devraient se faire avant, pendant et après chaque saison hivernale. Ces pratiques rituelles sont réalisées pour apaiser la colère des ancêtres et demander leurs bénédictions. Aujourd'hui, ces coutumes ne sont plus d'actualité. Bien que quelques rares fêtes traditionnelles continuent à être organisées, elles ne sont pas considérées par les autorités, soit au nom des préceptes islamiques, soit en raison d'un désintérêt de plus en plus manifeste sous le poids de la modernité. Les propos d'un chef de foyer confortent bien notre analyse :

> *« La famine de 2005 dans mon village est loin d'être une simple conséquence d'une sécheresse. Les habitants de Gouré ont connu une succession de sécheresses pourtant ils ont toujours su surmonter ces turbulences. En revanche, la tragédie de 2005 serait, pour moi, la résultante d'une colère divine due certainement aux comportements indécents de la population et des pouvoirs publics. À titre d'exemple, il y avait des rites qui se faisaient au début de chaque campagne hivernale. Avec le temps et l'influence de la modernité, ces pratiques ont fait place aux prévisions météorologiques, jusqu'à prévoir les périodes favorables pour faire les semis. Mais j'avoue mon impuissance pour dire avec exactitude ce qui s'est vraiment passé. Une chose est sûre, nos mœurs et valeurs perdent du terrain au nom d'une certaine "civilisation". Cette dernière a d'ailleurs montré ses limites depuis fort longtemps. Comme ça n'arrange pas ceux qui nous gouvernent, ils continuent à trouver une explication à tout. »*

Cet extrait d'entretien témoigne de la forte emprise des croyances des acteurs dans l'arène locale. Cela souligne l'importance des facteurs culturels dans la survenue de la calamité de 2005. Les habitudes alimentaires varient selon qu'on appartient à telle ou telle culture. Ainsi, à la lumière des données de terrain, il ressort un climat de méfiance accru des autochtones. Cette situation est caractérisée par d'impressionnantes manifestations ciblant une gamme de produits alimentaires, dont les criquets mais aussi des espèces végétales. La réticence à consommer des criquets dans un contexte de rareté témoigne de la vivacité des croyances qui gouvernent les traditions locales. L'emprise des enjeux culturels, qui gouvernent le mode alimentaire des Gouréens, tolère peu l'entomophagie au sein des groupes communautaires

Kanuri[161] ou Peuhls[162]. Un chef de ménage, témoin de la situation de 2005, affirmait :

« Comment voulez-vous, parce qu'il y a rareté sur le marché céréalier, qu'on nous dise de consommer les criquets ? Depuis quand les insectes sont-ils devenus des denrées comestibles ? C'est de la saleté et je n'ai jamais vu un membre de ma famille les manger. Si d'autres personnes en consomment, je dirais tout simplement que ça fait partie de leurs habitudes alimentaires. En tout cas, dans ma culture, l'entomophagie n'est pas acceptée. Vous conviendrez avec moi que je ne serais pas le premier à donner l'exemple. Je me demande sincèrement, qu'est-ce qu'il y a de si nourrissant pour que certains en consomment et disent que ça peut remplacer le mil ou le maïs. Dans la culture peule, par exemple, est considérée comme bouffe tout mets qui, après avoir été consommé, vous donne l'impression d'être rassasié. Il y a des personnes (nutritionnistes) qui viennent nous tenir des discours comme quoi certains insectes sont très riches en vitamines protéinées. Le fait d'en consommer mettrait nos enfants à l'abri de la malnutrition. Et, la famille du criquet fait partie de ces insectes-là. N'importe quoi ! En tout cas, je n'accepterai pas que ma femme ni mes enfants consomment de telles ordures. »

Pour expliquer leur attitude, ces groupes sociolinguistiques brandissent des normes sociétales comme la décence et la morale afin d'éviter la consommation des criquets. Selon la sagesse populaire de cette communauté, consommer un insecte (au-delà, un être vivant qui ne dispose pas de sang, à l'exemple des sauterelles) revient à commettre un sacrilège. Car la plupart d'insectes ou d'animaux qui répondent à ce critère incarnent l'impureté. Par conséquent, toute personne qui outrepassera ce dogme s'expose, d'une manière ou d'une autre, à provoquer le courroux des ancêtres. Pour une personne extérieure à ce groupe social, comprendre une telle situation ne sera pas chose aisée. Comme quoi il faut nécessairement connaître les us et coutumes ancestrales de cette communauté pour mesurer la portée des choses :

« Si dans une société donnée, le seul enseignement dispensé aux enfants est celui d'un texte sacré, ces enfants auront des croyances différentes de ceux qui sont

[161] La principale communauté ethnique du département de Gouré.

[162] C'est une communauté à majorité pastorale. Son mode de consommation est essentiellement basé sur le lait et ses dérivés. Ceci explique le modèle restrictif de l'alimentation. Pour l'anecdote, pendant les grandes sécheresses des 1974 et 1984, certains éleveurs peuls du Niger préfèrent voir leurs animaux mourir que de les vendre. Tout simplement parce que ces derniers sont considérés comme faisant partie intégrante de la famille. Pour la même raison, un éleveur peul ne mange presque jamais la viande de son animal abattu sauf si c'est à son insu.

éduqués dans une perspective insistant sur le développement de l'esprit critique et scientifique. »[163]

La communauté Peule de Gouré a toutes les raisons de se conformer aux prescriptions alimentaires définies par leurs coutumes ou traditions. Cette logique est tout aussi valable pour certaines espèces végétales car bon nombre d'entre elles symbolisent la réincarnation des ancêtres. Par conséquent, leurs consommations requièrent toutes une organisation rituelle prévue à cet effet. Sinon, outrepasser une telle norme culturelle expose à une sanction (généralement mystique) sous forme de malédiction. Pour se rendre compte de l'ampleur de la situation, nous nous sommes référé à deux espèces végétales locales qui sont davantage consommées en contexte de pénurie. Il s'agit d'*Euphorbiabalsamifera* et *Moringa Olefeira.* Ces deux plantes sont bien connues à cause de leurs feuilles nourricières très sollicitées comme denrée alimentaire pour supplanter le menu habituel en période de disette et très appréciées pour leurs vertus thérapeutiques.

Toutefois, au regard des variantes culturelles qui se dessinent d'une communauté à l'autre, la consommation de ces feuilles n'est pas toujours acceptée. À titre d'exemple, la consommation des feuilles d'arbres n'entre pas dans les habitudes alimentaires de certaines populations nomades comme les Peuls, les Touaregs et les Arabes. Chez le peuple Kanuri, la consommation de ces feuilles n'est pas non plus attribuée aux habitudes alimentaires mais plutôt à des lourdeurs culturelles. Ainsi, ces plantes sont réservées aux rituels consacrés aux morts. Par respect à ces derniers, certains mettent une restriction pour les consommer. L'exemple le plus frappant était la situation de 2005 dans le département de Gouré où la consommation des insectes (criquets) et de certaines espèces végétales comme *Moringa Olefeira* et *Euphorbiabalsamifera* n'était pas acceptée par tous, malgré la rareté qui prévalait.

En dépit des pesanteurs locales qui présentent un poids non négligeable dans les manifestations des famines, l'expression d'une démographie mal contenue peut engendrer le pire. Cette situation peut se comprendre dans le contexte de Gouré où les représentations de la fécondité occupent une place de choix dans la quête d'une respectabilité. Ainsi, le fait d'avoir des enfants symbolise un avenir paisible dans la mesure où les parents espèrent garantir une sécurité sociale. Ceux-ci pensent à leur vieillesse, leurs enfants pourraient les prendre en charge. En outre, pour beaucoup de personnes, ces progénitures incarnent l'avenir en perpétuant la lignée.

---

[163] P. DEMEULENAERE, *Les Normes sociales, entre accords et désaccords*, Paris, PUF, 2003, p. 38.

CHAPITRE 4

Les pesanteurs sociales locales

Nous entendons par *pesanteurs sociales locales*, le poids des représentations populaires qui construit la démographie comme un élément de régulation. Ainsi, ce chapitre se veut être une analyse de la fécondité dans ses différentes dimensions. Mais aussi, il porte un regard socio-anthropologique des stéréotypes qui organisent la santé de la reproduction dans un champ strictement nigérien. Il s'agit de saisir la démographie comme un construit social.

4.1. Quand l'expression sociale de la fécondité rime avec l'insécurité alimentaire

> « *Travailler sur une représentation sociale, c'est* [...] *observer comment cet ensemble de valeurs, de normes sociales et modèles culturels est pensé et vécu par des individus de notre société, mais également étudier comment s'élabore, se structure logiquement et psychologiquement l'image de ces objets sociaux.* »[164]

C'est à travers cette citation que nous entendons étudier les représentations sociales qui gouvernent la natalité et, par-delà, affectent la sécurité alimentaire des populations sahélienne dans le contexte nigérien. Ces représentations seront abordées lors de notre démarche pour inscrire notre pensée dans un registre strictement culturel. C'est ainsi que les constructions et (re) constructions des savoirs relatifs à la fécondité seront construites dans un contexte de précarité généralisée qui a régné pendant cette période à Gouré.

C'est dans ce cadre qu'il est question de comprendre, d'une part, les logiques culturelles qui valorisent la fécondité comme une vertu sociale à

---

[164] C. HERZLICH, *Santé et maladie. Analyse d'une représentation sociale*, Paris, Mouton, 1969, p. 92.

travers laquelle beaucoup de personnes s'identifient et, de l'autre, de marquer le lien qui unit la fécondité aux situations d'indigences alimentaires.

La production de savoirs dans un environnement à forte emprise de croyances (mystiques, magico-religieuses) opère un branchement tacite entre la fertilité du sol et la fécondité féminine. Ici, il sera question d'établir un lien de cause à effet entre l'abondance des récoltes et les foyers à forte densité démographique. D'après cette croyance, une telle symbolique trouverait son explication du fait que la femme demeure le seul être à détenir les mystères de l'origine de la vie. Par conséquent, cette dernière transmettrait sa fécondité à la terre qui produirait à son tour une récolte abondante. De cette analogie entre la terre productrice d'aliments et les vertus féminines symbolisant la procréation découlerait la forte fécondité des Nigériennes.

Cette approche est confortée à travers beaucoup de travaux dédiés aux études africaines. En guise d'illustrations, nous nous inspirons des écrits de Ravololomanga qui assimile la survivance des sécheresses à Madagascar à l'avènement d'une nouvelle race des femmes beaucoup moins procréatrices que d'habitude. C'est ainsi qu'il affirmait : *« La femme devient la terre sèche, aride* "tanin gazana", *donc non productive, ce qui est contraire à l'image de la terre nourricière qu'elle devrait incarner. »*[165]

À l'instar de travaux empiriques antérieurs, le nôtre s'inscrit dans la même posture scientifique. Les données recueillies confirment une certaine croyance locale selon laquelle, la rémanence des famines dans la localité de Gouré serait la résultante de plusieurs facteurs modifiant l'ordre naturel des choses. Il faut comprendre ici, les mesures de contraception édictées par le gouvernement du Niger et les partenaires techniques et financiers dans le but de limiter les naissances. Dans l'imaginaire populaire, la diminution des naissances rime avec la baisse des productions vivrières. Le témoignage de ce chef de ménage, grand producteur agricole, renforce notre raisonnement :

> *« Les sécheresses cycliques, que connaît la localité de Gouré, ont un lien avec les mesures de contraception exigées par le personnel médical, souvent à l'insu du mari. »*

Cette façon de voir est également confortée par une thèse de doctorat éditée récemment en ouvrage dans lequel l'auteur écrivait :

> *« Le paysan dont la femme ne conçoit pas est un homme qui ne peut pas vivre de ses récoltes car la stérilité de sa femme est directement transmise à la terre. Quand votre femme ne procrée pas, votre champ produit toujours beaucoup moins que celui des autres. Elle transmet son infortune aux sols qui sont à leur tour frappés d'improductivité* [...] *Ce sont deux choses qui sont intimement liées. L'un ne va pas sans l'autre. L'homme dont la femme est fertile ne régresse jamais : ses affaires prospèrent, son champ donne bien. Toutes ses entreprises*

[165] B. RAVALOLOMANGA, *Être femme et mère à Madagascar*, Paris, L'Harmattan, 1992.

sont couronnées de succès. [...] *Pour n'importe quel être humain, la terre symbolise la mère nourricière. C'est en quelques sortes de la terre que nous naissons, c'est elle qui nous nourrit. C'est également réciproque. Par notre fertilité, nous permettons à la terre de continuer à nous supporter. À la mort, c'est encore elle qui nous reçoit. Tout vient de la terre et retourne à la terre.* »[166]

La fécondité devient ainsi un espace d'expression sociale où la question alimentaire semble être le fondement des enjeux qui transcendent désormais toute dimension biologique pour intégrer le champ du social. Cette problématique s'applique dans le contexte nigérien à l'image de son fort indice synthétique de fécondité qui indique une moyenne de 7 enfants par femme. Ceci, malgré les campagnes de sensibilisation sur la nécessité d'encadrer les naissances. Les causes de cette résistance restent strictement culturelles au regard de la complexité et surtout du caractère fort sensible qui entourent cette question. Ce qui fait dire à Hadiza Moussa que toute approche tendant à ne pas considérer cette problématique doit nécessairement tenir compte de l'aspect social de la chose puisque *« la fécondité nigérienne est précoce, intense et longue. Les mariages sont conclus en milieu rural à un âge jeune. Souvent moins de quinze ans pour les jeunes filles. Le taux de prévalence contraceptive tourne autour de 11,2 % (5 % pour les méthodes modernes et 6,2 % pour les méthodes traditionnelles). Les nombreuses grossesses ne prennent généralement fin que du fait de la ménopause »*[167].

De cette citation découle un constat : la fécondité reste une vraie problématique de société au Niger. Pour s'en rendre compte, il suffirait d'analyser certaines logiques typiques du contexte sociétal. Que dire des comportements comme ces pressions exercées sur la jeune mariée, quelques mois seulement après son mariage ? À regarder de près, la finalité reste la même : inciter celle-ci à contracter une grossesse le plus urgemment possible. Puisqu'en donnant vie à un enfant dans son foyer, la femme marque ainsi son territoire dans l'arène conjugale. Et, en retour, la société lui doit respect et considération. Le plus souvent, cette reconnaissance se traduit par une respectabilité sans cesse renouvelée. C'est également une marque de reconnaissance à l'endroit de sa famille et, de sa communauté d'appartenance.

À la question de connaître les mobiles qui forcent une telle admiration, la majorité d'enquêtée répond : la femme fertile contribue à la préservation de la lignée et par conséquent, stimule la considération et le respect social. C'est

[166] H. MOUSSA, *Entre absence et refus d'enfant. Socio-anthropologie de la gestion de la fécondité féminine à Niamey au Niger*, Paris, L'Harmattan, 2012, p. 173.

[167] *Ibid.*

même le sens de la citation de Deutsch : *« La maternité offre à la femme une merveilleuse occasion d'éprouver ce sentiment d'immortalité. »*[168]

Toutefois, il y a lieu de s'interroger : si la fécondité féminine présente autant de vertus dans la société nigérienne, il n'en demeure pas moins que celle-ci peut également être un inconvénient de taille dans la mesure où une mauvaise gestion de la fécondité peut exposer un pays entier à l'indigence généralisée. Cette dernière se répercute généralement sur le pouvoir d'achat des consommateurs qui, à son tour, devient un peu plus précaire. En définitive, la baisse du pouvoir d'achat fragilise considérablement la chaîne de consommation des populations rendant ainsi inaccessibles les produits de première nécessité. Et c'est là qu'intervient l'incertitude alimentaire.

Dans le contexte sahélien où les calamités se succèdent, les conséquences deviennent davantage périlleuses pour les populations à très forte fécondité. Ainsi, il est unanimement accepté que, dans les pays à climat aride, comme le Niger, la problématique de la fécondité est une préoccupation clé des politiques publiques au même titre que la récurrence des catastrophes humanitaires. L'incapacité à faire face à cette démographie galopante risque de réduire à néant l'espoir de tout un peuple condamné à vivre dans l'indigence la plus absolue. Ajouté à cela la recrudescence des crises alimentaires, le défi à relever reste gigantesque. Pour mesurer la portée du danger qui guette ce peuple longtemps meurtri par des cycles de famines, il suffit de consulter différentes études démographiques. D'après les projections des spécialistes, la population nigérienne risque de doubler à l'horizon 2030 pour se chiffrer autour de 30 millions de personnes si aucune mesure n'est prise. Or, déjà rien qu'avec les 17 millions de personnes que compte actuellement le pays, l'État éprouve de la peine à les nourrir, à les soigner ou encore à les éduquer. Alors comment, dans ces conditions, les pouvoirs publics pourraient-ils faire face à toutes ces préoccupations ?

La réponse à une telle interrogation renvoie à l'impérieuse nécessité de reformer en profondeur la Politique nationale de la population. Car dorénavant, ce n'est un secret pour personne une fécondité mal maîtrisée peut engendrer une situation de famine. Les cataclysmes, représentés par les crises de subsistance, regroupent une série d'explications aussi subtiles les unes que les autres. Pour vérifier la véracité des choses, nous prenons l'exemple de Gouré en 2005.

Notons qu'à ce jour, il n'existe pas encore suffisamment d'informations pouvant expliquer de manière unanime cette calamité. De notre point de vue, les raisons qui entretiennent un tel mystère se résument essentiellement par un manque d'intérêt pour la recherche scientifique. C'est pour apporter une certaine lumière aux mystères restés sans réponse que nous entreprenons ce travail de recherche. Ainsi, un des éléments déterminant de cette réflexion

---

[168] H. DEUTSCH, *La Psychologie des femmes. Enfance et adolescence,* Paris, PUF, 1949, p. 1.

découle d'une succession de malaises qui se traduisent par une conjugaison de crises : pastorale, agricole et fourragère. Cela est corroboré par les données recueillies sur le terrain qui soulignent la présence d'une démographie galopante, fruit d'une fécondité incontrôlée. Cette situation a entraîné un climat de déséquilibre entre l'offre et la demande sur le marché céréalier local, fragilisant davantage les ménages pauvres.

À la lumière des arguments évoqués précédemment, la question de la fécondité peut entraver l'obtention d'une sécurité alimentaire. De la même manière, il serait abusif, d'attribuer la paternité de la situation de 2005 à l'unique variable démographique. C'est à ce titre que nous croyons à la présence d'autres éléments explicatifs. La responsabilité directe ou indirecte de l'Humain devient une évidence incontestable. C'est pourquoi au regard de la confusion ayant caractérisé la famine de 2005, il convient d'analyser la chaîne de secours et toute la coordination du dispositif. À travers ce dernier, c'est tenter de comprendre le fonctionnement des instances décisionnelles dédiées à la gestion des calamités, ici les situations de famine. Au regard de ce qui précède, il y a lieu de s'interroger sur la gestion politique des crises humanitaires qui sévissent au Niger. Malgré leur fréquence répétitive et surtout les dégâts occasionnés, les habitudes restent réfractaires à tout changement. En dépit des alertes émises des mois précédant la catastrophe, le politique s'était montré indifférent.

Le témoignage de cet enquêté va dans ce sens : « *La situation de 2005 était bien prévisible car, dès le mois d'octobre 2004, les services techniques de l'agriculture, de l'élevage, et de la météorologie ne cessaient d'attirer l'attention des gouvernants quant au péril qui menaçait la localité de Gouré. Nous n'avions jamais été compris et pris au sérieux* »[169].

Très souvent, les calamités qui perdurent en Afrique, particulièrement au Sahel, sont le fruit d'une mauvaise prévention avant d'être la conséquence d'une mauvaise gestion. Cette situation se donne à voir dans l'inertie des gouvernants face aux situations d'urgence. Celle-ci se constate surtout dans l'attentisme dans les domaines prioritaires dont la compétence échoit à l'État. En d'autres termes, chaque fois qu'une situation délicate se présente, les États africains en général et sahéliens en particulier ont tendance à se résigner et attendre l'aide internationale. L'aspect le plus aggravant, et qui dépasse tout entendement, se constate dans les situations de famines où seules les organisations humanitaires et les partenaires techniques et financiers jouent le rôle l'État informel à la place de l'État formel. Nous l'avions déjà évoqué précédemment : l'absence de ce dernier sur le théâtre du sinistre en 2005 avait compliqué davantage une situation qui frôlait l'irréparable. La preuve en est que la communauté des bailleurs avait eu du fil à retordre pour évaluer l'ampleur de la situation à cause du manque des

---

[169] D'après le rapport sur l'évaluation de la crise de 2005 dans la localité de Gouré, p. 26.

données. Personnellement, il nous avait fallu produire nos propres investigations, puisque les quelques informations disponibles étaient incomplètes et parfois contradictoires. Outre l'expression sociale de la fécondité, pour mieux cerner la problématique de notre travail, il est important de caractériser les aspects géographiques et socio-démographiques de l'endroit où avait sévi cette famine.

4.2. Un environnement austère et propice aux calamités

Les trois quarts de la superficie nationale du Niger sont désertiques et, traditionnellement, nous avons affaire à une zone très peu habitée à cause de la rudesse du climat. Le septentrion du Niger se particularise également par une faible densité de la population, imputable à l'avancée de la désertification. Ce qui fait que les conditions socio-économiques restent austères, donc peu enviables pour l'Homme. Par exemple, sur le plan alimentaire, les conditions géographiques et climatiques ne permettent pas à la population de pratiquer l'agriculture *a fortiori* des activités génératrices de revenu. Dans ces conditions, assurer la sécurité alimentaire à toute la population serait un défi. Il est connu que les deux mamelles de l'économie nigérienne restent l'agriculture et l'élevage. Tous les autres secteurs d'activités sont quasi inexistants ou non productifs. Ensuite, il a été remarqué un problème relatif à l'évacuation des produits vivriers à partir de leurs zones de production.

Cette situation va de pair avec l'enclavement des provinces. Dans la plupart des cas, les moyens de communication sont soit obsolètes, conséquence d'un manque d'entretien, soit n'existent pas. Ainsi, le département de Gouré se situe à plus de 1 000 km de la capitale. Le seul moyen d'accès demeure la voie terrestre. Malheureusement, cette dernière est impraticable depuis une dizaine d'années. La raison principale évoquée par les usagers demeure le manque d'entretien. Cette impraticabilité des voies routières est exacerbée par l'austérité du climat. Dans l'ensemble, la situation géo-climatique de la zone de Gouré ne favorise pas les conditions d'une sécurité alimentaire à cause de l'aridité du climat. Ainsi, même au cours des années considérées comme excédentaires, une sécheresse est signalée une année sur deux. C'est pourquoi le ministère de l'Agriculture et de l'Élevage classe ce département comme localité structurellement vulnérable aux crises.

Cela explique la surveillance constante du système d'alerte précoce (SAP) quant à l'évolution de la situation agro-pastorale. En vérité, les zones supposées vulnérables comme le département de Gouré, sont des endroits où règnent des situations latentes d'insécurités alimentaires. Du coup, l'État aurait tort de négliger l'aspect préventif des crises pour atténuer les souffrances des populations. Les mécanismes de prévention et de gestion des catastrophes représentent le seul recours pour éviter de revivre les douloureuses expériences comme c'était le cas du département de Gouré de 2005. Cette défaillance est couplée à un manque de stratégie adéquate pour stimuler le développement rural dans un premier temps et favoriser l'essor socioéconomique de la population dans le second. Les crises humanitaires à répétition s'expliquent, en grande partie, par l'absence de l'État, notamment l'insuffisance ou l'inexistence d'une véritable stratégie de développement. Le témoignage de cet habitant illustre notre démarche :

> *« Le département de Gouré a bien des atouts qui pourraient faire de cette partie du Niger un pôle d'échanges économique de taille au regard sa position stratégique. C'est la localité la plus proche du Nigeria. Et tout le monde le sait, en tout cas, les données sont éloquentes là-dessus, 40 % des denrées alimentaires proviennent de ce grand pays du sud. Aujourd'hui, si ce dernier décide de fermer ses frontières, ne serait-ce pendant trois jours, l'économie nigérienne va certainement s'essouffler. Donc au lieu de mettre à profit ces avantages pour faire prospérer nos localités, nous nous laissons aller par des calculs ethno-régionalistes. Mais, chose écœurante, c'est le manque d'inspiration des autorités politiques (nationales comme locales). En effet, nous sommes laissés à notre propre sort. Puisqu'en favorisant Gouré comme pôle d'échanges économiques, la principale ville de l'est qu'est Zinder va en prendre un coup. Ce qui ne serait pas du goût des gouvernants, surtout pour une ville qui fut capitale du Niger jusqu'à 1926. Mieux Zinder est toujours considéré comme la seconde ville du pays après Niamey en termes de poids démographiques. »*

En faisant le lien entre les foyers à forte vulnérabilité alimentaire et l'urgence démographique à laquelle font face ces localités, nous entendons attirer l'attention des gouvernants sur la nécessité de briser le tabou selon lequel la natalité doit être du seul ressort de la divinité. Pour comprendre l'ampleur de cette situation, il suffirait d'observer avec attention les zones considérées comme le grenier du Niger, en l'occurrence les régions de Maradi et Zinder. Ces dernières représentent 30 % de la production du mil et sorgho de l'ensemble du pays. Paradoxalement ce sont ces mêmes localités qui font 40 % des 16,3 millions des Nigériens recensés en 2012 avec, respectivement, 3 402 094 et 3 539 764 habitants[170].

Fort de ce constat préoccupant, nous pouvons affirmer qu'il y a nécessité d'épouser la thèse néo-malthusienne. Cette théorie confirme qu'il y a une proportionnalité entre les besoins de subsistance et l'accroissement d'une population. Faute de satisfaire cet équilibre, la situation qui en résulterait pourrait bien exposer de milliers de personnes dans une incertitude alimentaire.

Cependant, pour comprendre tous ces enjeux, il est intéressant d'associer la thématique de l'insécurité alimentaire à celle de l'évolution fulgurante de la démographie, d'où le glissement de notre regard dans un champ socio-démographique.

---

[170] Selon le 4e recensement général de la population et de l'habitat effectué en 2012.

4.3. Des aspects socio-démographiques et sanitaires préoccupants

D'après les résultats définitifs du recensement de 2012, la population du Niger était estimée à quelque 16,3 millions d'habitants contre 3 millions seulement en 1960. Pendant cette période, la croissance démographique était caractérisée par une augmentation de 100 000 personnes par an, alors qu'aujourd'hui ce même indicateur montre une progression annuelle de 600 000 personnes. Plus inquiétant, presque toutes les études montrent que cette dynamique n'est pas prête de s'inverser en raison de l'extrême jeunesse de la population. Les projections démographiques fournies par l'Institut national de la Statistique (INS) tablent sur un effectif d'une population qui atteindra près de 30 millions d'habitants d'ici 2030[171]. Autre préoccupation majeure pour les décideurs publics : l'inégale répartition de la population dans l'espace. Cette situation accentue davantage les conflits fonciers et les pressions sur des terres arables. Ainsi, la densité au km^2 sur l'ensemble du territoire national, fait apparaître le nombre d'habitants réparti dans les huit chefs-lieux des régions du Niger que sont : Agadez (2,9 %), Diffa (3,1 %), Dosso (13,6 %), Maradi (20,2 %, soit le cinquième de la population totale du pays), Niamey (6,4 %), Tahoua (17,9 %) Zinder (18,8 %) et Dosso[172].

Toutefois, cette densité fait ressortir de forts contrastes de peuplement entre les zones du nord-est et celles du sud-ouest. Par exemple, alors que Maradi et Dosso enregistrent respectivement 44,5 et 53,5 habitants au km^2, Agadez ne compte que 0,5 habitants au km^{2}car situé en zone désertique. Cette situation n'est pas un produit du hasard mais la conséquence d'un climat propice à l'agriculture. En effet, les régions à forte densité démographique sont des entités où la production agricole a toujours été bonne[173]. Cette évolution engendre, à court terme, d'autres besoins supplémentaires pour ce qui est de la subsistance, de la santé, de l'éducation, de l'emploi, etc.

Selon le PNUD, plus de 66 % de la population nigérienne vit en deçà du seuil de la pauvreté, le revenu ne dépassant pas 1 dollar US par an et par tête d'habitant. Dans ces conditions d'extrême vulnérabilité, on remarque un fort indice synthétique de fécondité (ISF) qui est de 7 enfants par femme en moyenne[174]. Cette fécondité nombreuse et souvent précoce a de graves répercussions sur la santé des femmes nigériennes.

---

[171] http://www.stat-niger.org/statistique, page consultée le 2 décembre 2014.

[172] A. DAGOBI, « Conflits fonciers et aménagements hydro-agricoles dans le canton de Dessa », *Études et Travaux*, n° 29, 2004, pp. 1-35.

[173] Voir les conclusions du rapport du rapport mondial du PNUD publié en 2013 et qui fait cas d'un taux de croissance naturel par an de 3,3 % de la population.

[174] S. ATTA, M. SEROUSSI, A KOURGUENI, H. KOCHÉ, B. BARRÈRE, *Enquête démographique et de santé*, Niamey, Care International Niger, Demographic and Health Survey, 1998.

Dans une étude réalisée en 1996 par le Centre d'Étude et de Recherche sur la Population (CERPOD), la situation socio-sanitaire de la femme et de l'enfant dans les pays du Sahel est la résultante des pratiques coutumières peu favorables aux changements :

> *« Au Sahel, les coutumes et les pratiques font que l'âge au premier mariage est parmi les plus bas au monde. Les mariages sont généralement suivis par une grossesse survenant chez une adolescente immature physiquement et dont le bassin continue à se développer. Les conséquences médicales de cette précocité du mariage sont considérées comme des sérieux problèmes de santé publique : avortements et accouchements prématurés ; taux de césariennes élevés ; déchirures du périnée et autres complications telles que fistules, infections génitales pouvant aboutir souvent à une stérilité. De plus, le cancer du col de l'utérus est plus fréquent chez elle qui sont au commencement de leur activités sexuelles. »*[175]

Face à ces conséquences aggravantes sur la santé des Nigériennes, certaines voix ont commencé à s'élever. Ainsi, les propos d'un membre du gouvernement devant l'Assemblée nationale illustrent une prise de conscience tardive mais opportune des pouvoirs publics face à une problématique longtemps considérée comme un tabou pour des raisons culturelles, religieuses et même politiques. À cet effet, le discours officiel tenu par un membre du gouvernement sonne la rupture avec le passé où jamais la question de la population n'avait fait l'objet d'un débat public :

> *« La forte démographie a réduit à néant la croissance économique du pays. Le classement peu enviable en indice de développement humain est la résultante du comportement démographique des Nigériens qui rejettent toute innovation dans le but de limiter les naissances pourtant nécessaire pour un avenir radieux. »*[176]

Par cette déclaration, le gouvernement veut certainement prouver à l'opinion nationale et internationale son intention de rompre avec la politique de « laisser aller » longtemps prônée par ceux qui l'ont précédé et de réguler les naissances.

4.4. Le culte de l'enfantement : entre religion et culture

Deux conceptions locales s'affrontent pour légitimer la naissance de l'enfant : la religion et la culture. Tout d'abord, pour la première approche, la procréation est sacrée et relève de la seule compétence divine. Par conséquent, quiconque osera faire obstruction à cela commettrait un sacrilège. D'après les tenants de cette théorie, le couple a la latitude

---

[175] H. MOUSSA, *Entre absence et refus d'enfant, … op. cit.*

[176] http://www.rfi.fr/afrique/20140807-niger-developpement-pnud-croissance-demographique-agriculture/

d'enfanter autant qu'il peut. Par conséquent, toute stratégie de limitation de naissances par des moyens contraceptifs serait un acte impie. Un leader religieux explicite ce point de vue :

> *« Dans plusieurs* hadiths *ou versets du Coran, la reproduction humaine est vivement encouragée. Étant notre créateur, Allah veut que nous perpétuions la vie autant que faire se peut, mais uniquement de façon légale, dans un cadre marital. De la même manière, ce serait un péché de se demander comment nourrir, éduquer, soigner ces enfants. Cela reviendrait à abjurer l'existence divine. Quiconque réagirait de la sorte serait mécréant et, de ce fait, serait châtié comme tel. »*

Cette façon de « lire » le fait d'enfanter échoit plutôt au courant conservateur (généralement rejetant toute forme d'innovation allant dans le sens de la modernité) de la doctrine islamique. Les personnes épousant cette doctrine, bien qu'étant minoritaires, exercent une influence non négligeable sur les autorités politiques. Cette situation s'explique par le fait que ces personnalités seraient la cible de mauvais sorts et, pour cela, une protection divine leur serait nécessaire pour qu'ils ne perdent pas le pouvoir. Du coup, ils font appel aux services des religieux pour bénéficier de la bénédiction divine. De cette façon, ces religieux en profitent pour marquer leur territoire dans la sphère du pouvoir. Cette situation les conforte dans des positions d'acteurs majeurs, d'où le constat de ce politicien :

> *« Quoiqu'on fasse, les leaders religieux restent incontournables dans la vie socio-économique de la nation compte tenu de leur force de mobilisation sociale. Ils sont aussi très actifs dans la médiation dès qu'un conflit surgit. »*

Nous avions été témoin de la mobilisation sans précédent que les forces religieuses avaient provoquée lors de la marche contre les caricatures du prophète Mohamed. L'ampleur des événements a surpris même les forces publiques qui étaient contraintes de se battre en retrait. Les dégâts occasionnés étaient incalculables. Même les médias, publics comme privés, sont sous l'emprise de ces forces religieuses. La preuve en est que même les différentes radios et télévisions privées sont entretenues en partie par des financements venus des Émirats Arabes Unis. En contrepartie, ces stations privées diffusent à longueur de journée des prêches. D'après un promoteur d'un groupe de presse privé bien implanté au Niger :

> *« Même pour gagner les marchés publicitaires, certaines clientèles sont regardantes sur le degré d'implication du groupe de presse dans la chose religieuse et puisqu'ils savent que tout ce qui est religieux est sensible au Niger... »*

La considération sociale est telle que ces leaders sont parfois associés aux prises de décisions relatives à la vie de la nation. Ce qui n'est pas sans susciter des inquiétudes tant chez les juristes qu'au sein des spécialistes des faits religieux. Ainsi, pour les premiers, c'est une atteinte à un des principes fondamentaux de la Constitution dans son article 3, alinéa 2, qui stipule « *la séparation de l'État et de la religion* »[177]. S'agissant des seconds, ils y voient plutôt une forme naissante de l'extrémisme religieux.

Toute la question serait de savoir comment faire entendre raison à cette catégorie socio-professionnelle du moment où ces islamistes se montrent jusque-là réticents à toute forme de transition démographique. Cela est à la base de tous les échecs répétés des politiques nationales entreprises en ce domaine. Un extrait d'entretien effectué avec un responsable politique local fait ressortir ceci :

> *« Ce n'est pas de gaieté de cœur qu'on associe les* uléma *à la vie politique de la nation. Aujourd'hui, quoiqu'on fasse, aller en contradiction avec eux te mettra en minorité. Or, ce n'est pas l'objectif du jeu. Pire, ils peuvent te liquider mystiquement mais également socialement. Nous mesurons la portée de leur poids surtout quand il est question d'affronter la masse populaire. C'est pourquoi nous les associons dans le volet sensibilisation. Par contre, nous savons pertinemment que certaines des recommandations qu'ils brandissent comme étant une* fatwa *(décret religieux) n'ont rien d'islamique. Au contraire, c'est pour des intérêts égoïstes. Par exemple, étant moi-même musulman, je ne suis pas pour des gosses nombreux qu'on ne peut même pas nourrir* a fortiori *éduquer ou soigner. »*

La deuxième lecture liée à la démographie galopante du Niger peut se comprendre sous un angle fondamentalement culturel. Atteindre un âge avancé, généralement 20 ans pour une fille, suscite inquiétudes et interrogations aux yeux des autres et de son entourage. Cela se voit d'abord au niveau micro-social avec des pressions familiales ou de son entourage quant à la nécessité de faire marier la jeune fille avant qu'il ne soit tard, c'est-à-dire avant que celle-ci ne s'adonne à des "randonnées sexuelles" qui peuvent lui coûter la perte de sa virginité. Or, cette dernière demeure essentielle au sein d'organisation sociale où la quête de respectabilité transcende parfois des considérations financières.

À cet effet, il n'est pas rare de voir des refus catégoriques de demande en mariage. Les raisons invoquées dans ce cas d'espèce ont trait très souvent aux qualificatifs comme : *« origine douteuse du prétendant »* ou *« appartenance de l'intéressé (e) à une caste »*. Pourtant, la personne a toutes les raisons de se prévaloir de sa fierté à la lumière de sa position sociale. C'est là qu'intervient la pesante question d'honneur. Pour mesurer la portée de cette dernière, il y a lieu de se référer à l'exemple de la virginité. En effet, une jeune mariée qui « n'amène pas sa virginité » chez son mari étalera une dette morale à vie à l'égard de ses parents puisque cela sonne comme un déshonneur qui porte atteinte non seulement à l'image de sa

---

[177] Article 3, alinéa 2 de la Constitution de la VIIe République. Consultable sur la page : http://cour-constitutionnelle-niger.org/documents/constitution_7eme_rep.pdf.

famille, mais également, au-delà, à son entourage. Jamais, cette famille ne sera bien considérée. Elle connaîtra le déshonneur. La chose la plus crainte dans ce genre de situation, serait la perte d'une bonne notoriété, puisque cela affecterait toute la lignée et pas seulement la personne fautive.

Cette situation, d'apparence sans portée significative, pourrait se transformer en une véritable catastrophe sociale. Car, de la même façon que le capital occupe une place de choix dans une société à prédominance capitaliste, les familles s'échelonnent au gré des valeurs et des vertus qui structurent les sociétés traditionnelles africaines. Dans ce cas, il est surtout question des aspects ayant trait aux origines sociales, à la renommée, à la fécondité féminine, etc.

Se fondant sur cette vertu chère aux sociétés africaines traditionalistes, le mariage demeure le modèle d'union qui fait l'unanimité au sein de nombreuses communautés. L'institution symbolise une forme de « refuge » pour les parents afin d'éviter à leur fille la débauche. Pour ceux-ci, la place de la femme doit et devrait toujours être dans son foyer aux côtés de ses enfants. Ce père de famille s'est confié à nous en ces termes :

> « *J'ai deux épouses avec lesquelles j'ai eu 9 filles et 6 garçons. Je ne peux pas laisser une fille qui a plus de vingt ans dans la rue. Croyez-moi : en la laissant libre dans la maison, je donne libre accès aux voyous du quartier. Car, finalement, elle risquerait de "choper" une grossesse non désirée. Moi et ma famille n'aurons plus de respectabilité aux yeux des autres. C'est pourquoi dès qu'elles commencent à voir leurs règles, elles ont atteint la maturité physiologique et sont prêtes à être mariées. Toutes mes filles se sont mariées à l'âge de 16, voire 18 ans maximum.* »

Le mariage précoce est un paramètre déterminant dans la forte fécondité que connaît le Niger. Dans la plupart des situations, l'argument avancé demeure le même : la femme vieillit vite, contrairement à l'homme. La seule alternative louable pour elle, pour sa famille et pour son entourage, serait qu'elle aille chez son mari, le plus tôt étant le mieux. L'indice synthétique de fécondité est ici la résultante d'une maternité précoce. Cette situation a évidemment des conséquences néfastes car cela freine considérablement l'épanouissement de la femme. Sa scolarisation est sacrifiée dans la mesure où elle ne serait pas en mesure de fréquenter les bancs de l'école. Cela contribue à rabaisser le taux de scolarisation dans le pays. La culture locale est ici un obstacle majeur à la promotion du genre, tant encouragée par la communauté des nations à travers les Objectifs du Millénaire pour le développement et dont le Niger est signataire. En effet, sous le poids de l'illettrisme, une masse inquiétante d'analphabètes qui s'accroît et considère la femme comme un être « soumis » à l'homme. Par conséquent, c'est à ce dernier qu'il revient de décider dans le foyer.

Les valeurs qui régissent les cultures traditionnelles locales font de la femme un prolongement de l'homme ou une partie de son patrimoine. C'est-à-dire un être inferieur et faible, qu'il convient de protéger à chaque fois que cela semble nécessaire. Ce qui la confine au strict rôle de la procréation et de l'éducation des enfants. Cette assertion est illustrée par un dicton de Manu, grand codificateur de la loi Hindou (IIIe siècle avant Jésus Christ), qui rapportait : *« Le père la protège dans l'enfance ; le mari la protège dans l'âge adulte ; le fils la protège dans la vieillesse ; à aucun moment de la vie, une femme ne mérite d'être libre. »*[178]

Cependant, cette vision - que nous qualifions de *« tare culturelle »* - se vérifie dans bon nombre de pratiques qui régissent la trame de nos vies en société comme c'est le cas de la fécondité, en dépit de l'activisme des ONG et des organisations de défense des droits de la femme. Pour mesurer le poids de ces « tares », malgré la loi[179] n° 2000-008 du 7 juin 2000 qui institua le système de quota consacrant 10 % des postes électifs et 25 % des fonctions nominatives, force est de constater que, dans la pratique, l'évolution des choses reste encore timide. Il a fallu un tollé général pour que le premier gouvernement de la IVe République puisse recadrer l'effectif ministériel qui ne satisfaisait pas les dispositions juridiques. Cette situation est la résultante de ces mêmes « tares culturelles » qui menacent l'applicabilité des lois. Dans l'arène locale, ces attitudes se constatent à une échelle beaucoup plus restreinte. Pour mieux saisir les interactions des personnes, la structuration des familles devient alors le champ d'expertise par excellence au sein duquel l'influence des traditions locales détermine les motivations des acteurs. L'exemple le plus frappant concerne l'espacement des naissances au niveau des institutions conjugales. Une chef fait observer :

> *« Personnellement, je suis pour une maternité selon ses moyens. Mais dans notre culture, les choses sont pré-établies. La femme doit impérativement obéir à son*

---

[178] P. NAYAR et S. NAIR, « Facteur d'évolution du rôle et du statut des femmes au sein de la famille : le cas de Kerala », *Revue africaine de sociologie*, vol. 14, n° 5, 2008, p. 346.

[179] Cette loi marque un changement majeur dans l'encadrement juridique des droits politiques de la femme nigérienne maintenue pendant longtemps dans une position moins favorable dans l'accès aux responsabilités les plus élevées. L'adoption de cette loi doit beaucoup à l'action des associations féminines, déçues des réserves émises par le Niger. Voir la CEDEF (Convention sur l'Élimination de toutes les Formes de Discrimination à l'Égard de la Femme), Charte que le Niger a ratifié. Il faut noter qu'au Niger, dans le débat sur le statut de la femme, le Gouvernement est dans une position délicate qui l'a souvent contraint à plus de réalisme politique et donc à moins d'audace. Conscient de la nécessité d'évoluer avec la modernité impulsée par le contexte international et soutenu de l'intérieur par les associations féminines laïques revendiquant plus d'émancipation pour la femme, il ne peut ignorer les puissantes organisations musulmanes qui ne se retrouvent pas dans les nouvelles idées et valeurs véhiculées par le mouvement féministe. De ce point de vue, l'adhésion du Niger à la CEDEF et la loi sur les quotas peuvent être considérées comme un pas décisif vers l'équité entre les genres dans l'exercice des responsabilités et la gestion des affaires publiques tant au niveau national qu'à l'échelle locale. Communément appelée loi sur le quota, la loi n° 2000-008 du 7 juin 2000, instituant le système de quota dans les fonctions électives, au gouvernement et dans l'administration, découle d'une volonté de mettre en œuvre les engagements de l'État dans sa volonté d'éliminer certaines discriminations basées sur le sexe.

mari puisqu'elle est traditionnellement sous son autorité et lui doit obéissance et respect. Pour vous raconter une anecdote, la veille de mon mariage religieux, ma mère m'a mise en chambre pour me faire jawabi, *me conseillant de respecter scrupuleusement les différentes normes, comme de ne jamais dire non à mon mari s'il veut coucher avec moi, même si mon état de santé ne me le permet pas. Ce qui fait dire qu'en dépit des recommandations de mon médecin pour les prises de pilules dans l'objectif de limiter les risques de contracter une grossesse non désirée, l'avis de mon mari importe beaucoup plus. Par exemple, il s'est opposé à ce que je fasse une pause de 2 ans entre deux accouchements, pourtant chose recommandée par mon médecin. Du coup, je n'avais d'autre choix que d'accoucher chaque année. À 20 ans, j'avais déjà 3 enfants. J'ai été donnée en mariage alors que je n'avais que 16 ans. »*

Néanmoins, selon la tradition africaine, *« l'enfant représente la vie, la continuation du clan, la continuité du lignage. Il apporte des bras pour le travail quotidien, une aide pour ses parents, un soutien pour leur vieillesse, la certitude que seront accomplis les rites pour les défunts, des alliances futures avec d'autres clans. Ainsi l'enfant est la richesse du clan assurant sa permanence et son avenir »*[180]. Cette citation illustre le contexte nigérien, chaque couple manifestant ce désir ardent de disposer d'enfants autant que peut se faire[181]. Ce qui explique le souhait de la jeunesse, singulièrement féminine à vouloir se marier non sans raison. Parce que c'est seulement dans ce cadre qu'est tolérée la venue d'enfants :

« Aussitôt après six mois que le mariage ait été scellé, les gens commencent à se demander si la jeune mariée est enceinte ou pas. Normalement, sept mois après, la femme doit présenter des signes précurseurs d'une grossesse. À défaut, des suspicions commencent à gagner l'entourage familial. Très souvent, c'est d'abord la femme qui est accusée d'infertilité avant de se poser des questions sur celle de l'homme. Et en pareille circonstance, la famille du jeune marié a tendance à l'encourager pour une seconde épouse. Une façon de marquer aux yeux de tous, sa déculpabilisation, à condition que la seconde épouse puisse contracter une grossesse. »

En général, la fécondité est bien appréciée selon les logiques culturelles africaines. Marcelle Geber disait à ce propos : *« La grossesse est valorisée et respectée. Elle est toujours désirée, vécue avec joie dans le milieu*

---

[180] M. GEBER, *L'Enfant africain dans un monde en changement.Étude ethno-psychologique dans huit pays sud-africains,* Paris, PUF, 1998, p. 62.

[181] Tout récemment, un scandale vient d'être mis à jour par les autorités de Niamey impliquant des Nigériens de la haute société en mal d'avoir des enfants. Dans cette scabreuse affaire, on retrouve des personnalités, et pas des moindres. C'est ainsi qu'il s'avérerait que le Président de l'Assemblée nationale, deuxième personnage de l'État en termes d'importance, serait impliqué dans un trafic de bébés qu'il aurait fait siens alors qu'en réalité sa femme les aurait « achetés » au Nigéria voisin. Quant il a su que la justice était à ses trousses, il a fui pour trouver refuge en France. Tout ceci pour montrer cette « folie » d'avoir, vaille que vaille, des enfants à tout prix, quitte à désacraliser la personne humaine.

traditionnel. Une femme enceinte peut être épousée, une femme stérile répudiée. La stérilité est considérée comme une calamité : la femme ne pouvant assurer son rôle de génitrice risque de rompre la pérennité du clan. »[182] Ce qui fait dire aux experts qu'au regard de ces enjeux, la transition démographique serait un rude chantier pour des pays comme le Niger. Pour ce faire, les gouvernants doivent intégrer le paramètre culturel s'ils veulent faire aboutir leurs stratégies tendant à limiter les naissances. Puisqu'en regardant de près les réalités socio-économiques du Niger, nous pensons que le facteur démographique serait un frein à son développement plus qu'un atout. Par exemple, la rémanence des crises alimentaires, auxquelles font face les Nigériens une année sur deux, témoigne de la fragilité du système productif agricole, largement dépendant de la pluie. Ce qui crée une forte demande vivrière creusant le déficit agricole. Pendant ce temps, la population ne fait que croître de manière démesurée. Plusieurs études ont prouvé le lien étroit entre une démographie galopante et les situations de vulnérabilité alimentaire comme c'est le cas au Niger. La surpopulation exerce ainsi une pression forte sur le foncier, amenuisant drastiquement l'espace agricole. Cette situation contribue à réduire la production champêtre.

Un autre méfait reste la dégradation de l'état sanitaire et nutritionnel des enfants. Cette situation est perceptible surtout dans un contexte de grande pénurie où la majeure partie des enfants présentent des signes de malnutrition aiguë sévère.

[182] *Ibid.*

CHAPITRE 5

La malnutrition infantile, un problème de santé ?

La question de la malnutrition au Niger a toujours suscité de controverses entre, d'une part, les acteurs humanitaires luttant pour la prise en compte du phénomène dans les priorités qui définissent la politique nationale de la santé et, l'autre, l'État qui considère le fléau comme une anomalie mineure pour laquelle toute attention particulière serait une aberration. Toutefois, il y a lieu de comprendre que, derrière cette attitude du gouvernement nigérien, se cachent aussi des considérations politiques. En effet, la situation alimentaire et nutritionnelle a toujours été un critère d'évaluation de gouvernance politique. Le coup d'État de 1974 était justifié en partie par la grave crise alimentaire qui accablait le Niger. Depuis lors, les sécheresses ont toujours suscité crainte et méfiance chez les gouvernants.

L'autre élément d'analyse sur la malnutrition infantile au Niger a été, pendant longtemps, entretenu par le refus de considérer ce fléau comme étant un problème de santé publique qu'il faudrait traiter comme tel. Il a fallu attendre l'élément déclencheur qu'est la médiatisation de la situation alimentaire de 2005 pour mesurer l'ampleur de la maladie. Médecin Sans Frontière (MSF) France fut la première organisation humanitaire à lancer la sonnette d'alarme sur *« une malnutrition cachée mais pourtant bien réelle »*[183]. Cette situation laisse entendre que cette pathologie revêt un caractère structurel au regard de sa portée. Mais, pour appréhender le fléau, la compréhension du système sanitaire nigérien nous paraît indispensable.

5.1. Quelques repères sur la situation socio-sanitaire du Niger

Le contexte nigérien est caractérisé par un fort taux de natalité et de mortalité. Cette situation laisse présager que la transition démographique n'a pas encore été entamée dans ce vaste pays de 1 267 000 km^2 de superficie, qui abrite

[183] M. TIDJANI ALOU, « La crise alimentaire de 2005 vue par les médias », *Afrique contemporaine*, n° 225, 2008, pp. 39-74.

plus de 17 138 707 d'habitants[184]. Le Niger est l'un des pays du monde où le niveau de fécondité demeure encore très élevé. La dernière Enquête démographique de Santé à Indicateurs multiples (EDS-MIC), effectuée en 2012, indique un nombre moyen de 7,6 enfants par femme. À cette situation, il faut ajouter le poids de la malnutrition qui sévit de manière récurrente dans cette partie du monde. Le phénomène se pose encore avec plus d'acuité puisque le spectre de la famine menace très souvent les populations. Dès le mois de juin, période à laquelle les greniers sont très souvent vides, les cas de malnutrition « explosent » dans les localités où les pieds de mil sèchent sur place. *« Entre janvier et octobre 2005, 230 000 enfants ont été traités pour une malnutrition aigüe sévère. »*[185] Tous ces cas ont été pris en charge par différentes structures sanitaires qui font partie du système sanitaire du Niger.

5.2. Organigramme et fonctionnement du système de santé

L'organigramme sanitaire du Niger fait ressortir trois types d'acteurs qui interviennent dans la gouvernance de la santé. Les premiers sont ceux qui travaillent dans les structures publiques. Celles-ci sont, pour la plupart, des entités hospitalières gérées en grande partie par l'État[186]. Ensuite, les seconds sont les promoteurs des centres de santé privés. Ces centres sont à l'initiative des particuliers (généralement, des médecins à la retraite ou démissionnaires de la fonction publique). Enfin, la dernière catégorie est constituée par ceux œuvrant dans la médecine traditionnelle, appelée aussi pharmacopée, apanage des dépositaires de la tradition (charlatans, marabouts, magiciens, etc.)

Selon cette pyramide, il existe trois niveaux : le premier (opérationnel), le deuxième (intermédiaire) et le troisième (central). Pour la prise en charge des patients, la délivrance de services et de soins médicaux se pratique dans trois sortes de structures. Par ordre d'importance, il y a, d'abord, les hôpitaux nationaux et les maternités de référence, qui incarnent le savoir-faire dans les prestations de services de soins. Dans le même prolongement, on retrouve des centres homologués qui font de la recherche fondamentale, appliquée et opérationnelle dans le domaine sanitaire. C'est le cas du CERMES[187] ou encore

---

[184] Institut national de la Statistique du Niger, consultable sur www.ins-niger.org.

[185] C. TROUBÉ, *Les Nouvelles Famines, des catastrophes pas si naturelles*, Paris, Autrement, 2007, p. 75.

[186] L'État, dans sa politique de décentralisation des services de santé, a dû laisser certaines prestations à la charge des communes. Ces dernières, par manque de moyens, ont privatisé la délivrance de certaines prestations de soins comme la consultation et les examens sanguins par exemple. Du coup, chaque patient a l'obligation de s'acquitter d'un montant qui varie d'une localité à une autre selon la politique financière locale. L'explication avancée par les autorités communales serait de rendre les centres médicaux partiellement autonomes tout en maximisant la qualité des prestations de services.

[187] Le Centre de Recherche médicale et sanitaire, http://www.cermes.net/cermes/.

du Centre de Traitement antituberculeux. Au deuxième niveau, on retrouve les centres hospitaliers régionaux (CHR) censés couvrir les besoins en soins médicaux et para-médicaux à l'échelle régionale. Enfin, le troisième échelon concerne les départements avec les hôpitaux de district. À une échelle beaucoup plus locale, on retrouve les Centres de santé Intégrés (CSI) et les cases de santé communautaires. Ce sont des structures implantées en périphérie des grandes villes pour soulager les populations en soins de santé primaires.

Figure 6 : Pyramide sanitaire du Niger

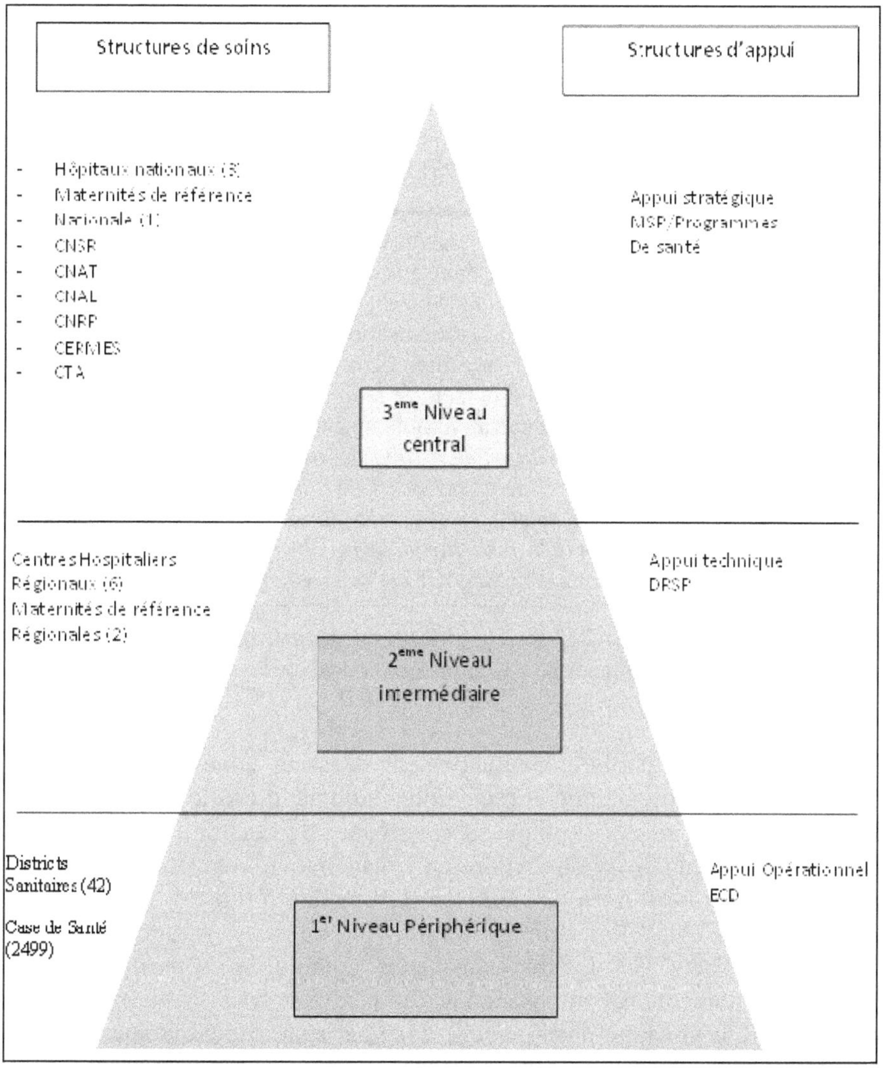

Source : ministère de la Santé publique.

5.3. Vers une forme endémique de malnutrition

La malnutrition est *« un état pathologique causé par la déficience ou l'excès d'un ou plusieurs nutriments »*[188]et se présente sous diverses facettes. Beaucoup d'études ont montré qu'elle peut être le corolaire de plusieurs causes. Sa forme déficiente la plus connue au Niger se manifeste par une ou plusieurs carences en nutriments protéino-énergétiques. C'est une pathologie qui résulte d'un apport insuffisant des aliments par rapport aux besoins nutritionnels de l'organisme. Elle se définit comme une maladie résultant de la carence, relative ou absolue, d'un ou plusieurs nutriments essentiels pour le bon fonctionnement de l'organisme humain. Son évolution est très variable selon la gravité, la durée et l'âge auxquels elle survient : plus l'enfant est jeune, plus sa croissance est rapide et plus il s'expose à ce fléau.

Méthode d'évaluation de la malnutrition au Niger

Deux principaux indicateurs sont utilisés dans les enquêtes nutritionnelles menées au Niger en 1990 et 2000. Le taux de malnutrition chronique, calculé à partir des indices de taille en fonction de l'âge, évalue la prévalence du retard de croissance dans un échantillon d'enfants de moins de 5 ans et rend compte des effets à long terme de la malnutrition. Le taux de malnutrition aiguë se calcule à partir des indices de poids en fonction de la taille. Ceux-ci évaluent la prévalence de l'émaciation dans un échantillon d'enfants de moins de 5 ans et rend compte des effets plus immédiats de la malnutrition, notamment dans les contextes de crise alimentaire. *« La mesure de la malnutrition infantile s'opère à travers un continuum d'indices, de normes de croissance, de seuils et d'outils de mesure qui interagissent les uns avec les autres. Au cours des dix dernières années, au Niger, en lien avec une innovation thérapeutique majeure, chacun des éléments de cette métrique des corps dénutris a été renégocié par la médecine humanitaire. »*

Source : Jean-François CARÉMEL, « Mesurer la malnutrition infantile au Niger. Entre la révolution thérapeutique et transformations de la métrique des corps », *Ethnologie française*, vol. 45, n° 1, 2015, pp. 95-107.

Le phénomène perdure habituellement dans les zones où l'insécurité alimentaire sévit de manière récurrente, comme c'est le cas au Niger. Néanmoins, pour mieux expliquer la survenance de ces cas de malnutrition, il nous semble judicieux de prendre en considération la variable culturelle. Différente d'un environnement à un autre, la culture influe très souvent dans les comportements alimentaires. C'est pourquoi la sous-nutrition ou la malnutrition peut aussi être considérée comme la conséquence des restrictions alimentaires imposées par les barrières socio-culturelles. Quoi qu'il en soit, la situation nutritionnelle du Niger reste une problématique très préoccupante au regard de son ampleur. Il suffit d'observer l'évolution du

[188] D'après l'Organisation mondiale de la Santé (OMS).

phénomène pour se rendre compte que le pire reste à venir si aucune précaution adéquate n'est envisagée. Plus alarmant, cette situation affecte essentiellement les enfants âgés de 0 à 59 mois.

Hormis la malnutrition qui affecte classiquement les enfants, il est également important de signaler une forme beaucoup plus présente chez les parturientes. Selon le ministère de la Santé publique, la prévalence de l'anémie dans cette catégorie de femmes révèle respectivement un taux de 61 % et de 42 % auprès de celles qui sont enceintes et des mères allaitantes. Cette situation est la conséquence de nombreuses carences en nutriments et s'explique par l'extrême précarité dans laquelle évoluent ces mères. Même au cours de certaines années où la production agricole est considérée comme excédentaire, la malnutrition sévit de façon endémique. Cela explique la complexité du dépistage du phénomène dans la société et sa reconnaissance comme telle par les pouvoirs publics. C'est ainsi qu'il a fallu la survenance de la crise de 2005 pour que le gouvernement accepte enfin de reconnaître la malnutrition infantile comme un problème de santé publique. *« La plupart des acteurs institutionnels s'accordent aujourd'hui à reconnaître que cette malnutrition était insuffisamment considérée et, en deçà, insuffisamment mesurée avant la crise de 2005. »*[189]

Depuis, l'État - avec l'appui des partenaires techniques et financiers - accepte de produire des données censées décrire et évaluer l'ampleur de la situation. C'est dans ce cadre que le Niger, à travers le ministère de la Santé publique, a élaboré le Plan stratégique Multisectoriel de Nutrition (PSMN 2013-2017).

Ce référentiel est supposé comporter des stratégies qui, une fois mises en œuvre, contribueront à réduire sensiblement le fléau. À terme, l'objectif est d'améliorer la cohérence et l'efficacité des politiques et des programmes de santé ayant un impact direct ou indirect sur l'alimentation et la nutrition des populations nigériennes. 11 axes stratégiques, dont 6 interventions spécifiques et 5 interventions transversales peuvent être mis en exergue. Ce programme comporte notamment : la sécurité alimentaire, la coordination des actions, le renforcement de capacités, la nutrition à assise communautaire et le suivi évaluation. Les références clefs de ce document se résument dans l'encadré suivant :

---

[189] V. BONNECASE, « À quoi servent les indicateurs nutritionnels ? Le Niger après la crise de 2005 », *Cahier d'Agriculture*, vol. 21, n° 5, 2012, p. 312.

Plan stratégique multisectoriel de nutrition

1. Fondement et Orientations de la Politique nationale de nutrition :

Les orientations de la Politique nationale de Nutrition se fondent sur la Constitution du Niger, le Plan de Développement économique et social (PDES), les recommandations du Symposium International sur la Sécurité alimentaire et nutritionnelle (SISAN), et l'Initiative 3 N (les Nigériens Nourrissent les Nigériens) qui sont en synergie avec le Plan de Développement Sanitaire (PDS 2011-2015).

2. Objectif général

Garantir à chaque Nigérien et à chaque Nigérienne, un état nutritionnel compatible avec une bonne santé, une vie productive optimale.

3. Objectifs spécifiques ciblés d'ici 2022

- Réduire la malnutrition aiguë globale en dessous du seuil de 10% chez les enfants de 0 à 5 ans ;
- Réduire le retard de croissance de 44 % à 25 % chez les enfants de 0 à 5 ans ;
- Réduire ou éliminer certaines carences en micronutriments (iode, vitamine A, fer) ;
- Réduire d'au moins 25 %, selon le niveau de base le surpoids chez les enfants et chez les femmes.

4. Un cadre institutionnel de mise en œuvre s'intégrant harmonieusement dans les mécanismes d'orientation et de pilotage de l'Initiative 3N.

5. Sept axes d'interventions stratégiques qui couvrent tous les domaines concourant à la réduction des problèmes nutritionnels du pays

1) sous-nutrition et surnutrition ; 2) carences en micronutriments ; 3) alimentation du nourrisson et du jeune enfant (ANJE) ; 4) sécurité sanitaire des aliments ; 5) mobilisation sociale ; 6) préparation et réponse aux urgences ; 7) surveillance et suivi de la situation nutritionnelle.

6. Suivi et évaluation

Le Comité multisectoriel de Pilotage du Programme stratégique Nutrition (Primature) assure le suivi-évaluation de la mise en œuvre de la Politique nationale et du Plan stratégique à travers le ministère de la Santé publique. À ce titre, la Direction de la Nutrition (DN) assurera le suivi des stratégies et des plans découlant de la présente politique nationale de nutrition conformément au guide de Suivi-évaluation défini par le CMPS.

Source : Ministère de la Santé publique du Niger.

5.3.1. Toutes les localités sont affectées par le fléau

Les données relatives à la malnutrition infantile au Niger sont d'autant plus préoccupantes qu'aucune des localités n'est épargnée. Certaines zones ont dépassé les 15 % qui sont pourtant considérés comme un seuil d'urgence par l'OMS. Face à cette situation, les acteurs n'hésitent plus à considérer la malnutrition comme une urgence de santé publique.

Figure 5 : La carte sanitaire de la malnutrition en 2012

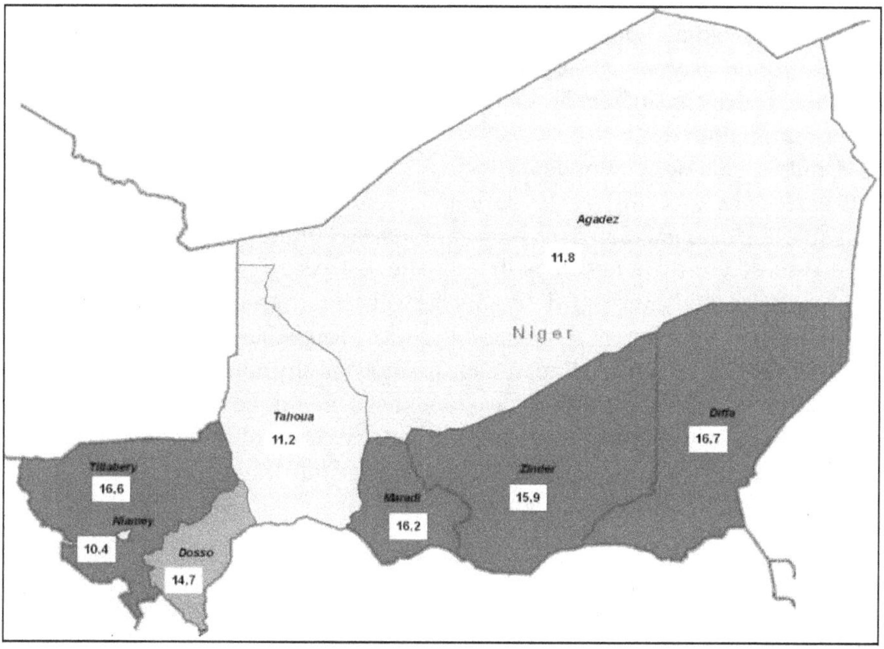

Source : ministère de la Santé publique.

Les statistiques (figure 7) indiquées sur cette carte reflètent une situation alarmante, quasi généralisée. Les régions où sévissent les cours d'eaux permanentes détiennent le record du taux de la malnutrition et affichent des taux qui frôlent les 17 %[190]. Dans cette partie du Niger, les populations sont confrontées quotidiennement à cette carence alimentaire. L'exemple des villageois qui, par manque d'eau potable, sont obligés de consommer l'eau de surface mettant ainsi leur santé et celle de leurs enfants en péril, est souvent évoqué :

« J'habite à Likadri (un hameau situé à 20 km de Gouré). La seule borne fontaine tombe souvent en panne. Il faut attendre plusieurs jours, voire des

---

[190] J.-H. JÉZÉQUEL et X. CROMBÉ (sous la dir. de), *Niger 2005, une catastrophe si naturelle*, Paris, Karthala, 2007.

semaines, pour qu'un technicien vienne changer la pièce défectueuse. Parfois, il n'arrive même pas. Entre temps, comment voulez-vous qu'on fasse ? Rester sans boire ? Nous sommes obligés de recourir à l'eau de puits ou même de surface (disponible pendant l'hivernage) pour le besoin de consommation courante. C'est avec cette eau qu'on prépare à manger pour les enfants, y compris les nourrissons. »

Il est important de signaler que la situation récurrente de la famine dans l'espace sahélien, a un impact certain sur l'état nutritionnel des populations concernées. Mais établir un lien de cause à effet entre la maladie et les crises alimentaires serait une énormité. Malgré l'urgence nutritionnelle qui caractérise le pays avec son taux de malnutrition de 14,8 %[191], il serait hasardeux de considérer la malnutrition comme la seule résultante des pénuries alimentaires.

Comme cela a été évoqué ci-dessus, la problématique de la malnutrition est antérieure aux différents déficits céréaliers fréquemment enregistrés puisqu'elle est ancrée dans les pratiques culturelles des populations nigériennes. C'est la raison pour laquelle les perturbations nutritionnelles que connaissent beaucoup d'enfants ne sont la conséquence ni de causes immédiates strictement physiologiques (maladies infectieuses ou parasitaires, insuffisance d'apport en énergie ou en nutriment) ni celles de causes dites globales, dérivées du contexte économique (pauvreté), mais la conséquence d'un choc socio-culturel relatif aux habitudes alimentaires. Aussi, intéressons-nous à certaines croyances ou pratiques culturelles qui structurent l'alimentation de l'enfant dès sa naissance dans un tel contexte.

5.4. Des pratiques culturelles plutôt favorables à la malnutrition infantile

Les causes de la malnutrition sont diverses et varient d'une localité à une autre. Dans le département de Gouré, les données varient d'une étude à une autre. Le taux moyen tourne autour de 15 % et concerne les enfants de 0 à 3 ans. Toutefois, au-delà des facteurs traditionnellement admis comme vecteurs de ce fléau, d'autres causes de la malnutrition ont pour fondement la culture.

À Gouré par exemple, la malnutrition commence dès les premières heures de vie du nourrisson. Ainsi, la couleur jaunâtre du lait maternel, ou colostrum[192], est traditionnellement considérée par la matrone ou la grand-

---

[191] République du Niger, *Plan de développement sanitaire (2011-2015)*, document adopté au Conseil des ministres du 27 janvier 2011, ministère de la Santé publique, Niamey, janvier 2011.

[192] Une matière très riche en nutrimentset en anticorps qui protège le bébé contre de nombreuses maladies et infections. Généralement, cela survient dans les premières gouttes du lait qui tombent juste après la maternité.

mère du village comme dangereuse pour le bébé. Pour ces traditionalistes, ce lait de couleur jaunâtre comporte des vices aux allures de « porte malheur » ou *makalama*[193]. Sa couleur est assimilée à de « la saleté » ou encore à de « l'impureté » dans l'imaginaire populaire. Entre temps, l'enfant est obligé de consommer du lait de chèvre ou de vache jusqu'à ce que l'écoulement complet du colostrum ait été « purifié » selon des procédures traditionnelles. À défaut, la mère transmettrait à l'enfant « de la poisse » ou l'exposerait à toute forme de malheur toute sa vie durant. Or, selon le personnel médical, ces pratiques culturelles compromettent dangereusement les premières heures de vie du nouveau-né. Outre ce lait non stérilisé est en lui-même porteur de germes pathogènes. Il peut aussi être souillé car les conditions hygiéniques ne sont pas réunies. En outre, le lait de vache ou celui de chèvre n'étant pas adapté au nourrisson est souvent à la base de certaines pathologies comme l'augmentation du transit intestinal avec l'apparition de cas de diarrhée. Cette situation a poussé l'UNICEF à mettre en place un dispositif d'urgence ayant pour stratégie la sensibilisation des populations sur la nécessité de nourrir l'enfant au sein dès sa naissance.

La consommation d'eau dès la naissance est aussi source d'inquiétude sur le plan nutritionnel, surtout chez le nourrisson, car les risques d'infection sont très élevés. Cela se vérifie d'autant plus quand on sait que la "potabilité" de l'eau n'est pas certaine. Pire, même le récipient qui sert à puiser l'eau n'est pas hygiénique non plus. Ce sont dans ces conditions d'insalubrité totale que les mères alimentent leur nourrisson dès le premier jour. Les motivations demeurent essentiellement culturelles. Par exemple, il est dit dans la tradition Kanuri que le nouveau-né arrive avec la gorge et l'estomac « bouchés ». Afin de lui faciliter une digestion, il serait recommandé de lui donner d'abord de l'eau simple pour qu'il puisse évacuer tous les déchets qu'il aurait accumulés dans le ventre de sa mère. On estime que le nourrisson est débarrassé de toutes ces « saletés » dès que les premières diarrhées sont constatées. C'est finalement après tout ce parcours de « purification » que le nouveau-né aurait droit à la mise au sein, à condition que le lait maternel ne présente plus la couleur jaunâtre du colostrum, symbole de *makalama*.

Dans d'autres familles (le culte des ancêtres diffère d'un clan à un autre), c'est la préparation de décoctions généralement composées d'eau et de plantes. Les conditions dans lesquelles cette solution est préparée interrogent aussi l'aspect hygiénique, peu conforme aux normes sanitaires. Dans ce cas, l'objectif recherché est de « fortifier » l'enfant et de le « protéger » de toutes formes de malédiction. À ce propos, une matrone disait ceci :

« Le nouveau-né est vulnérable. Par conséquent, il faut qu'il ait la bénédiction des ancêtres pour qu'il soit un être profitable à tous. C'est une pratique

---

[193] Une expression haoussa qui signifie malédiction ou porte-malheur.

séculaire et qui a fait ses preuves. Les incantations qui suivent pour préparer la solution buvable sont ésotériques. Seuls les initiés sont autorisés à procéder ainsi. »

Des arguments avancés, nous retiendrons ceci : en Afrique noire traditionnelle, certaines pratiques culturelles sont susceptibles « d'encourager » la malnutrition infantile. Cela se constate à travers le sevrage précoce dont sont victimes les enfants. Cette situation est dommageable pour l'état nutritionnel du nourrisson, étant donné que son organisme demeure encore fragile. Ainsi, il est fréquent de constater qu'avant l'âge de 6 mois, certaines femmes commencent déjà à nourrir leur bébé avec d'autres types d'aliments. Cela vient en complément du lait maternel. Une manière pour les mères de brusquer l'arrêt de la mise au sein de l'enfant. Généralement, les arguments avancés mettent l'accent sur les obligations maritales. Dans le contexte africain traditionnel, les femmes sont appréciées très souvent selon leur engagement à s'acquitter de leurs « dettes conjugales ». Pour se faire une place « au soleil », elles doivent accepter la soumission à l'égard de leurs conjoints. Ceci explique leur fort attachement aux obligations domestiques comme la cuisine, les travaux champêtres, le ménage, la corvée d'eau, mais également la disponibilité sexuelle avec le mari. Dans le cas où elles se déroberaient à leurs obligations d'épouse, elles seraient systématiquement « mises en quarantaine ». Tout d'abord, elles perdraient toute considération du mari et deviendraient par la suite la risée de tous puisque le statut de divorcé en Afrique traditionnelle est généralement synonyme de suspicion et donc de rejet social :

« Traditionnellement, le mari est le chef du foyer. Du coup, je lui dois respect et obéissance. En plus, c'est lui qui assure à manger pour tous. C'est une obligation maritale de s'occuper d'abord de lui et par la suite des autres. L'enfant sait comment se débrouiller et c'est la raison pour laquelle j'ai diversifié son alimentation dès l'âge de 3 mois. Juste pour qu'il puisse se passer du lait maternel au cas où le temps me ferait défaut. Ce n'est pas parce que je l'ai privé du lait pendant 24 ou 48 heures qu'il va mourir de faim. Je me dis que d'autres enfants ont survécu, pourquoi pas lui ? Je ne peux pas rester éternellement auprès de lui alors que mon mari a besoin de mes services. C'est la raison pour laquelle, j'ai dû le laisser chez sa grand-mère pour qu'elle s'occupe bien de lui. Cela me permettra d'accorder plus du temps à mon mari. Vous ne mesurez pas la portée des risques auxquels je m'exposerai en négligeant le chef de ménage... [rire !]. *Cela pourrait être un motif de répudiation. »*

De cette situation, nous retiendrons que le sevrage précoce aurait pour objectif de forger l'enfant à consommer une alimentation autre que le lait, pour qu'il soit beaucoup plus autonome. En contrepartie, la mère pourra honorer ses engagements d'épouse afin de gagner confiance et considération de son mari. Cette attitude n'est pas sans conséquence pour la santé nutritionnelle de l'enfant, les risques pour le nourrisson de présenter des carences pouvant remettre en cause sa santé nutritionnelle. Pour pallier cette situation, l'UNICEF a mis en place le projet dit *« chèvres laitières »*. Celui-ci se propose d'accompagner des familles, particulièrement la gente féminine, dans les Activités génératrices de Revenu (AGR). Ce projet a comme objectifs d'accroître la production laitière qui pourrait accompagner le *fura* (la boule) et le *kunu* (la bouillie) et de rehausser la quantité mais surtout la qualité dans les habitudes alimentaires de l'enfant après son brusque sevrage. Des enfants ayant moins de 6 mois sont déjà sevrés, malgré les indications sanitaires et les campagnes de sensibilisations menées par les partenaires au développement. En résumé, la récurrence de la malnutrition infantile dans cette partie du Niger est la conséquence de certaines pratiques traditionnelles à des fins culturelles.

L'État a une part de responsabilité indéniable dans cette malnutrition. C'est ainsi que le rôle de ce dernier dans la dégradation nutritionnelle que connaît actuellement le pays révèle un échec de la politique nationale de prise en charge de la malnutrition. Cette situation se donne à voir dans les politiques publiques, singulièrement dans le domaine sanitaire où la gestion étatique est plus que jamais défaillante. L'État se désinvestit du domaine de la santé. En dépit des urgences qui guettent constamment le Niger comme les épidémies cycliques de choléra, la malnutrition, la fièvre typhoïde, l'effectif du personnel (médecins, infirmiers, spécialistes…) ne suit pas l'évolution de la population. Pire, à l'insuffisance quantitative et qualitative des ressources humaines en santé justifiée par des contraintes budgétaires, vient s'ajouter leur mauvaise répartition sur le territoire. Cette situation explique souvent le problème d'accès aux soins par la population. À titre illustratif, Niamey concentre plus de 33 % des effectifs des cadres de santé et 40 % des sages-femmes[194]. Tandis que, dans les zones rurales où le besoin se pose avec beaucoup d'acuité, seuls 19 % des infirmiers et 8 % des sages-femmes assurent la promotion de la santé. Le tableau ci-dessous recense l'effectifs des personnels en 2005 et 2010.

Tableau V : La répartition du personnel de santé du Niger selon les catégories en 2005 et 2010

Catégories	**Effectifs 2005**	**Effectifs 2010**
Fonctionnaires en activité	4195	4854
Personnels en détachement et disponibilité	243	141
Position de stage	243	151
Auxiliaires	1281	1144
Contractuels MSP	496	917
Total	6458	7207

Source : Ministère de la Santé publique.

[194] Plan de Développement sanitaire du Niger (2011-2015).

En 5 ans, l'effectif du personnel de santé est resté quasi inchangé, alors que, dans la même période, la population nigérienne s'est accrue de 12 à 15 millions de personnes[195]. Parallèlement, le secteur de la santé souffre d'un manque d'investissements. Il est à noter que la part du budget national dans ce volet n'a connu qu'un timide changement comme l'atteste le diagramme ci-après qui retrace le volume des investissements courant la période de 2003 à 2010.

Figure 6 : L'évolution du budget de la santé 2003 à 2010 au Niger

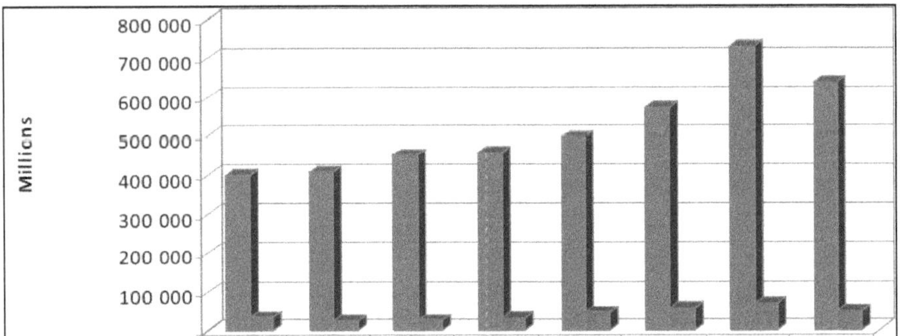

	2003	2004	2005	2006	2007	2008	2009	2010
Budget État	399 103	407 894	450 246	456 953	498 432	572 865	731 231	638200
Budget MSP	35 020	24 549	26 841	31 809	47 550	58 274	70 386	50100

Source : Plan de développement de santé, 2011-2015.

Au cours de l'année 2005 par exemple, les crédits alloués à la santé dans le budget national n'étaient que de 26 milliards de francs CFA, soit 5,2 % du volume budgétaire. La même année, le taux de la malnutrition frôlait les 17 % dans certaines provinces. Ce désintéressement de l'État explique, en partie, l'échec de nombreuses actions jusque-là menées pour contenir le fléau.

195 Ministère de la Santé publique du Niger, *Plan de développement de santé 2011-2015*, Document adopté en Conseil des ministres le 27 janvier 2011, Secrétariat général, Niamey, 2011.

Figure 7 : L'évolution du taux de malnutrition aigüe de 2005 à 2010

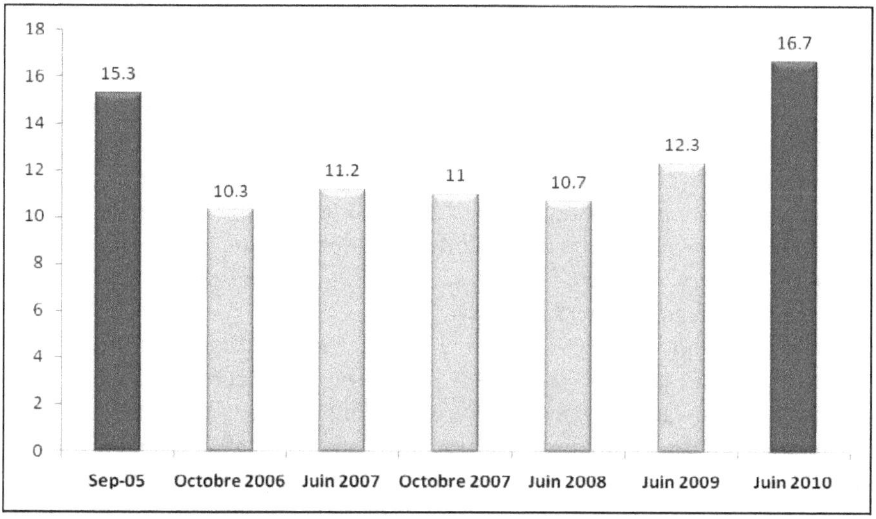

Source : Plan de développement de Santé, 2011-2020.

5.5. De la culpabilité de l'État dans le délitement du système de santé

La culpabilité politique de l'État dans le délitement de la situation nutritionnelle au Niger peut également être évaluée dans le domaine de l'éducation. Ainsi, la sensibilisation peut bien se révéler comme une action salvatrice dans l'endiguement de la malnutrition. Ceci étant, le phénomène sévit avec acuité dans les zones rurales et/ou reculées. Généralement, ce sont des endroits où, en plus de la malnutrition qui sévit de façon endémique, d'autres pathologies comme le choléra et le paludisme font aussi des victimes. Ce sont ces localités qui connaissent un fort taux d'analphabétisme à cause de l'absence d'infrastructures sanitaires et scolaires. Dans cette situation de délabrement, il revient à l'État, garant des politiques publiques, d'asseoir des actions de développement adéquates. En alphabétisant ces villageois et en les sensibilisant aux précautions à tenir pour éviter tout risque de malnutrition, les gouvernants contribueraient à rabaisser le taux national de malnutrition aigüe qui dépasse largement le seuil d'urgence.

Dans le contexte de ce travail, les enquêtes de terrain révèlent que 80 % des femmes dont les enfants sont déclarés malnutris savent à peine lire et écrire. Or, nous savons pertinemment que plus le niveau d'instruction des mères est élevé, moins il existe de risques de malnutrition[196].

[196] J.-H. JÉZÉQUEL et X. CROMBÉ (sous la dir. de), *Niger 2005, une catastrophe si naturelle*, Paris, Karthala, 2007.

Malheureusement, les difficultés que vivent ces milliers de personnes risquent de perdurer. Car, au regard des statistiques recueillies, l'éducation à travers le volet sensibilisation n'est pas encore effectif. Cela peut s'entrevoir dans la mesure où aucune des villageoises interrogées n'a pu dénoter les causes exactes de la maladie dont souffre leur bébé. Ce déficit de communication est la raison pour laquelle beaucoup de personnes ne considèrent pas encore la malnutrition comme un problème. Elles ont toujours tendance à expliquer la souffrance de leur enfant comme le produit d'un mauvais sort ou l'aboutissement d'une sorcellerie : *« La malnutrition infantile n'est pas une entité nosologique populaire, autrement dit n'est pas perçue comme étant une maladie. »*[197]

Cette situation dénote, une fois de plus, les défaillances des autorités politiques sur les actions aussi bien préventives que curatives nécessaires pour lutter contre la malnutrition. En guise d'illustration, le tableau ci-après dresse une liste de 50 femmes sélectionnées parmi les 350 chefs de ménages. Le principal critère de sélection retenu était que chaque femme interrogée devait séjourner au moins une fois dans un centre de prise en charge de la malnutrition avec son enfant. Mais l'autre élément auquel nous avions insisté était le souci de garantir un minimum d'objectivité. Dans ce sens, nous avions été attentif quant à la présentation du carnet administré par le Centre de Récupération nutritionnelle intensive (CRENI), que chaque mère doit au préalable brandir avant de répondre à notre questionnaire. Il ressort de cette phase que seules cinquante femmes ont pu satisfaire les critères d'éligibilité. Les résultats de l'enquête sont synthétisés dans le tableau :

Tableau VI : Profil des mères des enfants malnutris dans les CRENI[198]

Niveau d'instruction	**Nombre de femmes par niveau d'instruction**	**Fréquences relatives en %**
Alphabétisation	40	80 %
Primaire	6	12 %
Secondaire	4	8 %
Supérieur	0	0
Total des enquêtées	50	100 %

Source : Données de terrain.

La lecture du tableau laisse apparaître qu'un laborieux travail de sensibilisation s'impose. Toutefois, cette action ne peut être effective que si et seulement si l'État, avec le concours de ses partenaires, décide de mettre

[197] J.-P. OLIVIER DE SARDAN, « La crise alimentaire vue d'en bas. Synthèse de recherche menée sur sept sites au Niger », *Afrique contemporaine*, n° 225, 2008, p. 263.

[198] Centre de récupération nutritionnelle intensive

en place une véritable stratégie d'action. Toute politique dédiée à la prévention mais également à la prise en charge de la malnutrition doit tenir compte des réalités socio-culturelles des populations locales. Ce qui n'est forcément pas le cas au Niger. Il suffirait d'observer avec attention le reférentiel consacré aux stratégies de sensibilisation pour constater l'écart des modules enseignés avec les réalités culturelles locales. Ce qui explique souvent la lourdeur dans la compréhension et complique la receptivité des messages qu'on veut faire passer auprès des populations. Si ce public a, en son sein, une masse non négligeable d'analphabètes, la tâche devient davantage ardue.

Le constat est toujours le même : l'État a bien sa part de responsabilité dans la détérioration de la situation nutritionnelle que connaît le Niger. Pour ce faire, au nom du principe de la continuité de l'État, chaque équipe dirigeante doit s'investir afin de mieux orienter ses priorités d'actions dans le domaine de la santé en général et auprès des nourrissons en particulier.

Cette urgence sanitaire ne doit certes pas occulter d'autres priorités tant l'austérité climatique expose les pays sahéliens à une multitude de calamités. Ce qui nous amène à interroger les mécanismes que ces États adoptent pour faire face aux périls qui guettent les populations de cette partie du monde.

TROISIÈME PARTIE

Les mécanismes d'adaptation en contexte de vulnérabilité

Dans cette troisième partie, il sera question des mécanismes mis en place face à la récurrence des catastrophes humanitaires. Nous prendrons l'exemple de l'espace du Sahel où la fréquence des sécheresses est quasi permanente, les efforts des États se concentrant dans la mise en œuvre de plusieurs programmes régionaux de résilience dans le secteur de la sécurité alimentaire. À ce titre, on peut énumérer la mise en place d'organismes supra-étatiques pour coordonner les données dans la collecte, le traitement et la diffusion de l'information à l'image du Comité Inter-État de lutte contre la sécheresse dans le Sahel (CILSS), du Centre régional Agrhymet ou de l'Institut du Sahel. Parallèlement, d'autres mécanismes sont mis à contribution à l'échelle nationale, comme des dispositifs d'alertes et de gestion des calamités et crises alimentaires.

Au Niger, les modes de gestion des vulnérabilités s'organisent autour d'un cadre dénommé *dispositif national de prévention de gestion des catastrophes et des crises alimentaires* (DNPGCCA). À travers ce dispositif, l'État renforce ses capacités d'actions et, surtout, d'aide à la décision. L'organisation administrative du DNPGCCA indique que la structure est compartimentée en plusieurs cellules, avec chacune une mission qui lui est dévolue. C'est ainsi qu'on retrouve la Cellule crise alimentaire (CCA) qui est beaucoup plus active dans les situations d'insécurités alimentaires, la Cellule Filets sociaux (CFS) qui est une structure d'accompagnement des victimes des inondations et/ou des déplacés, la Cellule coordination système d'alertes précoces (CC/SAP) qui est un acteur très actif dans la collecte et le traitement des données sur les marchés céréaliers et, enfin, la Cellule coordination humanitaire (CCH) qui traite de tout ce qui a trait aux flux des réfugiés. En plus de ces modes de gestion des vulnérabilités, le gouvernement s'attèle à juguler un autre phénomène qui s'annonce avec beaucoup d'acuité : le morcellement des terres. Ce dernier reste, d'ailleurs, la principale cause de beaucoup de conflits inter-communautaires (entre agriculteurs) et intra-communautaires (agriculteurs contre éleveurs).

CHAPITRE 6

Le foncier, objet de toutes les convoitises

Le foncier peut revêtir plusieurs connotations selon la définition et l'usage que veulent en donner les acteurs. D'après Brigitte Thébaud, par exemple, il peut s'agir d'*« un territoire aux contours souvent flous et qui renferme des ressources naturelles (l'herbe, les mares, etc.) ou aménagées par l'homme (par exemple des puits) ; d'un espace formant un ensemble cohérent, car composé de différents éléments reliés entre eux par une structure complexe de fonctionnement : parcours de saison des pluies, territoires de saison sèche, lieux de rencontres et d'échanges, zones de repli en cas de crise, terres agricoles servant de pâture après les récoltes ; d'un espace affecté à différents usages souvent conflictuels (agriculture et élevage) ; enfin, d'un espace de temps, qui doit être géré en tenant compte de l'incertitude des saisons et des années »*[199].

Comme nous l'avions mentionné précédemment dans le volet présentation, le département de Gouré est le plus étendu de la région de Zinder. Il a une superficie estimée à 95 182 km² et couvre deux tiers de ladite région, chef-lieu qui le chapeaute administrativement. La population de cette localité est évaluée à 68 148 habitants. Alors que la bande sud-est constituée d'une population majoritairement agro-pastorale, le Nord se caractérise par une population essentiellement pastorale. Au Sud de Gouré, la pression foncière se traduit par la recherche de nouvelles terres au détriment des espaces pastoraux. Aussi les principaux cas de conflits fonciers, qui portent sur les modes d'acquisition des propriétés et sur des dégâts champêtres, sont concentrés dans la partie méridionale du département. Dans la zone septentrionale, les principaux enjeux sont l'accès et le contrôle des points d'eau et, à partir de là, des pâturages. Les seules ressources locales disponibles sont le bois, la paille et la chasse qui

[199] B. THÉBAUD, *Foncier pastoral et gestion de l'espace au Sahel*, Paris, Karthala, 2002, p. 11.

constituent les principales sources de revenu des ruraux gouréens. Les principaux acteurs locaux dans le domaine du foncier sont :

- les agropasteurs des cultures hivernales, maraîchères et d'arboriculture ;
- les éleveurs sédentaires, péri-urbains, nomades, grands transhumants ;
- les pêcheurs des mares semi-permanentes et permanentes ;
- les apiculteurs ;
- les bûcherons ;
- les exploitants de bois ;
- les exploitants de paille ;
- les chasseurs.

À partir des entretiens réalisés, il ressort qu'un réel besoin de sécurisation des opérateurs ruraux, notamment en ce qui concerne l'établissement d'actes de transactions foncières pour les terres de cultures (attestations de ventes, prêts, gages, locations, titres fonciers, ...), la sécurisation des espaces pastoraux (la délimitation des couloirs et aires des pâturages) ou la clarification des procédures d'obtention d'autorisations de fonçage de puits en zone pastorale s'avère nécessaire. En outre, les procédures de règlement des conflits en cas de dégâts champêtres demandent à être éclaircies aux yeux des différents acteurs. Cependant, la principale préoccupation de ces derniers demeure l'accès et l'utilisation des ressources naturelles dès lors qu'il s'agit de partager. L'accroissement de la population se traduit par l'extension des terres de cultures sur les espaces réservés à la pâture. Cette forte pression sur les ressources foncières se manifeste par la rareté des terres à défricher, par le morcellement des espaces à cultiver et par l'amenuisement de ceux réservés au pâturage. Tous ces facteurs justifient, la nécessité de sécuriser les ressources foncières et de travailler à l'harmonisation de leurs accès.

D'après la Direction départementale des ressources animales, un amenuisement inquiétant de la zone pastorale est à souligner à cause de l'occupation anarchique des terres de culture. Cette situation amenuise les espaces pastoraux, provoquant d'importants conflits entre les différents acteurs. On comprend, dès lors, l'importance du Code rural dans le processus de sécurisation et d'accès à la terre. Cependant, les intérêts souvent divergents des opérateurs ruraux et des acteurs politiques, locaux et gouvernementaux, imposent une démarche prudente et concertée. Au Niger, les trois quarts de la population sont des ruraux qui ne disposent pas d'autre source de revenu et d'alimentation que la terre[200]. Commençons par analyser la logique d'intérêt des différents acteurs sur le terrain.

---

[200] B. THEBAUD, *Foncier pastoral et gestion de l'espace au Sahel…*, *op. cit.*, p. 123.

a. Les agriculteurs

Ils acteurs accèdent à la terre par l'héritage, l'achat, le prêt, le gage, la donation et la location des champs ou jardins. Cela est aussi attesté par les statistiques des actes établis au niveau des COFO (Commissions foncières), les modes d'acquisition sont variables d'une localité à l'autre, voire d'un canton à l'autre. Dans certaines localités visitées, le champ ne se vend pas. Cependant, il peut être emprunté ou donné. Généralement, ce sont les chefs coutumiers qui le « donnent ». Ce geste est plus un prêt qu'une donation. Le bénéficiaire dispose juste d'un droit d'usage qu'il pourra transmettre à ses ayants droit, comme le précise le Chef de canton de Gouré :

« Sur l'ensemble de mon canton, nous ne connaissons pas la vente de champs. Aujourd'hui encore, cette vente est interdite. Quand tu es étranger, nous pouvons te donner la terre pour cultiver, mais tu n'as pas le droit de la vendre. La terre, c'est pour Dieu. Quand nous apprenons que tu veux la vendre, nous te la retirons. »

Cette thèse est confortée par un autre chef de village :

« Ici, nous ne vendons pas des champs. Si tu en veux un pour une utilisation de courte durée, nous pouvons te le prêter. Si c'est de longue durée, nous allons nous consulter avec le chef de canton pour te le donner dans un endroit non approprié. »

Pour les allochtones ruraux, c'est surtout la possibilité de disposer d'un champ à cultiver qui importe. C'est le droit d'usage qu'il s'agit donc de sécuriser. Il s'agit alors de créer les conditions nécessaires pour favoriser la circulation des terres, afin que ceux qui disposent de plus de droits fonciers puissent permettre à ceux qui en ont moins d'en utiliser, éventuellement par le biais d'autres modes d'accès tels le prêt, le gage ou la location. Pour faciliter et rendre durable ce mécanisme d'accès aux terres de cultures, les propriétaires des champs ont besoin d'être sécurisés afin que le prêt ne devienne pas une source future de litige avec l'emprunteur qui prétendrait à un droit de propriété. Notons ici que l'essentiel des prêts, des gages et des locations est contracté sous seing privé ou par l'intermédiaire du chef traditionnel.

Alors que la mise en place progressive des commissions foncières (COFO) devait permettre à chacun d'accéder aisément aux différents actes attestant des transactions foncières effectuées, l'analyse des transactions formalisées en 2006 à Gouré révèle que l'héritage demeure la transaction la plus sécurisée. À titre illustratif, sur les cent trente et un certificats établis, quatre-vingt-un concernent l'héritage[201]. En revanche, les actes de prêt, de location et de gage sont très rares.

---

[201] Plus précisément : 5 certificats de gage coutumier, 17 certificats de prêt de parcelle dont une en litige, 2 certificats de location, 81 certificats de détention coutumière, 12 certificats de vente de terrain, 14 certificats de donation.

Le droit à sécuriser prioritairement paraît être celui de propriété, notamment sur les terres aménagées utilisées pour les cultures de contre-saison. Il s'agit des cultures de maraîchage à finalité commerciale, procurant un revenu plus important que les cultures pluviales. C'est sans doute ce revenu moins aléatoire que les agriculteurs tiennent à sécuriser. C'est généralement sous l'impulsion des projets de développement agricole qui interviennent dans l'aménagement des terres que les paysans prennent conscience de l'importance à sécuriser leur terre. Le directeur d'un service de développement rural explique :

> *« Depuis le Projet Petite Irrigation, on a observé un certain afflux des paysans pour l'obtention du titre ou d'un acte attestant du droit détenu. Les paysans ont cerné l'utilité immédiate de la pièce, car elle était exigée par le projet. Cette situation procède du fait que les territoires décentralisés font face à un déficit de communication qui entrave toute action de développement. L'État central n'insiste pas sur la concertation avant la mise en application des politiques publiques. Cela explique les difficultés de sa mise en œuvre. »*

Cette situation laisse à penser que beaucoup de territoires possèdent des potentialités qui leur permettront, à moyen ou long terme, d'être autonomes dans la gestion des politiques locales. Cependant, l'approche des pouvoirs publics entrave la formalisation de ces acquis. L'exemple de la localité de Mirriah suffit pour appuyer notre assertion au regard de sa production de canne à sucre.

Figure 8 : Fagots de cannes à sucre dans le village de Korama (Mirriah)

Source : Données de terrain.

L'inventaire des formalisations effectuées au sein de la commission foncière départementale de Mirriah confirme les jeux d'intérêts qui se nouent et se dénouent au gré des acteurs. Les terres à fortes potentialités agricoles sont les plus sécurisées à cause de la rentabilité que leur aménagement suscite. Toutefois, en dehors des terres aménagées, la formalisation légale reste une pratique peu répandue en milieu rural. Pourtant, le coût ne paraît pas prohibitif. Un cadre de développement rural témoigne :

> *« Un acte, un titre foncier ne coûtent pas cher. Il est vrai qu'une proportion de lettrés commence à s'y intéresser. C'est pareil pour la carte d'identité ou l'acte de naissance : la valeur légale n'est pas complètement reconnue dans certains milieux. Il y a un paysan qui a demandé et reçu un titre de propriété dans le cadre de l'expropriation pour la construction du château d'eau de Zinder afin de se faire indemniser. Pour cette indemnisation, il a reçu un chèque à déposer auprès d'une banque. Ce n'est qu'une fois à la banque qu'il apprend qu'il lui faut une pièce d'identité. Il se renseigne auprès de l'autorité qui lui dit à son tour qu'il lui faut un extrait de son acte de naissance... Tout cela pour dire que les documents ne sont pas très répandus dans les milieux ruraux et que ce n'est qu'une fois le besoin ressenti qu'on s'y intéresse... »*

On retient, de cet entretien, que le besoin des actes de la COFO se fait sentir lors des expropriations pour utilité publique ou lors des travaux d'intérêt général. Seuls ces actes attribués par une institution sont recevables pour obtenir les indemnisations de l'État. De ce fait, on ne peut prétendre à un quelconque versement en présentant uniquement des témoins ou des « petits papiers » informels. Bien que les gens reconnaissent l'intérêt des papiers, dans notre zone, ceux-ci ont concerné essentiellement les champs où devait passer la ligne électrique qui va de Zinder vers le Nigeria. Le titre foncier était le document demandé et accepté comme seule et unique preuve. Cependant, ce fonctionnaire dénote qu'il y a une réelle urgence à sécuriser les droits détenus sur les champs :

> *« Il y a assez de conflits surtout de voisinage ou de propriété. Il y a des gens qui viennent de loin pour réclamer la propriété* [...]. *Le chef de village ou de canton est sollicité pour sécuriser car eux aussi délivrent des papiers, mais ceux qui s'adressent à la COFO sont des anciens élèves ou des fonctionnaires. Tous les autres vont voir la chefferie parce que c'est le système traditionnel. »*

On peut interpréter le recours plus important des lettrés et des fonctionnaires aux actes délivrés par les commissions foncières par le fait qu'ils ont plus facilement accès aux informations écrites et venant de l'administration. Ils peuvent, par exemple, lire la documentation du Code rural disponible dans les COFO. On peut aussi supposer qu'ils se sentent moins « liés »[202] par des relations traditionnelles aux chefs coutumiers.

En zone agropastorale, la pratique agricole semble être de plus en plus affectée par les conflits de divagation des animaux de l'éleveur transhumant,

---

[202] Lien de subordination sociale et politique.

principalement pendant et juste après la période de récoltes. La plupart des agriculteurs rencontrés affirment que la relâche précoce des animaux demeure la principale source de conflits intercommunautaires. Les quarante-deux agriculteurs ayant participé aux entretiens de Arimari et Guizibouk, dans la commune de Gouré, disent passer des nuits entières à surveiller leurs champs afin d'éviter les dégâts en période de descente précoce des animaux vers le Sud. Un agriculteur du village d'Abari confie :

> *« Quand les éleveurs arrivent alors que nous n'avons pas fini de récolter nos champs, nous informons le chef de canton de Gouré qui nous renvoie à la préfecture qui, à son tour, nous demande de payer du carburant pour envoyer les éléments des FNIS. Le temps de faire tout cela, les dégâts sont déjà faits et les éleveurs sont repartis. »*

La sécurisation des récoltes devient un défi majeur d'après les agriculteurs. Les pouvoirs publics, via le Code rural, tentent de mettre en place des mécanismes de prévention basés sur l'information en vue de juguler ces tensions qui ont endeuillé beaucoup de ménages ruraux. Le même agriculteur ajoute :

> *« Les agriculteurs n'ont pas de droits dans ce coin. Les éleveurs viennent dévaster les terres. Maintenant, ce sont ces derniers qui fixent la date d'ouverture des champs. La récolte a été dévastée par les animaux et toute la production est en cause ! Quand il y a un conflit, c'est-à-dire chaque année, je m'adresse au chef de village qui les interpelle après. Mes champs sont au cœur d'autres champs et pas à proximité d'un point d'eau ou d'une aire. »*

Le principal mobile des éleveurs serait de pouvoir se frayer un chemin pour accéder aux ressources communes et aux résidus de culture qui font de moins en moins l'objet de « contrat de fumure »[203]. La sécurisation de ces résidus devient alors une préoccupation majeure des agriculteurs qui, de surcroît, pratiquent de plus en plus l'élevage et veulent, de ce fait, réserver ces résidus à leurs propres animaux ou à la vente.

Parmi les dispositions prises par les autorités administratives, il faut noter la mobilisation des forces de sécurité, notamment les Forces nationales d'intervention et de sécurité (FNIS) et la Gendarmerie nationale appelées à escorter les éleveurs transhumants en vue de minimiser les dégâts champêtres, mais surtout afin d'éviter des bagarres parfois meurtrières dans certaines localités. La mobilisation de ces forces incombe dorénavant aux mairies, qui doivent leur fournir du carburant de la caserne jusqu'à la fin de la mission. Le Maire d'une commune rurale de Gouré évoque ces difficultés qui subsistent :

---

[203] Nous entendons par *« contrat de fumure »* le fait de laisser libre les animaux dans les champs pour que leurs détritures puissent servir d'engrais. Cela augmentera sensiblement la production après les travaux champêtres

« L'année passée, chaque commune rurale avait contribué pour 275 000 francs CFA, soit 420 euros de carburant, pour que des patrouilles de forces de sécurité soient envoyées à partir du Gouvernorat de Zinder, mais ça n'a pas empêché que nous demandions d'autres éléments des FNIS. C'est pour éviter ce qui s'était passé en 2004 où il y a eu des bagarres et des individus poignardés. »

Sécuriser le droit de chacun (à récolter dans son champ, à ramasser les résidus à pratiquer la transhumance ou à accéder à une ressource partagée) est un enjeu majeur pour la paix sociale et le développement des terroirs. C'est pour cela qu'une réunion se tient chaque année à l'échelle régionale afin de fixer les dates de libération des champs, à savoir la fin de la récolte et la descente des animaux. Ces rencontres regroupent les autorités administratives et coutumières, les cadres techniques, dont ceux du Code rural, et les associations des catégories socioprofessionnelles. Tous ces acteurs doivent assurer le relais de cette décision par l'information des parties concernées. Toutefois, la transmission de l'information demeure défaillante comme nous avons pu le constater lors de notre enquête. À titre illustratif, la collecte des données a justement coïncidé avec cette rencontre organisée annuellement par le Gouverneur de la région à Zinder pour faire le point sur la campagne agro-sylvo-pastorale et décider de la date de « libération des champs »[204]. Ensuite, la mission a été invitée, dix jours plus tard, à une rencontre à Gouré entre les représentants des éleveurs et les équipes de deux projets qui les appuient[205]. C'est seulement à cette occasion que les représentants des éleveurs de la zone ont été informés des dates de libération des champs : ils semblaient même ignorer jusqu'à la tenue de la réunion qui statuait sur cette date.

Les difficultés qui caractérisent les zones rurales au Niger et, particulièrement, celles dites pastorales, sont relatives à la circulation des informations utiles en temps opportun. Cela s'explique par les contraintes spatiales, logistiques et financières auxquelles est confronté ce pays. Ceci montre également que les informations foncières passent par des rencontres organisées par les partenaires du développement rural : à quoi sert une décision si ses principales cibles ne sont pas informées à temps ?

---

[204] La réunion eut lieu à Zinder. Cette année, un autre point était inscrit à l'ordre du jour : l'arrivée et l'accueil des gros éleveurs arabes, les *Mohamids*, au Niger, dans la région de Zinder. C'est ce sujet qui a suscité le plus d'intérêt chez les présents à la réunion.

[205] Il s'agit des projets ZFD/DED et PSSP. Le premier est un projet d'intégration des éleveurs transhumants dans le mécanisme de prises des décisions locales intervenant dans la région de Zinder. Au cours de cette rencontre, les membres du projet ont informé les éleveurs sur le mode de désignation de leurs représentants au sein des nouvelles Commissions foncières communales en train d'être mises en place dans le département. Le PSSP est un projet de sécurisation des systèmes pastoraux qui intervient dans toute la région de Zinder. Il a tenu, en décembre, un atelier départemental de restitution des résultats des diagnostics sur les ressources pastorales.

Les agriculteurs nous ont même fait part de leurs désaccords du fait que la plupart des éleveurs étaient déjà entrés en zone de cultures avant l'arrêt de la date de libération des champs. Cela témoigne, une fois de plus, des difficultés réelles et du défi à surmonter en matière de transmission et d'accès à l'information des ruraux. Or, la transmission, dans les temps, d'une information correcte participe à la prévention des conflits fonciers et au maintien d'une quiétude sociale durable.

b. Les éleveurs

La problématique de la sécurisation des éleveurs doit être envisagée dans l'espace agropastoral et pastoral. Les éleveurs résidant et transhumant en saison hivernale et en fin de récoltes éprouvent des difficultés à accéder aux ressources communes (notamment aux mares et aux aires de pâturage) et à parcourir des couloirs souvent réduits, voire défrichés ou semés. Dans cet espace, les Commissions foncières (COFO) tracent les couloirs de passage et les aires de pâturage en les délimitant et en les balisant avec l'appui financier de quelques partenaires. Ainsi la Commission foncière départementale (COFODEP) de Gouré a délimité et balisé quatorze couloirs de passage et trois aires de pâturage. Ces formalisations sont censées s'accompagner de sessions d'information et de sensibilisation auprès des ruraux concernés. Elles servent à sécuriser l'espace destiné aux activités agricoles et pastorales et jouent, de ce fait, un rôle de premier plan dans la prévention des conflits.

Nonobstant les démarches entreprises par les COFO, c'est dans la zone agropastorale que persistent les conflits entre agriculteurs et éleveurs, notamment en période de récolte. Malgré le travail d'information, des couloirs de passage demeurent obstrués par les champs cultivés. Ces couloirs sont inscrits dans le domaine public[206] tout en se situant en pleine propriété privée. Leur usage est commun, ce statut étant censé permettre l'accessibilité et la mobilité d'une zone de pâturage à une autre en garantissant ainsi l'exercice de l'activité pastorale.

Informer sur le statut des terres et formaliser les aires constituent le travail des COFO. Cependant, les éleveurs se plaignent du fait que leurs animaux sont souvent contraints à se frayer un chemin en pleins champs. Un éleveur transhumant, rencontré à Bangam dans la commune rurale de Bouné (Gouré), le souligne :

> *« Nous avons toujours des soucis à déceler les limites qui fixent les couloirs de passage. Les gens du COFO viennent mettre la peinture sur un tronc d'arbre qui servirait de frontière entre les limites des champs cultivés et la zone de passage, sans tenir compte qu'il suffit d'un violent orage pour que cet arbre cède. À cela, se pose un problème de visibilité, car les périodes de pluies font jaillir des*

---

[206] Article 29 du Code rural nigérien.

herbes et arbustes qui cachent les insignes indiquant les frontières à ne pas franchir. Un éleveur qui vient d'ailleurs ne peut jamais savoir cela, du moment où il n'existe aucune indication. Après, on nous accuse d'avoir introduit à dessein nos animaux dans les champs d'autrui. »

D'autres précisent que, dans bien des cas, la descente des éleveurs en zone de cultures, perçue comme précoce par ceux qui cultivent les champs, s'avère justifiée par le tarissement des mares dans les zones plus septentrionales ainsi que par les difficultés à accéder à certains puits. C'est du moins ce que nous a expliqué le directeur régional des ressources animales. Il faut ajouter à ces explications les logiques des éleveurs qui tiennent à faire profiter leur bétail des résidus des cultures, conformément à leurs habitudes. Ces résidus sont considérés par ces derniers comme bénéfiques pour surmonter le nouveau cycle des saisons sèches par l'animal. Le problème, déjà mentionné, c'est que ces résidus, qui appartiennent au propriétaire du sol, sont de plus en plus souvent récoltés à des fins domestiques ou commerciales par les agriculteurs[207]. Ces logiques divergentes supposent un travail de sensibilisation plus soutenu à l'endroit des éleveurs transhumants sur le respect de la propriété privée afin de prévenir les conflits.

En zone pastorale, la quiétude des éleveurs passe par la sécurisation de l'accès aux puits et indirectement aux pâturages. Il est communément admis que, dans cette zone, celui qui contrôle l'eau, contrôle le pâturage. Cela suppose l'appropriation de l'espace de culture et d'abreuvement des troupeaux par les différents groupes sociaux :

« La grande difficulté, c'est que toutes les zones sont appropriées par des groupes ethniques différents et, surtout, partageant des cultures pas nécessairement conciliables. Par exemple, les tribus Tedda et les Daza considèrent les Aza comme des serfs auxquels tout droit de propriété n'existe pas. De l'autre côté, les Touareg et les Arabes se regardent en chien de faïence car les derniers considèrent les premiers comme des allochtones dans la zone. À ces problèmes identitaires, s'ajoutent des conflits d'appropriation de l'espace. Chaque clan veut marquer son territoire. Cela se traduit par des rivalités puisque chaque groupe veut détenir son puits. Bref, c'est le désordre total. Personne ne fait son travail et tout le monde fait ce qu'il veut : le maire devient forestier, le chef de poste devient autre chose, etc. »

De façon générale, on peut analyser le pastoralisme des communautés en se basant sur la mobilité, entendue comme un *« système de déplacement dont la structure dominante repose sur des cycles annuels induits par les conditions écologiques et climatiques, constituant pour les premières le*

[207] Article 16 du Code rural nigérien.

support matériel »[208]. Cette approche s'appuie sur le principe de réciprocité entre utilisateurs des ressources se déplaçant d'une zone de pâturage à l'autre à la recherche de points d'eau. Or, l'espace pastoral n'étant ni vacant ni sans maître, son occupation est régie par des principes socio-politiques qui se basent sur des règles déterminant l'utilisation des ressources, notamment hydriques. Aussi, dans la zone de Tesker (Gouré), même les puits dits publics, forés par l'État, ont été appropriés par des groupes pastoraux qui réclament des droits d'usage prioritaires sur les zones de pâturage où ces puits sont situés. Ces éleveurs sont de moins en moins enclins à partager les pâturages et l'eau avec les transhumants, notamment les Peuhls. Cela explique la multiplication des demandes de forage des puits traditionnels venant des communautés, surtout d'éleveurs qui sont considérés par les résidents comme des « étrangers ». À ce propos, le Maire de Gouré nous a précisé que plus de 70 % des demandes de forage des puits émanaient des Peulhs. Ces derniers ne disposent pas, pour l'instant, de droits coutumiers sur une zone de pâturage. Forer un puits leur permettrait d'acquérir des droits d'utilisation sur un terroir et ses ressources.

L'attribution des autorisations de forage de puits est, de plus, entourée actuellement par un flou des textes législatifs et réglementaires. Le cadre juridique paraît faible quant à la caractérisation et la définition des points d'eaux, mais aussi à cause des procédures d'octroi d'une autorisation dans le nouveau contexte de décentralisation. Ce flou entretient une sorte de clientélisme politique et financier, à plusieurs niveaux. Dans la commune rurale de Tesker, les chefs de groupement, le maire, le chef de poste administratif, le préfet à travers la COFODEP pensent être, chacun en ce qui le concerne, investis du pouvoir d'attribuer des autorisations de fonçage de puits. D'où une prolifération désordonnée d'autorisations, mais aussi une circulation d'argent qui permet d'entretenir ce clientélisme. Un chef de groupement nous a confié : *« Ici chez nous, dans notre zone, quand le chef de groupement te donne l'autorisation de forer un puits, c'est fini. Personne ne va t'empêcher de le faire. »* La même préoccupation est soulevée par le Maire d'une commune rurale :

> *« Actuellement nous sommes très bousculés, ce qui fait que nous donnons des autorisations de fonçage au bureau. Or s'il y avait une COFOCOM*[209]*, elle aurait le temps de réfléchir et de bien nous conseiller. Le préfet dit que je donne trop d'autorisations de fonçage de puits. Chaque année, il y a au moins cent cinquante puits foncés. Nous sommes aussi des hommes politiques avec tout ce que cela sous-entend* [...]. *Pour la gestion des ressources naturelles, j'ai placé des indicateurs dans chaque zone pour surveiller les coupes abusives du bois, le braconnage. »*

---

[208] A. BOURGEOT, *Les Sociétés touarègues. Nomadisme, identité, résistances*, Paris, Karthala, 1995, pp. 226-227.

[209] Commission foncière communale.

Un cadre de commandement de Gouré nous décrit les lourdeurs administratives relatives à ce type de demande :

> *« Quand un éleveur s'adresse à moi pour une autorisation de fonçage, je fais une enquête sur le statut de la cuvette pour comprendre le motif de la demande. Il finance le carburant et je me déplace moi-même sur la cuvette. Je demande aux voisins, je vérifie le maillage et le pâturage. Ensuite, je fais un rapport que je transmets à la COFODEP de Gouré. À ce stade, l'éleveur peut prendre son autorisation ou me donner 43 000 francs CFA (60 euros) que je joins au rapport. Il arrive aussi que l'éleveur se rende directement à Gouré voir le préfet pour l'autorisation. À ce moment, le préfet saisit l'instance foncière et l'éleveur finance le carburant et les* per diem *des agents qui se rendront sur le terrain. »*

Les procédures suivies par la COFODEP se déroulent comme suit : le demandeur doit s'adresser au chef de groupement du ressort. Le chef de groupement, après investigations, transmet la demande au chef de poste qui, à son tour et après vérifications, doit la transmettre au Préfet, lequel saisit l'instance habilitée. C'est seulement après ce processus que la COFODEP se rend sur le terrain, diligente les enquêtes nécessaires avant de donner un avis motivé (positif ou négatif) au préfet. Dans son appréciation, celui-ci devrait se baser aussi sur les avis, émis préalablement, par les chefs des groupements et le chef de poste[210]. Cependant le respect de cette procédure fait parfois défaut. Les acteurs semblent confondre « donner un avis » et « donner une autorisation » et court-circuitent ainsi le processus. Or, le processus sert à ce que l'autorisation finale soit le fruit d'une démarche consultative et consensuelle afin d'éviter des autorisations de complaisance, source de conflits et d'insécurité foncière. Il y a indéniablement un défaut de clarté au niveau des procédures réglementaires. Ces procédures décrites dans la loi portant régime de l'eau et le décret d'application de cette même loi[211]

---

[210] Cette procédure est fondée sur l'article 51 de l'Ordonnance n° 93-015 du 2 mars 1993 fixant les Principes d'Orientation du Code rural. Celui-ci stipule que *« tout individu, groupement ou collectivité territoriale peut prendre l'initiative d'aménagement d'un point d'eau »*. Les communautés éventuellement titulaires de l'usage prioritaire sur l'espace concerné doivent toutefois donner leur accord. Le service administratif compétent doit s'en assurer avant d'accorder l'autorisation préalable nécessaire à l'ouverture du point d'eau. Cette autorisation administrative, éventuellement assortie de conditions, fait l'objet d'une publication dans le dossier rural.

[211] Loi n° 98-041 du 7 décembre 1998 modifiant l'ordonnance n° 03-014 du 2 mars 1993 portant régime de l'eau. Décret n° 97-368/PRN/MHE du 2 octobre 1997 déterminant les modalités d'application de l'ordonnance n° 03-014 du 2 mars 1993 portant régime de l'eau. L'article n° 5 dudit décret stipule : *« Est soumise au régime de la déclaration, la réalisation au profit d'un particulier de tout point d'eau moderne dont le débit est inférieur à 40 m³/Jour. Au sens du présent décret, on entend par point d'eau moderne, les puits cimentés, les forages équipés de moyens d'exhaure (humaine, éolienne, animale), les puits-forages, les stations de pompage, les mini-adductions d'eau potable. »* L'article 8 du même décret précise : *« Sont soumis au régime de l'autorisation les prélèvements d'eau pour l'exécution d'ouvrages prévus aux articles 14, 21 et 53 de l'ordonnance N° 03-014 du 2 mars 1993. »* En fait,

demeurent floues. Cela facilite et entretient le clientélisme entre les acteurs. Il n'est pas surprenant de détecter des « achats de conscience » sous forme de cadeau que le demandeur offre à la personne censée apposée son paraphe sur l'autorisation de forer.

Récit d'un enquêté

« - Pasteur : Ce puits date de 4 ans. C'est un puits en terre. C'est une mission venue de Gouré qui a vu le site et a donné l'autorisation à notre père. C'était une mission de 4 personnes.
- Enquêteur. : Pourquoi avez-vous eu recours à une autorisation ?
- Avant, c'est un notable du groupement Touareg qui nous a autorisés. Après, il y a eu un complot avec un certain A., frère dudit notable, qui a voulu nous empêcher d'acquérir le puits et menaçait même de l'ensabler. Après notre père est allé informer l'administration de Gouré et une mission est venue pour autoriser notre père à continuer à utiliser le puits. La mission est venue l'année passée alors que le puits était foncé avant, depuis maintenant 4 ans. Avant de foncer le puits, notre père avait donné (ce que nous avons vu) un chameau et un bœuf au notable en question.
- Pourquoi selon vous le frère du notable a-t-il voulu enterrer le puits ?
- Nous pensons que c'est parce qu'il y a de plus en plus d'éleveurs peulhs dans la zone à cause de ce puits.
- Quelles sont les procédures à suivre pour obtenir l'autorisation de forage de puits ?
- Nous avons entendu les vieux dire que pour forer un puits, il faut s'adresser aux chefs, mais je ne sais pas d'où vient l'information. »

Source : Données de terrain.

6.1. Décentralisation et foncier : une difficile cohabitation des acteurs

La décentralisation est un processus d'aménagement de l'État unitaire qui consiste à transférer des compétences administratives vers des entités (ou des collectivités) locales. Au Niger, ce changement a pris forme avec la promulgation de la loi[212] sur la communalisation des cantons et des

l'article 14 en question parle aussi du régime de la déclaration. L'article 21 parle, lui, de prélèvement des eaux de surface, et l'article 53 des eaux de piscine. Il n'est donc pas fait cas de la réglementation de fonçage des puits en terre, lesquels constituent l'essentiel de la problématique de l'hydraulique pastorale.

[212] La loi n° 60 du 30 avril 2002, portant création des communes et fixant le nom de leurs chefs-lieux, a découpé le territoire de la République du Niger en 265 communes (urbaines comme rurales). L'État a décidé, au nom d'une démarche progressive et prudente, de ne rendre opérationnel que le niveau communal. Rappelons que les communes sont le dernier niveau de découpage qui comprend aussi, dans l'ordre ascendant, des départements et des

groupements. À ce niveau, il convient de rappeler que les cantons et les groupements constituent des entités administratives et géographiques dont les frontières restent difficilement délimitables.

Cette situation attise les tentations des acteurs à vouloir redessiner les territoires. L'enjeu demeure le contrôle de l'espace public local. Cette situation se donne à voir beaucoup plus dans le domaine du foncier où la course vers l'appropriation des ressources naturelles provoque l'amplification des conflits individuels, intra et intercommunautaires. La plupart de ces conflits, se résument à des rivalités entre agriculteurs et éleveurs, et les logiques d'intérêt convergent selon qu'on appartient à telle ou telle communauté : avoir le monopole de l'espace pour agrandir son champ pour les premiers, profiter du pâturage à ses animaux pour les seconds.

Figure 9 : Un puits pastoral dans la cuvette de Woro (Gouré)

Source : Données de terrain.

Ici, les conflits se cristallisent autour de la cuvette de Woro (département de Gouré) qui est une zone pastorale très convoitée par la communauté des agriculteurs en quête de nouvelles terres contre les éleveurs peulhs. Ces derniers n'hésitent pas à accuser les autorités locales de complaisance et même d'encourager la « colonisation » des zones dédiées au pastoralisme. Cela cache d'autres malaises comme les conflits identitaires.

---

régions. Ces collectivités territoriales sont venues se superposer aux territoires coutumiers qui comprennent des sultanats, des provinces, des cantons et des zones pastorales.

6.2. Analyse des stratégies locales entre les acteurs

Les nouvelles compétences léguées aux communes dans la gestion des politiques locales ont complexifié les choses. Par exemple, les attributions du maire ne sont pas encore précisées en matière de gestion des points d'eau et d'attribution des autorisations de forage des puits. Cette situation ne fait qu'attiser les conflits de compétences entre les différents acteurs dans l'arène locale. Un cadre de commandement des Eaux et forêts nous a dit :

« Avec la décentralisation, j'ai cédé l'ensemble de mes prérogatives en matière de gestion des ressources naturelles, les autorisations de fonçage des puits et même la gestion des forages pastoraux au maire. »

Un autre agent de la préfecture ajoute :

« Avant, nous supervisions la gestion technique et financière des comités de gestion des forages pastoraux et ça marchait ! Mais depuis la décentralisation avec la mise en place des maires, nous ne savons plus si c'est à la préfecture de continuer à gérer ces forages ou si c'est à la commune de le faire. Nous ne savons plus ce qui se passe. »

Les aspects les plus importants de la procédure, à savoir les enquêtes et la publicité foncière[213], se trouvent être malheureusement les moins respectés. En principe, les enquêtes permettent de comprendre l'environnement social du lieu où le puits doit être foncé. Cette stratégie permet l'adhésion des éleveurs qui y résident. Cela évite des futures contestations ou des malentendus entre les protagonistes. Au regard des éléments décrits précédemment, cette étape doit prendre en compte les aspects socio-culturels des communautés qui sont plus déterminants que les considérations techniques. L'entretien ci-dessous décrit quelques-unes des motivations qui incitent chaque clan à vouloir posséder son propre puits. Derrière les motivations politiquement justifiées se cachent des revendications identitaires. Au sein d'une communauté, se construisent des dynamiques sociales rivales : chaque clan veut marquer son territoire (voir l'exemple de la communauté peuhl qui, malgré la présence d'un puits pastoral à Tagalgal, veut foncer un autre). Plus étonnant, la distance qui sépare les deux puits ne dépasse guère cinq kilomètres, alors que ce besoin se pose avec acuité dans d'autres zones pastorales où il est facile de constater qu'aucun puits n'existe entre deux campements. Cette situation pose un sérieux problème sur la

---

[213] L'article 12 du décret n° 97-368/PRN/MHE du 2 octobre 1997 déterminant les modalités d'application de l'ordonnance n° 03-014 du 2 mars 1993 portant régime de l'eau, stipule : *« Le préfet désigne un commissaire enquêteur qui met à la disposition du public un exemplaire de la demande d'autorisation et du dossier pendant une durée d'un mois, au siège de la préfecture. Le commissaire enquêteur informe, par voie d'affiche ou tout autre moyen de publicité adéquat, de la mise à la disposition du public de la demande et du dossier. »* Cet article fait référence aux points d'eau modernes, donc des puits en ciment en ce cas d'espèce. Dans la pratique, c'est la COFODEP qui fait office de commissaire-enquêteur.

mauvaise répartition des infrastructures pastorales en créant des disparités entre les régions à forte prédominance pastorale et agro-pastorale. Cela peut également attiser les conflits entre les différentes communautés.

Actuellement, le Code rural s'attèle à préciser la réglementation en matière d'hydraulique pastorale à travers l'élaboration de textes sur le pastoralisme. Ce processus avait commencé il y a quelques mois et il est actuellement en cours. En attendant l'élaboration et l'adoption de ces textes, il serait souhaitable de renforcer les initiatives locales des commissions foncières départementales COFODEP en insistant sur la concertation autour des procédures d'attribution des autorisations de fonçage des puits traditionnels en zones pastorales. Ces initiatives pourraient même enrichir les textes en élaboration.

c. Les exploitants de bois

Les bûcherons, ou « *masusai da itace* » en dialecte haoussa[214], sont d'importants exploitants des ressources naturelles, notamment du bois de chauffe et de construction. Dans la zone étudiée, on retrouve plusieurs catégories de bûcherons, à savoir :

- ceux qui se sont organisés autour des marchés ruraux de bois avec l'appui de certains projets et qui ont une exploitation visiblement mieux organisée et contrôlée des ressources naturelles. Ils disposent, par exemple, de carnets de quittance des taxes pour l'exploitation de bois de chauffe au niveau de chaque marché. Cela permet à l'acheteur de bois de s'acquitter en même temps de sa taxe, en échange d'une quittance. Faute de quoi, le bois peut lui être confisqué par un forestier. De plus, ces exploitants ont une obligation d'investissement dans le reboisement des sites exploités ;
- ceux qui transportent le bois dans des camions et qui sont, eux aussi, contrôlés par le service de l'environnement, les camions autorisés à transporter du bois étant identifiés par le service de l'environnement et généralement astreints à une peinture en vert et blanc ;
- ceux qui collectent et transportent le bois sur des charrettes et des ânes et qui paraissent les plus difficiles à maîtriser. Ce groupe est numériquement le plus important. Un des âniers rencontrés affirme qu'ils sont plus d'une centaine rien qu'à Gouré. La photo qui va suivre montre un ânier venant de charger sa charrette pour le marché de bois.

[214] Un dialecte très répandu au Niger. Plus de 52 % de la population est considérée appartenir à la communauté Haoussa.

Figure 10 : Un charretier chargé de bois

Source : Données de terrain.

Ces âniers rencontrés à Gouré affirment méconnaître ce qu'est la COFODEP mais payent parfois les taxes d'exploitations au service de l'environnement. Quand ils n'arrivent pas à écouler leurs marchandises à son « juste prix », ils préfèrent frauder en empruntant d'autres voies pas nécessairement connues par les agents des eaux et forêts. La connaissance du statut du bois « mort » situé dans les champs et la sensibilisation au paiement des taxes afférentes sont des sujets sur lesquels ces exploitants devraient être informés du fait de leur incidence sur la sécurisation de leur activité. Un des âniers rencontrés à Gouré explique :

> *« Ça fait plus de vingt ans que je fais cette activité de coupe et vente de bois de feu. Je vis de ça. Pour cette activité, il y a deux difficultés. Nous sommes plus de cent âniers à Gouré, mais nous sommes moins de dix en règle. La conséquence est, que ceux qui ne sont pas en règle vendent le bois moins cher : ils ne peuvent pas circuler en ville parce que le forestier va leur confisquer. Et pour nous qui sommes en règle, ça fait chuter la valeur de notre bois et, souvent, nous sommes obligés de vendre moins cher. Nous voulons que le service de l'environnement sensibilise les autres pour mieux valoriser notre activité. Tant que nous coupons du bois en brousse, ça se passe bien, personne ne nous empêche, mais dès qu'il s'agit du bois dans un champ, les propriétaires des champs s'opposent. Ils nous arrachent le bois. Donc nous voulons savoir le statut du bois mort qui se trouve dans le champ. »*

d. Les exploitants des pailles

Source : Données de terrain.

L'activité de ramassage et de vente de paille sèche prend des proportions importantes aussi bien dans les centres urbains que ruraux. Il n'est pas rare de rencontrer des camionnettes, charretiers, âniers et piétons chargés de fagots de pailles destinés à la vente. Dans bien des cas, la paille est stockée et vendue ultérieurement quand le pâturage commence à se faire rare en brousse. Cette activité commence à être source de conflits entre ceux qui l'exercent et les éleveurs. Souvent, la paille est ramassée et stockée en brousse dans des aires de pâturages. Il peut arriver que les animaux y broutent, ce qui peut déclencher des conflits violents. D'importantes quantités d'épineux sont fréquemment coupées pour protéger la paille stockée en brousse. Les éleveurs y voient un « manque à brouter » considérable pour leurs camelins.

Un vendeur de paille rencontré à Gouré expose le déroulement de son activité :

> *« Je suis basé à Gouré. Ma femme et mes enfants sont à Karama, mon village d'origine. Je leur envoie l'argent que je gagne avec la vente de la paille. Quand je vais le matin, je fais quatre à cinq fagots que je stocke en brousse, je les protège avec les épineux. Le soir, je retourne et je fais la même chose. Quand je fais un tas d'environ 100 fagots ou plus, je négocie avec un charretier à qui je la revends sur place et qui la revend en ville. Je refais aussi la même chose jusqu'à l'arrivée de l'hivernage. Par campagne, je gagne environ 500 000 francs CFA (750 euros), c'est plus que ce que je gagne en cultivant mon champ par an. Cela explique tout mon intérêt à capitaliser cet acquis et je tiens à apprendre à mes enfants l'activité. Cela permet de diversifier les stratégies pour être à l'abri. »*

Cet exploitant ignore la législation nationale en matière de mise en valeur des ressources naturelles. Le dispositif législatif semble présenter des lacunes en matière d'exploitation de la paille. De ce fait, il revient aux

COFO de jouer un rôle dans l'identification et la mise en place de règles adaptées pour la gestion de cette ressource, en vue de sécuriser les usagers (ramasseurs et éleveurs). Pour ce genre de ressources, il semble plus pertinent que ces COFO facilitent l'exploitation pacifique à travers l'élaboration de conventions locales avec les différents usagers pour une utilisation durable et rationnelle.

Une autre activité qui intervient dans la gouvernance foncière reste la chasse. Les chasseurs exploitent principalement la faune sauvage. Cette activité suscite, jusqu'à présent, peu de conflits entre opérateurs. Nous avons rencontré un chasseur dans le département de Gouré. Paradoxalement, ce dernier détient plus d'informations sur la sécurisation des champs et sur la délimitation des espaces pastoraux que sur la législation qui régit la chasse qui le concerne au premier plan. Aussi paradoxal que cela puisse paraître, le chasseur méconnaît les dispositions légales comme les dates d'ouverture et de fermeture de la chasse.

Figure 11 : Un chasseur traditionnel en pleine activité

Source : Données de terrain.

Si les populations qui résident dans les zones traditionnelles de chasse comprennent et acceptent la chasse « coutumière », il n'en est pas de même pour la chasse organisée par des hautes personnalités étrangères (princes saoudiens et grands opérateurs économiques, saoudiens ou libyens). Il est fréquent dans ces zones de chasse, notamment dans les communes de Tesker et de N'Gourti, que les populations, voire les autorités locales, vous disent : *« Nous avons simplement vu des colonnes de véhicules débarquer avec escortes des forces de sécurité nationale. »* Cela prouve que les populations ne sont ni informées ni associées à ces procédures d'octroi des concessions exceptionnelles de chasse. Cela pourrait s'expliquer à la lecture de la loi fixant le régime de la chasse et de la protection de la faune[215] qui laisse peu de place à la concertation avec les populations locales. Bien que la loi prévoie l'attribution d'une part des recettes issues de cette activité aux collectivités territoriales de la zone de chasse[216] concernée, les locaux semblent ignorer la répartition des recettes issues de cette activité, notamment des concessions faites à ces princes et riches personnalités étrangères. Il nous semble évident que, si les COFO étaient associées, les ressources naturelles seraient mieux protégées et le circuit des recettes plus transparent. Les COFO, de concert avec les services techniques concernés, doivent également jouer pleinement ce rôle de vulgarisation de cette loi.

6.3. Vers la formalisation des actes fonciers

Pour résumer les sections précédentes, nous pourrions dire que la sécurisation foncière passe nécessairement par l'établissement de « papiers » et actes de transactions foncières pour les terres de cultures (attestations de vente, de prêt, de gage, de location, de titre foncier...), la formalisation des espaces pastoraux (délimitation des couloirs et des aires de pâturage), la clarification des procédures d'obtention des autorisations de fonçage des puits en zone pastorale ainsi que des procédures de règlement des conflits fonciers ruraux (cas de dégâts champêtres) et la protection des ressources. Les exploitants de bois et de paille ainsi que les chasseurs ressentent le besoin d'être informés sur la législation qui régit leurs activités.

L'inventaire des formalisations effectuées dans la zone étudiée montre que les investissements à accomplir sur les terres de culture lors des aménagements constituent un facteur incitatif pour la formalisation des droits fonciers. Cela dit, le recours au serment coranique et au chef de canton représente une voie importante de sécurisation des transactions, d'accès et d'utilisation des ressources. Toutefois, il est difficile de quantifier l'ensemble de ces formes de sécurisation. Les chefs coutumiers, les opérateurs ruraux et les élus insistent sur le fait que les procédures locales l'emportent sur la sécurisation formelle. La sécurisation par les « papiers » des chefs coutumiers semble être plus ancrée dans l'esprit des ruraux, qui toutefois exigent de plus en plus d'authentifier ces papiers, en y apposant un cachet. À ce propos, le Maire de la commune rurale de Kolori disait :

> *« Je ne sais pas pourquoi, mais les gens croient beaucoup aux papiers. Par exemple, un agriculteur avait payé un champ à Kolori, il y a un papier de vente en arabe, mais il est venu pour avoir le cachet du maire sur son papier. Il pense qu'avec le cachet, le papier a plus d'importance. »*

---

[215] Loi n° 98-007 du 29 avril 1998 du Code rural.

[216] Articles 16 et 17 de la loi n°98-007.

Ces « petits papiers » sécurisent les transactions tant que c'est le même chef coutumier qui règle et statue sur les litiges. Il se trouve qu'en délivrant ces documents, les chefs coutumiers passent outre les prérogatives que la loi leur octroie en la matière. Ces chefs sont pourvus par la loi du pouvoir de concilier et non de trancher, moins encore de délivrer des actes formels de reconnaissance des droits fonciers. Cependant, la plupart d'entre eux, en particulier les chefs de canton, estiment être les « possesseurs des terres ». Pour cela, ils refusent de fait de concéder les prérogatives concernant leur gestion aux institutions de l'État.

Dans certaines localités visitées, l'enregistrement par écrit des transactions foncières à travers les « papiers » se faisait bien avant l'avènement des commissions foncières comme c'est le cas dans la chefferie de Gouré. Cette situation s'explique par le fait que la plupart des chefs qui se sont succédé coopéraient avec l'administration coloniale. Aujourd'hui, ces chefs traditionnels sont majoritairement des retraités de la fonction publique. Cela facilite l'intermédiation entre l'État central et la population locale. Dans le domaine de la gouvernance foncière, ces chefs font partie des premiers acteurs locaux à formaliser la délivrance des actes fonciers via des transactions effectuées sous seing privé et, sous leur influence, tous les chefs du village sont tenus de respecter la procédure.

Cependant, la différence entre ces « papiers » et les actes établis par les COFO se situe aussi bien au niveau du contenu que de la procédure suivie. En ce qui concerne le contenu, les actes de la COFO contiennent des informations qui permettent d'identifier aussi bien le propriétaire des droits que le bien. En ce qui concerne la procédure, la grande innovation des actes de la structure se trouve dans la « publicité foncière ». La procédure qui amène à la matérialisation de l'acte est publique, en vue de s'assurer de la transparence et de la légitimité de la transaction. Ce système d'information globale et transparente permet de contester des demandes d'inscriptions de droits et constitue donc un élément essentiel du système de sécurisation foncière. Toutefois, cette stratégie est diversement appréciée par les acteurs. Certains n'hésitent pas à qualifier cette attitude tendant à promouvoir la « publicité foncière » de *tarwatu*[217]. Or, le bien-fondé d'une telle stratégie éviterait plusieurs litiges et contestations autour des transactions foncières qui sont le fruit d'un manque de transparence. Assez souvent, la transaction est scellée par un engagement oral entre deux acteurs qui opèrent à l'insu des ayants droit.

[217] Divulguer une information qui est censée être secrète.

6.4. Les commissions foncières à l'ère de la décentralisation

L'avènement de la décentralisation a transformé les commissions foncières (COFO) en commissions foncières communales (COFOCOM). Cette situation est la résultante des cantons en communes. À l'échelle des arrondissements, la mutation est timide parce que jusqu'ici, il existe encore des départements qui ne disposent pas de commissions foncières départementales, conséquence des conflits de pouvoir qui persistent entre les acteurs locaux. Par conséquent, il n'y a pas à ce jour de COFO d'arrondissement. Celles qui avaient été installées avant la décentralisation ont été érigées en Commissions départementales (COFODEP). Quant aux Commissions foncières de base (COFOB), installées à l'échelle des villages et tribus, elles restent inchangées puisqu'elles ne sont pas affectées par le redécoupage administratif issu de la réforme administrative.

6.5. Organisation et missions

La gouvernance foncière à l'heure de la décentralisation ne peut être effective que si tous les acteurs s'engagent à coopérer dans un élan, non pas conflictuel, mais complémentaire. C'est la condition *sine qua non* à même de permettre la production, le traitement et la diffusion de l'information juste et pertinente. La COFODEP de Gouré a été mise en place en 1997. Elle fait partie de la première génération des commissions foncières nigériennes. Sa composition est, en général, conforme à la procédure prévue par l'article 118 avec quelques variations selon le contexte sociopolitique et la disponibilité de certaines catégories d'acteurs. La souplesse dans la composition des commissions foncières et l'adaptabilité en fonction des spécificités du contexte local sont prévues par le même article qui stipule que *« toute personne dont la présence est jugée nécessaire peut être membre de la COFO »*[218].

L'organe de prise de décision de la Commission foncière est l'Assemblée générale (AG) qui se compose de tous les membres et qui se réunit à des fréquences discontinues. *« La prise de décisions se fait en AG par le canal du préfet »*, dit le secrétaire permanent de Mirriah, qui précise ensuite que, depuis 2005, il existe, dans cette COFODEP, un manuel de procédure administrative et financière. C'est le secrétariat permanent qui met en œuvre

[218] L'article 118 fait valoir qu' *« il est créé dans chaque arrondissement ou commune une commission foncière, présidée par le sous-préfet ou le maire »*. Cette Commission est composée du secrétaire permanent du Code rural, des chefs des services techniques municipaux ou d'arrondissement (plan, environnement, faune, pêche et pisciculture, élevage, agriculture, cadastre et domaine, génie rural), d'un représentant des autres services municipaux ou d'arrondissement lors qu'ils sont concernés par l'ordre du jour, des autorités coutumières concernées, d'un représentant par groupe rural d'agriculteurs, d'éleveurs, de femmes et des jeunes ruraux et de toute personne dont la présence est jugée nécessaire.

les décisions prises en AG. Cette instance est pilotée par un secrétaire permanent, qui est un agent de l'État mis à disposition par les services techniques du développement rural. D'après le responsable COFODEP de Gouré, le principal problème demeure l'inadéquation poste/profil des acteurs. Cette situation se répercute négativement sur le bon fonctionnement de la structure :

> *« La COFO rassemble des individus qui n'ont pas la même culture et qui ne sont pas du même service. Tous les représentants de la société civile sont illettrés, mais il se trouve que ce sont eux les plus disponibles. En revanche, la Commission a besoin de la compétence technique détenue par les services techniques qui, eux, sont les moins disponibles. Sur le terrain, ce n'est vraiment pas le cas. La politisation de l'administration à outrance et dans tous les secteurs explique cet état de fait. Il faut toujours appartenir à la classe au pouvoir pour faire partie du système. La preuve, tous ceux qui ont une portion de responsabilité dans la COFO sont des membres influents de la mouvance présidentielle. »*

D'après le croisement de nos entretiens, les représentants de la société civile ne convainquent pas en ce sens qu'ils n'assurent pas convenablement leurs rôles de relais entre la COFODEP et la base. Du moins, au niveau départemental, aucune disposition ne permet de contrôler l'accomplissement par ceux-ci de leurs missions. Si du côté des représentants de la chefferie traditionnelle, la transmission de l'information semble plus aisée, il n'en est pas de même pour les représentants de la société civile, peu structurée, surtout dans la gestion de la vie associative. Le Code rural a dès lors prévu de mettre en place un mécanisme de représentativité par l'établissement d'un mandat de trois ans pour les acteurs de la société civile au sein des Commissions foncières communales (COFOCOM). Cependant, jusqu'à preuve du contraire, ceux-ci sont toujours en quête d'une certaine légitimité à cause de la méconnaissance des acteurs locaux qui voient, en eux, de possibles adversaires politiques. Les propos d'un élu local s'inscrivent dans le même prolongement quand il affirme :

> *« La décentralisation a attisé " l'appétit des politiciens" en ce sens que tous les acteurs locaux se méfient, parfois sans raison apparente. Pour s'en rendre compte, il suffit de regrouper autour de la table quelques acteurs aux profils différents et, très vite, la cassure apparaît même si le sujet débattu relève de l'intérêt général. Chacun reste distant l'un de l'autre. Si cette situation peut s'expliquer entre deux ou plusieurs formations politiques de bords différents, ce serait incompréhensible pour les acteurs de la société civile qui ne font pas de politique* a priori *mais qui n'hésitent pas à extérioriser leurs penchants. »*

Cet extrait dénote un manque de structuration socio-professionnelle et l'absence d'un canal d'information formel rendant l'accès à l'information foncière laborieux. Si les acteurs en présence étaient mieux structurés, cela amoindrirait les tensions internes ainsi que les soupçons de fraude ou de corruption.

Nos enquêtes de terrain sur les activités COFODEP de Gouré démontrent que le processus d'apprentissage interne et de capitalisation d'expériences résiste aux pratiques clientélistes de l'administration. Beaucoup de livrets de Code rural, traduits en langues locales, jonchent le sol alors qu'ils sont censés être distribués aux citoyens. Un agent COFODEP se confie ainsi :

> *« Ils disent qu'ils n'ont pas d'argent pour rétribuer le personnel. Ils en ont pour entreprendre des missions qui ne relèvent pas de l'urgence. Il suffit que le Secrétaire permanent (patron) prévoie une mission de terrain, c'est l'occasion de surfacturer toutes les activités prévues. Une façon pour certains de s'enrichir tandis que les petits boulots sont toujours confiés aux subalternes. Sans compter que le département de Gouré compte jusqu'à 645 villages, même si la plupart sont situés côte à côte, je ne suis pas sûr qu'il y aurait une personne qui pourrait se sacrifier pour accomplir cette tâche comme il le faut. »*

Face à cette situation et sous la pression des partenaires techniques et financiers de plus en plus exigeants sur l'itinéraire des fonds alloués, la COFODEP de Gouré s'est dotée d'un mécanisme de gestion lui permettant de mieux structurer son mode de gestion. Cela passe d'abord par l'établissement d'un règlement intérieur et, ensuite, par un plan d'activités annuelles qui retracera toutes les actions telles que le fonctionnement interne, le mode de désignation des membres ainsi que les activités à mettre en œuvre.

L'objectif visé par cette restructuration de la commission foncière départementale se structure ainsi :

- un lobbying en direction des partenaires techniques et financiers pour participer aux financements des activités des COFO ;
- une ouverture envers d'autres partenaires notamment à travers la participation à plusieurs cadres de concertation sur le foncier et la GRN ;
- un renforcement de la collégialité en vue de créer le consensus minimum autour de certaines décisions ;
- une réduction des risques de caporalisation par l'accent mis sur la différenciation des niveaux décisionnels (Assemblée Générale) et des niveaux exécutoires (secrétariat permanent).

Cependant, dès sa mise en place, le COFODEP s'est attelé à vulgariser le Code rural à travers des séances de sensibilisations auprès des populations. L'appui des projets et ONG de développement a permis à la Commission de mener à bien certaines de ses prérogatives. On peut noter des missions d'information réalisées sur le terrain. Celles-ci se sont tenues au niveau de villages préalablement identifiés sur la base du critère géographique permettant de pouvoir assurer la diffusion de l'information afin de sensibiliser la population par la suite. Mais, compte tenu de l'immensité de la zone qui comprend six cent quarante-cinq villages, d'autres stratégies s'avèrent indispensables pour toucher les habitants. Nous avons pensé à l'expérience que peuvent apporter les radios rurales ou communautaires dans la prévention mais aussi dans la résolution des conflits.

Il faut aussi évoquer le fait que la gouvernance foncière est récente au Niger, du moins dans sa forme actuelle. L'avènement du Code rural a permis une réorganisation sociale de l'espace sylvo et agro-pastoral. Toutefois, cette dynamique nouvelle se trouve confrontée aux résistances des pratiques clientélistes qui semblent être légitimées par la norme locale. Cela explique encore la survivance de ces pratiques contraires à la norme officielle.

L'exemple de l'attribution, de manière informelle, des terres par l'autorité coutumière à certains de ses sujets est une pratique qui enfreint la logique administrative car cela empiète sur les prérogatives de l'instance habilitée qu'est la commission foncière départementale. Pourtant, le chef traditionnel est membre de la COFODEP. Cette façon de faire participe de la reproduction des relations de dépendance et de clientélisme entre sujets et pouvoirs coutumiers. Le processus de marchandisation des terres justifie l'engouement des chefs coutumiers à conserver la prérogative pour bénéficier des retombées, bien que l'attribution des terres par ces chefs traditionnels engendre des conflits entre les acteurs. À titre illustratif, des interlocuteurs nous ont relaté le cas de l'attribution d'une aire de pâturages par un chef de canton à un de ses sujets. Après plusieurs conflits et négociations, le chef s'est vu obligé de la retirer. Pour cela, il a fallu indemniser le légitime propriétaire à hauteur de 90 000 francs CFA (120 euros), l'attribution n'ayant pas respecté la procédure légale. Pourtant, la même autorité coutumière fait partie de la commission foncière départementale de Gouré depuis le démarrage du processus.

CHAPITRE 7

L'État à l'aune des calamités

Le Niger compte parmi les pays les plus vulnérables au monde en raison du contexte lié à son climat, ses institutions, ses sources d'approvisionnements, son économie et son environnement. Au fil des ans, il a dû faire face à une fréquence élevée d'épisodes de sécheresses, de famines, d'invasions acridiennes, d'instabilités politiques, de conflits à visée communautaire (les rebellions), d'inondations et d'épidémies de choléra et de méningite.

Le caractère endémique de la pauvreté indique que 65 % des ménages ruraux restent extrêmement pauvres contre 41 % des foyers urbains[219]. C'est un pays sujet à une succession de chocs qui anéantissent considérablement son développement socio-économique. Les principales calamités qui affectent la production agricole du Niger sont nombreuses : sécheresses, invasions acridiennes, maladies et parasites du bétail, maladies des cultures, inondations, tempêtes de vent et feux de brousse. Les agriculteurs se plaignent également des risques que le cheptel représente pour la production végétale, bien que l'incidence et la gravité de ces risques soient difficiles à déterminer. Cependant, de tous ces fléaux, la sécheresse représente la principale menace pour la sécurité alimentaire des Nigériens. C'est ainsi qu'au cours de la dernière décennie, le Niger a fait l'expérience de cinq campagnes agricoles déficitaires (2001, 2005, 2010, 2012 et 2014) pour lesquelles, la sécheresse reste la cause directe ou indirecte. Du coup, ce phénomène constitue un déterminant majeur dans la survenance des famines. Cela entraîne l'afflux de nombreuses organisations humanitaires. C'est aussi le principal élément déclencheur de la flambée des prix des denrées de première nécessité et cela entretient des conflits liés à la gestion du foncier. Le phénomène reste aussi étroitement associé à certains parasites qui ravagent les cultures. Les invasions acridiennes constituent un autre risque

---

[219] République du Niger, Cabinet du Premier ministre, *Secrétariat permanent de Stratégie de Développement accéléré et de réduction de la pauvreté 2008-2012*, Niamey, 2007.

très sévère et fréquent au Niger. Elles étaient responsables de près du tiers des pertes de productions en 2004–2005, avec des effets néfastes sur l'agriculture ou l'élevage. Au regard de l'importance de ce dernier pour l'économie du Niger, les maladies du bétail, en particulier la pasteurellose, le charbon bactéridien, la peste des petits ruminants et la maladie de Newcastle (qui affecte la volaille) représentent l'autre risque majeur pour le pays.

Figure 14 : Les différentes sécheresses qui ont sévi au Niger de 1980 à 2010

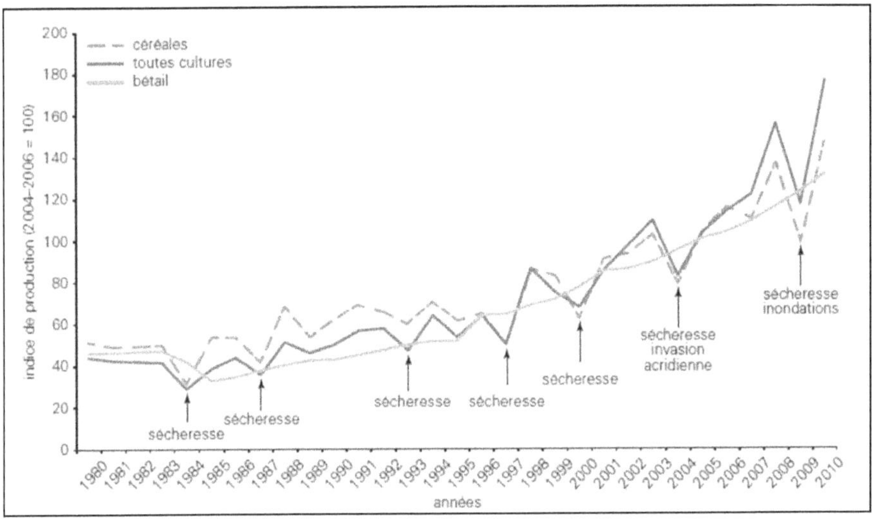

Source : Données fournies par la représentation de la Banque mondiale au Niger.

Beaucoup d'études s'accordent pour parler de « cycles de sécheresses » à cause de leur caractère redondant dans l'espace et le temps.

7.1. Les cycles de sécheresse et leurs effets destructeurs sur les productions

Au Sahel, les sécheresses sont des phénomènes cycliques que l'on rencontre tous les deux ans. Elles demeurent le risque agricole le plus important en termes de probabilité d'occurrence, dont l'impact et la sévérité affectent aussi bien la production végétale qu'animale. Ainsi, on parle de sécheresse agricole lorsque le déficit hydrique du sol réduit considérablement les rendements de la production vivrière. Ce phénomène peut être la conséquence d'une pluviométrie annuelle faible ou du dérèglement affectant la répartition des précipitations annuelles dans le temps et dans l'espace. L'insuffisance de ces dernières à des périodes cruciales du cycle de production des cultures (semis, floraison et remplissage du grain) affecte les rendements des cultures, même lorsque les précipitations globales sont comparables à la normale sur le long terme. Pendant ces périodes, un déficit hydrique du sol pour une durée aussi courte que dix jours peut avoir de graves conséquences sur les rendements. D'après le Centre régional en agro et hydro-météorologique (AGRHYMET), *« les longues périodes sèches (nombre de jours consécutifs sans précipitations) et l'apparition tardive des pluies sont les deux principaux facteurs responsables de sécheresse dans l'espace sahélien nigérien »*[220].

7.2. Les menaces acridiennes épisodiques

Les criquets pèlerins (*schistocercagregaria*) détruisent tout sur leurs passages. Les récentes invasions de ces insectes ont anéanti les productions agricoles, provoquant des situations de famines sur l'ensemble du pays. Les difficultés liées à ce genre de menace sont de deux sortes. Dans un premier temps, ces insectes migrateurs se reproduisent en un temps record et, deuxièmement, ils s'éparpillent très rapidement à cause des vents saisonniers. Cela leur permet de gagner une vaste superficie en quelques jours. Cette menace est plus préoccupante dans la partie septentrionale parce que la production animale et végétale reste faible. Mais avec le vent, ces insectes gagnent très vite le Sud du pays causant d'énormes dégâts à la production agricole. D'après le Fonds des Nations Unies pour l'agriculture et l'alimentation (FAO), les pertes de récolte enregistrées en 2005 sont imputées, à hauteur du tiers de la production, aux essaims de criquets migrateurs. Il y a aussi les infections animales qui déciment des troupeaux entiers par manque de prévention ou de prise en charge précoce. C'est ainsi que les pathologies les plus en vue sont : la *pasteurellose*, la *fièvre charbonneuse* et la *maladie de Newcastle,* beaucoup plus fréquente chez les volailles. Aujourd'hui, il est difficile d'avancer des données fiables par manque de statistiques officielles. Cette situation complique toute décision de mise en œuvre d'une politique adéquate pour promouvoir la filière bovine malgré les énormes potentialités dont dispose ce secteur.

Le capital bétail du Niger est estimé à quelque 2000 milliards de francs CFA et contribue à hauteur de 13 % du PIB national et 40 % du PIB agricole[221]. Au regard de ces apports, son importance pour l'économie nigérienne est déterminante, surtout pour un pays dont la balance commerciale est déficitaire à hauteur de 15 %.

---

[220] Institut du Sahel, *Bulletin d'information sur la Sécurité Alimentaire*,n° 22, Bamako, juin 2015.

[221] Ministère de l'Élevage et des Industries animales du Niger, *Forum national sur la santé animale tenu du 4 au 6 Novembre,*Niamey, 2008.

7.3. Les inondations

Les crues du fleuve Niger affectent les localités qui le bordent. Cependant, les caractéristiques de ce phénomène sont en train de changer. Dans un entretien accordé au quotidien gouvernemental *Sahel dimanche*, le secrétaire permanent du dispositif national de prévention, de gestion des calamités et crises alimentaires (DNPGCCA) se prononce en ces termes :

> *« Nous sommes au-delà des alertes aujourd'hui, nous sommes déjà dans la gestion des inondations. Hier seulement, on a fait une situation des personnes déjà touchées par ces inondations. On a enregistré quelque 15 162 personnes réparties dans 2 663 ménages affectées. En termes de dégâts, il y a 2 614 maisons effondrées, avec malheureusement huit décès et quatre blessés graves. C'est dire qu'on a dépassé le stade d'alerte, nous sommes, encore une fois, dans la gestion des inondations. L'État a déjà apporté une assistance alimentaire et non alimentaire aux victimes. »*[222]

En d'autres termes, les inondations préoccupent de plus en plus les pouvoirs publics à la lumière des dégâts causés comme le montrent les images d'une habitation d'un quartier de la capitale en plein eau.

Figure 15 : Habitation inondée à Niamey en août 2012

Source : Données de terrain.

Cette situation est certes un phénomène nouveau mais son ampleur inquiète. La plupart des inondations surviennent durant la saison des pluies, notamment de juillet à septembre. Elles résultent généralement de la forte

[222] *Sahel dimanche*, n° 6315, 15 octobre 2014, p. 12.

chute des précipitations en un laps de temps qui entraîne des crues soudaines et des inondations localisées le long des rives du fleuve Niger, laissant peu de temps à la préparation. Toutefois, ce phénomène prend de l'ampleur dans la mesure où les dernières précipitations n'ont épargné aucune région. Les deux dernières campagnes sont marquées par une série d'inondations dans des régions où la pluviométrie est quasi inexistante. C'est le cas d'Agadez dont la pluviométrie n'excède guère les 100 millimètres durant toute la saison des pluies. Les dégâts et les pertes sont généralement localisés, mais les inondations ont des effets dévastateurs là où elles surviennent. Les habitations et les bâtiments sont endommagés ou détruits, les champs sont inondés et un nombre élevé de têtes de bétail est emporté. Le nombre de personnes déplacées est également très élevé surtout lorsque ces inondations touchent des zones urbaines. La photo ci-dessous décrit un quartier de Gouré englouti lors de la crue du fleuve Niger en 2012.

Figure 16 : Un quartier de Gouré inondé en juillet 2012.

Source : Données recueillies sur le terrain.

Dans une approche d'ensemble, le phénomène des inondations reste une préoccupation alarmante. Cet état de fait résulte d'une conjugaison de facteurs inhérents au phénomène du changement climatique. Il est vrai que le Niger, comme d'autres pays africains, subit les conséquences d'une situation dont il n'est nullement responsable. Les bouleversements climatiques induits se répercutent sur l'ensemble de la planète allant jusqu'à opérer un changement dans le cycle des saisons. L'exemple du Niger où même les localités désertiques commencent à subir l'effet des inondations, souligne les risques d'un phénomène complexe lié au changement climatique. Dans une étude[223] menée par le DNPGCCA, toutes les localités sont des zones à risque.

Figure 12 : La carte d'inondation du Niger

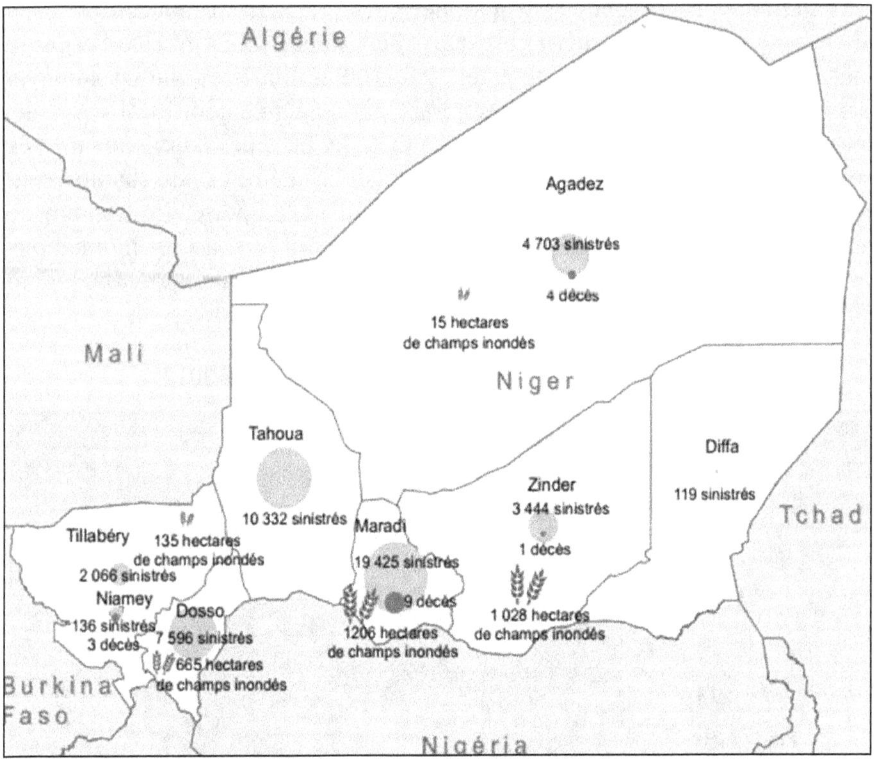

Source : DNPGCCA.

7.4. L'instabilité des prix sur les marchés céréaliers

L'instabilité des prix des produits alimentaires est une source de préoccupation majeure pour les consommateurs. Cette situation est perceptible surtout en période de soudure. Les causes de ce phénomène sont autant complexes qu'imprévisibles. Le Niger est un pays enclavé qui importe 80 % de ses produits vivriers, entraînant un déficit considérable de la balance commerciale. Son principal marché d'approvisionnement est le Nigéria voisin. Les échanges commerciaux qui découlent de ses transactions avec ce dernier se répercutent négativement sur le taux de change puisque la

---

[223] République du Niger, Cabinet du Premier ministre, *rapport produit par le DNPGCCA lors de la troisième conférence mondiale des nations unies sur la réduction des risques de catastrophes (*Japon, mars, 2015).

monnaie nigériane est le Naira alors qu'au Niger c'est le francs CFA. Cette situation est favorable au seul pays exportateur. Du coup, il suffit que le Nigéria restreigne son marché céréalier pour que les effets se répercutent négativement de l'autre côté de la frontière et provoquent une brusque montée des prix de denrées de première nécessité. La situation de 2005 était la conséquence de l'inaccessibilité des grossistes nigériens aux marchés céréaliers régionaux : la fermeture du marché nigérian et la crise politique ivoirienne. Ce dernier pays fournit un tonnage considérable en tubercules et produits manufacturés. Outre ces éléments, se pose la question de la spéculation, cette pratique qui consiste à stocker à dessein des produits vivriers à ne les remettre sur le marché que quand ils deviennent rares puisque un produit s'apprécie mieux quand il se fait rare.

7.5. Une situation sécuritaire et humanitaire préoccupante

Le Mali, la Libye et le Nigéria forment une vaste zone meurtrie par les guerres et qui reste investie par les narco-trafiquants et les terroristes. L'insécurité qui sévit au Nigéria et dans la zone du lac Tchad explique l'afflux massif des populations à chercher refuge au Niger sans compter de nombreux réfugiés venant du Mali et même de Libye. D'après l'Office des Nations unies pour les réfugiés (OCHA), ils sont près de 200 000 personnes qui ont fui le Nigéria pour trouver refuge au Niger[224]. Ce déplacement massif des populations coïncide avec une période où le pays était confronté à une insécurité alimentaire due à une mauvaise campagne agricole. Déjà en 2014, trois millions quatre cent mille personnes ont dû faire face à la famine. Si on prend en considération la masse des réfugiés se trouvant en terre nigérienne, la situation humanitaire devient plus que jamais préoccupante car satisfaire les besoins en santé, en logement et, surtout, en aliment reste incertain. À côté de cette urgence humanitaire, se trouve un climat sécuritaire instable sévissant dans plusieurs pays limitrophes du Niger. Ainsi, au Nigéria, la secte *Boko Haram* multiplie les exactions contre les populations civiles. Au Mali, ce sont les terroristes du MUJAO[225] qui font la loi dans la partie septentrionale du pays. La désagrégation de l'État en Libye renforce l'insécurité avec la circulation des armes entre les frontières déjà poreuses des différents pays.

---

[224] Le Niger et le Nigéria partagent beaucoup de valeurs culturelles, religieuses et linguistiques. Ce qui explique la présence des dizaines de milliers de Nigériens de l'autre côté de la frontière. La plupart résidaient depuis plusieurs décennies avec leur famille et bon nombre d'entre eux possèdent la double nationalité.

[225] Mouvement pour l'unicité et le *jihad* en Afrique de l'Ouest.

Le Niger partage quelque 1000 kilomètres de frontière avec le Nigéria au Sud et la Libye au Nord, mais aussi avec le Mali à l'Ouest. Comme nous l'avions souligné précédemment, ce pays est en proie à une série de famines qui atténuent tous les efforts du développement. C'est à la lumière de cette urgence que le gouvernement, avec l'appui des partenaires techniques et financiers, a initié et mis en place un mécanisme de régulation en temps de crise alimentaire et catastrophes assimilées : le dispositif national de prévention et gestion des calamités et crises alimentaires (DNPGCCA). Celui-ci comprend diverses structures : Cellule de Coordination crise alimentaire et Gestion des Catastrophes (CCA/GC), Cellule de Coordination Système d'Alerte précoce (CC/SAP), Cellule Filets sociaux (CFS) et Cellule Coordination humanitaire (CCH)[226]. Les principales missions qui lui sont assignées se résument aux modes de gestions de vulnérabilités à travers la cellule Filets sociaux et les dispositions urgentes qui s'imposent face aux crises humanitaires de grande ampleur. C'est là qu'intervient la CCH qui a, pour vocation première, de coordonner les opérations de secours dans les situations de grande catastrophe. Cette structure est aussi censée être compétente dans la prévention et la prise en charge des victimes des catastrophes et des réfugiés.

[226] M. IDRISSA, *Atelier d'élaboration du plan d'action et d'opérationnalisation des recommandations de l'évaluation du DNPGCCA et de la revue après action*, rapport d'atelier, Cellule crise alimentaire, Niamey, 2014.

Figure 18 : Mécanisme de fonctionnement du DNPGCCA

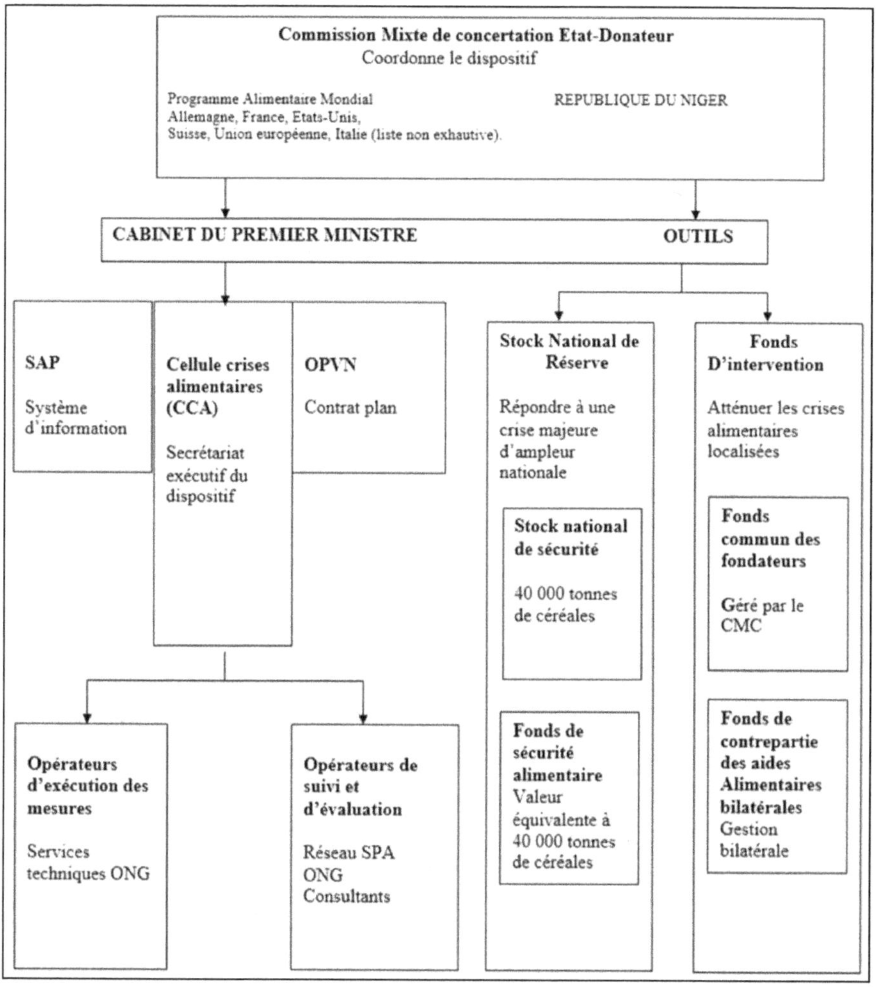

Source : www.dnpgca.ne.

En 2014, la situation humanitaire est telle qu'il a fallu prendre en charge des centaines de milliers de réfugiés cantonnés sur plusieurs sites d'accueil sans compter une insécurité alimentaire, conséquence d'une mauvaise campagne agricole. D'après le responsable de CCH, structure rattachée au Cabinet du ministre, la mise en place d'une telle organisation, bien que tardive, répond aux menaces actuelles qui exposent à toutes sortes de dangers. C'est ainsi que Mme Saâdatou Barmou justifie l'urgence humanitaire, du parle climat d'insécurité au Sahel et d'une mauvaise campagne agricole qui expose plus du tiers de la population à la disette. Dans une conférence de presse animée par la patronne de CCH après une tournée d'évaluation de la situation humanitaire, il est noté :

« Les attaques armées de Boko Haram au Nigéria ont entraîné un mouvement important des populations à l'intérieur du pays et vers les pays voisins comme le Niger, le Tchad et le Cameroun. Les recensements effectués à la date du 16 décembre 2014 dans 88 sites sur 104 font ressortir 200 000 déplacés sur le territoire nigérien. Ces derniers sont accueillis dans un contexte de vulnérabilité accrue du fait de l'important déficit céréalier et fourrager enregistré cette année dans la région de Diffa. 405 villages sont déficitaires sur les 606 villages agricoles de la région. Aussi, la population en insécurité alimentaire est estimée à 156 480 personnes, et le taux des enfants en situation de malnutrition aiguë globale à 23,5%. La conjugaison de ces facteurs a placé les populations hôtes et les populations retournées en insécurité alimentaire dans une situation de vulnérabilité extrême qui réunit toutes les conditions d'une crise humanitaire avérée. »[227]

Pour comprendre le délitement de la situation, l'impact d'une conjugaison des facteurs structuro-conjoncturels reste déterminante. C'est ainsi que l'extrême pauvreté, les sécheresses à répétition, les famines, les malnutritions infantiles, l'insécurité, constituent le quotidien des populations nigériennes. Sauf que l'instrumentalisation à des fins politiques de facteurs tels que la sécheresse dans un contexte sahélien interroge. Sinon, depuis la nuit des temps, l'Afrique sahélienne a toujours expérimenté des périodes de sécheresses bien que celles-ci diffèrent d'une époque à l'autre. Pour prévenir les méfaits de la rareté des pluies, beaucoup des États concernés ont mis en place des mécanismes d'anticipation des risques de sécheresses. Ainsi, là où les systèmes d'alertes précoces (SAP), initiés par la FAO et les administrations nationales, fonctionnent, l'impact de la sécheresse peut être prévenu et minimisé grâce à l'opération de vente à prix modéré. On peut également apaiser la crise alimentaire par la distribution de vivres aux populations les plus vulnérables, en facilitant la reconstitution de leur cheptel et en fournissant des outils pour qu'elles cultivent leurs terres. La malnutrition revêt aussi une dimension politique. Certes, la sécheresse accompagne une forte malnutrition. Mais toutes les thèses s'accordent à montrer que *« la famine résulte, elle, de l'action de l'homme »*[228].

La sécheresse sert trop fréquemment de prétexte aux catastrophes dites « humanitaires » qui auraient pu facilement être évitées, mais ne l'ont pas été volontairement, car l'urgence permet de mobiliser une aide internationale massive, beaucoup plus importante que l'appel préventif, aide qui est ensuite allouée selon des critères politiques. Nous apprenons, avec Sylvie Brunel, que le Zimbabwe, ancien grenier à maïs de l'Afrique australe et qui avait

[227] D'après la Cellule Coordination humanitaire, structure rattachée à la Primature, lors de la mission d'évaluation conduite par la directrice de Cabinet du Premier ministre, qui est aussi Coordinatrice nationale du DNPGCCA, le 10 décembre 2014 à Diffa, région frontalière avec le septentrion du Nigéria.

[228] S. BRUNEL, *L'Afrique, un contient en réserve de développement*, Paris, Bréal, 2004.

pourtant géré avec efficacité la sécheresse de 1992, connaît dix ans plus tard de grandes difficultés alimentaires qu'il attribue à une sécheresse, certes réelle, mais qui n'aurait pas eu le même impact si la réforme agraire n'avait pas évincé brutalement de leurs terres les principaux producteurs du pays, les fermiers blancs. Cela a provoqué le départ des anciens salariés agricoles entrainant la désorganisation et l'effondrement de la production.

L'aide alimentaire envoyée par la communauté internationale est réservée aux seuls dépositaires de la carte du parti politique du chef d'État. C'était aussi le cas de l'Éthiopie en 2000 où ce pays avait mis en avant la famine de l'Ogaden, que les organisations humanitaires annonçaient bien avant sans être entendues pour obtenir une aide alimentaire. En réalité, les motivations étaient politiques (pouvoir mener la guerre à l'Erythrée).

Toutes les instrumentations politiques des famines suivent le même processus : surestimation officielle du nombre des victimes potentielles, atteignant des chiffres surréalistes que médias et agences d'aides reprennent pour leurs propres comptes.

Pendant la famine de 2005, les éleveurs nomades et les chefs de foyers, qui sont généralement représentés sous forme de groupements et/ou d'associations proches de la classe dirigeante, ont eu beaucoup de facilités à bénéficier des largesses des ONG ou organisations humanitaires. Cela s'explique par le fait qu'ils possèdent des parrains ou des intermédiaires qui ont des accointances leur permettant d'intégrer facilement le système. Cette « rente politique » constitue la principale motivation qui conditionne l'aide des organisations humanitaires aux populations vulnérables. Au plus fort de la pénurie, certains responsables n'hésitaient pas à brandir leurs colorations politiques pour attribuer des vivres à la population. Souvent, c'est même lors des meetings qu'une personne va tenter de faire l'apologie de Monsieur Y pour avoir céder tel nombre de tonnes de vivres à la population de tel ou tel village, comme si l'aide alimentaire devenait la condition *sine qua non* pour adhérer à tel ou tel parti. À Gouré, le comité local mis en place pour gérer les aides reflète théoriquement la cartographie des acteurs locaux, puisque la plupart des structures y sont représentées. Toutefois, la représentativité de toutes les couches socio-professionnelles n'est que de façade. Ce chef de foyer pense ainsi ne pas être associé au comité de distribution de l'aide humanitaire pour ses positions politiques beaucoup plus critiques à l'égard du pouvoir. Il explique :

> « *Je n'ai pris part à aucune réunion du comité car je n'ai été informé par personne qu'il y avait un comité de distribution de l'aide auquel je dois faire partie. À vrai dire vous m'apprenez qu'il a existé un comité à Gouré lors de la crise et qui était chargé de distribuer les vivres. Pour moi, seules les ONG avaient autorité à le faire. Je pense que ce n'est pas anodin à mon appartenance politique. Tout le monde ou presque me connaît comme étant un membre d'un parti de l'opposition.* »

Cet extrait d'entretien confirme la politisation de l'aide alimentaire censée pourtant profiter à tous pour amoindrir les souffrances des ménages. L'implication d'un député national lors d'une opération de vente à prix modéré de céréales dans plusieurs villages du département témoigne de l'ampleur du phénomène. Il s'agirait du mil qu'il détiendrait dans son stock personnel. Il faut préciser qu'outre ses fonctions de député national, il est aussi un opérateur économique du terroir. La gestion de l'opération était assurée par un dispositif qui n'est composé que par des membres de sa famille politique.

Comprendre les crises alimentaires qui ruinent le continent africain passe par la question du rôle de l'État à travers deux éléments qui nous paraissent primordiaux : les actions de prévention et la coordination des secours dans les situations de grande catastrophe[229].

Le contexte nigérien montre une situation humanitaire préoccupante depuis la désagrégation de la Libye avec la chute du régime Kadhafi et la guerre qui sévit au Mali et au Nigeria. Face à l'ampleur humanitaire, la directrice exécutive du Programme alimentaire mondial (PAM), Ertharin Cousin, dresse un constat sans appel :

> *« La situation humanitaire au Niger se caractérise par la récurrence croissante des sécheresses, des prix alimentaires anormalement élevés, et de maigres récoltes, aggravées par un afflux massif de réfugiés en provenance du Mali et du Nigeria. Des milliers de personnes ont ainsi trouvé refuge dans les zones les plus touchées par la sécheresse, en l'occurrence Diffa et Tillabéry, grossissant ainsi les rangs de millions de personnes qui éprouvent de la peine à se nourrir convenablement. »*[230]

En sus de cette citation révélatrice du malaise humanitaire qui caractérisait le Niger, on est d'avis avec Sylvie Brunel ou Amartya Sen que les fondements des crises alimentaires trouvent leurs explications dans des motivations politiques. Amartya Sen définit les situations de disettes comme l'émanation d'un déficit démocratique. Il fonde son postulat en se basant sur l'exemple des États-Unis d'Amérique ou du Japon qu'il présente comme des pays qui résistent aux pires inondations ou calamités sans que jamais une situation de pénurie ne suive, contrairement aux pays dictatoriaux ou peu démocratiques comme l'Éthiopie, le Soudan ou la Corée du Nord. L'auteur lie la survenance des famines à une « carence démocratique ». Il justifie sa thèse par une presse libre et vigilante qui peut anticiper sur les situations de disette en lançant l'alerte soit à l'endroit de la communauté internationale, soit à l'attention des gouvernants politiques. Il est question aussi du rôle que peut jouer la tenue d'élections libres et équitables qui garantissent la responsabilité de l'État vis-à-vis des citoyens puisqu'un gouvernement qui

---

[229] S. BRUNEL, *Famines et politiques*, Paris, Presses de Sciences po, 2002.

[230] Lors de sa mission à Niamey le 14 novembre 2014.

manque de servir son peuple peut bien être désavoué par son électorat en prenant pour cadre d'analyse l'Inde et la Chine. Le premier s'est illustré à maîtriser, avec plus d'efficacité, les crises alimentaires tandis que le second a connu deux grandes famines entre 1958 et 1962.

Certes, la situation de 2005 au Niger n'est nullement transposable aux exemples cités ci-dessus. Mais, le constat est là : les divergences entre les différents acteurs de terrain sur la stratégie commune à mettre en œuvre ont plus que jamais prévalu. Selon que l'on soit de la majorité au pouvoir ou de l'opposition, l'interprétation de la situation ne peut que se résumer en une dualité : d'un côté, les « négationnistes », essentiellement les partisans du pouvoir, pour qui la famine n'est qu'un prétexte ; de l'autre, l'opposition. Pour la classe dirigeante, l'idée de famine rime comme une menace pour la stabilité du régime. Cette perception n'est pas sans fondement si l'on se rappelle l'histoire du pays et la trajectoire personnelle du président Tandja. Lorsque les militaires, sous la conduite du lieutenant-colonel Seyni Kountché, ont perpétré le coup d'État de 1974, ils justifiaient leur action par l'« arrogance » d'une *« oligarchie indifférente à l'endroit du peuple auquel elle prétendait assurer le bonheur »*[231]. Le pays traversait alors une crise similaire à celle de 2005. Pour le président Tandja, qui était l'un des acteurs du putsch, il n'était pas question de reconnaître l'existence d'une famine au Niger. S'inscrivant dans cette logique, un journal de la place affirmait qu'*« une famine, est de quoi renverser un régime »*[232]. L'accent est mis ici sur la responsabilité politique. Or, estime le même journal, *« Tandja et son gouvernement ont négligé le travail des techniciens du domaine qui ont pourtant fait leur boulot avant que la situation ne devienne chaotique »*[233]. Au-delà, cette affirmation revêt un caractère symbolique car, dans le contexte nigérien, l'abondance ou la rareté des récoltes ont été souvent assimilées à la personnalité du président en exercice[234]. C'est la raison pour laquelle le président insistait sur le fait que, depuis l'indépendance du pays, aucun régime n'aurait dû faire mieux que le sien. Toutefois, une partie de la classe politique ne l'entend pas de cette oreille. Cela nous amène à nous intéresser à la famine comme un « espace de combat » politique.

---

[231] Extrait du discours du président Seyni Kountché lu à la télévision nationale le 14 avril 1974.

[232] M. AMADOU, « Crise alimentaire ou famine. Parlons-en… ! », *Le Soleil*, n°119, 16 août 2005, p. 3.

[233] *Ibid.*

[234] Pour l'anecdote, toutes les situations de famine ont été toujours nommées. Celle de 2005 a été baptisée *El Tandja.*

7.6. La famine comme « espace de combat » politique

L'Afrique est d'autant plus vulnérable aux aléas naturels que son agriculture dégage peu d'excédents. Pourtant, elle a, de longue date, appris à gérer les risques de sécheresses. Les sociétés paysannes ont toujours constitué des réserves, des greniers villageois et familiaux pour parer aux aléas naturels. Aujourd'hui, les pénuries localisées de nourriture restent fréquentes, d'autant que les pays du Sahel sont entrés depuis les années 1970 dans un cycle de basses pluviosités. Mais les gouvernants ont su mettre en place des mécanismes tendant à anéantir les risques découlant des famines. La mise en place des systèmes d'alertes précoces, gérés conjointement par la FAO, les États concernés et les agences internationales (CILSS AGHRYMET...). C'est aussi valable au plan national avec divers dispositifs. Le but des SAP est de guetter les déficits de précipitations annonciateurs de mauvaises récoltes afin de prévenir leur impact humain : constitution de stocks de sécurité avant la survenue de la crise ; lâchage des stocks sur les marchés (pour faire baisser les prix de la nourriture) et distributions alimentaires aux groupes les plus vulnérables ; aide à la reconstitution des outils de production pour ceux qui ont dû se séparer de leurs actifs pour se procurer de quoi subsister (distribution de semences et d'outils, prêts bancaires...) après la crise. De tels dispositifs ont été conçus dès les années 1970 pour éviter la survenue de crises généralisées. Ce n'est donc plus aujourd'hui, dans les pays où la malnutrition chronique sévit de façon endémique que surviennent les famines, parce que toute détérioration de la situation alimentaire met plusieurs semaines, voire plusieurs mois, à s'installer, ce qui donne le temps aux pouvoirs publics d'organiser la riposte.

7.7. Que dire des logiques de prédation qui s'invitent dans le champ humanitaire en Afrique ?

Les famines actuelles procèdent de logiques de prédation dirigées contre des populations considérées dans leur ensemble comme un "gibier" pour paraphraser Sylvie Brunel : *« Gibier par les ressources qu'elles procurent, gibier pour attirer l'aide humanitaire, puis gibier électoral lorsque la paix revient. »*[235]

Cette façon de penser est intimement liée à l'insécurité résiduelle, surtout dans le contexte africain, car peu de pays peuvent garantir la paix et la concorde à leurs populations. Au Mali, au Nigeria, en Libye, les mouvements armés qui s'affrontent pour la conquête du pouvoir et l'appropriation de la rente du développement sont les principaux

[235] S. BRUNEL, *L'Afrique, un continent en réserve de développement*, *op. cit.*, p. 175.

responsables de la faim par le gaspillage et la destruction des récoltes, des territoires qu'ils détiennent pour mieux asservir les populations.

Dans les zones touchées par des troubles civils, les agriculteurs sont contraints d'abandonner leurs champs. En créant des « filets d'aide » destinés à attirer l'aide internationale et en empêchant l'accès des ONG aux populations victimes de la faim, pour pouvoir mieux capter à leur profit les ressources disponibles, ces logiques de prédation, associées à la faiblesse des États concernés, expliquent la multiplicité des foyers de famines. Alex de Waal a listé, dans son ouvrage *Famine Business*, une série de raisons qui font perdurer les famines en Afrique. L'auteur cite le détournement de la main-d'œuvre vers le front, la destruction des vivres par les belligérants, la destruction ou le pillage des moyens de production (bétail, semences), l'inaccessibilité des champs et des pâturages, l'immobilisation des vivres suite au blocage des moyens de transport[236]. Ces logiques de prédation présentent de nombreux avantages pour ceux qui les mettent en œuvre.

Le pillage et la destruction des ressources engendrent des foules de victimes qui sont dépendantes d'un secours, ce qui prépare les conditions de leurs migrations et leur regroupement. Guérilla, et organisations criminelles créent ainsi « des filets d'aide » en concentrant les populations dans des zones stratégiques où, privées de nourriture, ces populations basculent dans un cycle de famine sans fin ou, du moins, qui va perdurer. Cette situation est reprise par les médias nationaux et internationaux qui font un travail de propagande au service des agences d'aide au développement. La localisation géographique de ces zones est intelligemment choisie par ces agences. Celles-ci s'arrangent, autant que faire se peut, pour rapprocher les zones des « famines entretenues » aux lieux où se passent les conflits. Dès lors, la surestimation du nombre des personnes dépendantes devient un exercice favori pour les acteurs humanitaires. Le but du jeu est de décrire l'ampleur sans précédente de la situation, une manière de provoquer l'émoi de la communauté internationale pour faciliter le décaissement des fonds. Cela a été le cas en 2005 au Niger où la catastrophe humanitaire avait fait l'objet d'une amplification médiatique démesurée qui a eu pour conséquence un afflux d'aide échappant au contrôle de l'État. Chaque ONG menait ses opérations selon ses logiques d'intérêt. La preuve, ces acteurs humanitaires produisaient, sur une même situation, des données parfois contradictoires. Les distributions d'aide donnent lieu à de multiples allégeances tout en corrompant une caste d'intermédiaires, de spéculateurs, de profiteurs divers, qui forment autant d'obligés au service des pouvoirs en place. Se référant à une sagesse africaine, n'a-t-on pas coutume de dire : *« La main qui donne est au-dessus de la main qui reçoit. »* Lorsque les secours transitent par les

---

[236] A. DE WAAL, *Famine business*, cité par S. BRUNEL, *in L'Afrique, un continent en réserve de développement, op. cit.*

réseaux que ces mêmes groupes armés ont monté « de toutes pièces », l'aide distribuée a pour conséquence d'entretenir les conflits. Pour de nombreux acteurs qui œuvrent dans l'humanitaire, les situations de guerre et/ou de famine sont plus rentables que la paix. Alors que l'aide internationale aurait dû, sous caution de la bonne gouvernance, contribuer à résoudre certains problèmes de sous-développement que rencontrent bon nombre des pays africains ou renforcer leur cadre démocratique en gestation, la manne a été détournée dans les situations d'urgence au détriment de priorités sanitaires comme la malnutrition infantile.

Enfin, l'afflux de l'aide humanitaire que suscite la détresse des affamés renforce le pouvoir de ceux qui œuvrent pour une « famine entretenue » en leur permettant de disposer de moyens matériels et financiers considérables. Pour ne pas tarir la manne, il suffit de maintenir la population suffisamment affamée pour que l'aide continue d'arriver, en organisant discrètement des détournements. Il arrive, parfois, que les bailleurs soient au courant : pour des considérations humanitaires, ces donateurs continuent à renflouer les caisses des agences d'aide internationales dans le seul but d'alléger les souffrances des victimes. C'est ainsi que le jeu se définit de la sorte : les régimes qui occasionnent les peines à leurs populations reçoivent les aides alimentaires les plus importantes, d'où la thèse défendue selon laquelle les famines d'aujourd'hui émanent des considérations politiques et donc restent des « famines entretenues ».

7.8. La crise de 2005 et ses enjeux politiques

La polémique entretenue sur le qualificatif[237] de la situation qui a sévi en 2005 au Niger témoigne, à elle seule, du degré de divergence qui a caractérisé le climat socio-politique du pays. Personnellement, il nous a paru nécessaire de mener nos propres investigations de terrain parce que *« les informations disponibles reposent sur des sources peu fiables et témoignent d'un langage stérilisé (auto-censure) »*[238]. De mémoire d'Homme, jamais un phénomène n'a su diviser l'opinion tant nationale qu'internationale. Le camp au pouvoir estime que la situation de l'époque n'est que la conséquence d'un déficit céréalier propre à chaque pays du Sahel. Il est ainsi logique qu'il y ait une instabilité sur le plan alimentaire. Pour y faire face, les simples opérations à prix modéré suffisent pour réguler les choses.

---

[237] Pour la majorité au pouvoir, il s'agissait d'une simple crise alimentaire due à un déficit céréalier « normal » tandis que l'opposition politique qualifiait la situation de famine.

[238] J.-P. OLIVIER DE SARDAN, *La Routine des comportements non observants au sein des services publics nigériens. Connaître la culture bureaucratique pour la reformer de l'intérieur*, Rapport réalisé pour le compte du Haut-commissariat à la Modernisation de l'État (HCME) avec l'appui de la coopération française dans le cadre du projet MEDEN, Niamey, Lasdel, 2014.

À l'opposé du camp présidentiel, l'opposition pense plutôt à une famine déclarée, et la seule issue reste l'aide alimentaire à toutes les populations. Pour ce faire, elle prône l'intervention de l'aide extérieure via les acteurs humanitaires. Dans sa logique de se démarquer de la ligne éditoriale du gouvernement d'alors, l'opposition va plus loin, en établissant une relation causale entre la gouvernance politique et la crise alimentaire qui a prévalu en 2005. Les plus superstitieux n'hésitent pas à faire le lien de la situation à une supposée colère divine qui serait la conséquence des pratiques impies des gouvernants vis-à-vis de leur peuple. Par exemple, il était écrit dans un journal proche de l'opposition ceci : *« Lorsque le président constate lui-même que ce sont les enfants de 0 à 5 ans qui meurent, cela doit l'inquiéter encore plus parce que c'est la génération de son régime, les enfants nés entre 2000 et 2005... »*[239]

Dans une déclaration sur l'urgence de la situation de l'époque, l'opposition affirmait que *« le président de la République se rassure : le spectre de la famine ne saurait constituer une menace pour son pouvoir car le Niger de 2005, classé avant-dernier*[240]*, n'est plus ce Niger de 1974 uni et convoité »*[241]. Dès lors, nous ne pouvons qu'être d'accord avec Sylvie Brunel quand elle écrit : *« La famine n'est plus aujourd'hui la conséquence malencontreuse des conflits modernes mais leur argumentation. »*[242] Ceci laisse comprendre que les famines, crises alimentaires ou encore disettes ne sont pas que la résultante de guerres mais relèvent d'une stratégie de contrôle social qui s'avère très efficace. Nous apprenons toujours avec la même auteure qu'au Libéria, par exemple, la maîtrise de l'accès à de la nourriture permet de renforcer la mainmise des pouvoirs politiques et des guérillas dans le but de mieux asseoir leur autorité sur la société avec le plébiscite de Charles Taylor lors des élections présidentielles. La même situation se vérifie dans le contexte nigérien sauf que les acteurs politiques conditionnent l'aide alimentaire au ralliement à leurs politiques.

En d'autres termes, il est question de comprendre que les causes des famines en Afrique sahélienne ne se limitent pas aux seuls aléas climatiques. D'autres éléments qui se donnent à voir dans la marche de l'État, à l'exemple de mauvaises politiques publiques, peuvent provoquer l'insécurité alimentaire d'un pays. Du coup, *« seule une bonne gouvernance* du pays

---

[239] « Déclaration des partis politiques membres de l'opposition », *La roue de l'histoire,* n° 261, 16 août 2005, p. 6.

[240] Il s'agissait du classement de l'IDH fait par le PNUD en 2005, qui classait le Niger avant-dernier de la planète.

[241] *Ibid.*

[242] S. BRUNEL, *L'Afrique, un continent en réserve de développement, op. cit.*, p. 179.

ainsi que la définition et la mise en œuvre d'une politique agricole moderne peuvent mettre les Nigériens à l'abri de la précarité »[243].

7.9. Une crise alimentaire peu ordinaire

Les données recueillies montrent que la situation de 2005 était la combinaison de trois facteurs[244] : premièrement une crise pastorale, deuxièmement un déficit agricole et, enfin, une crise de marché. Voici, à présent, quelques éléments clés qui permettent de faire la genèse de la situation d'ensemble de l'époque dans un contexte tout aussi particulier.

a. Pourquoi une crise pastorale ?

La zone de Gouré est un lieu où le pastoralisme vient juste après l'agriculture en termes d'audience auprès de la population. C'est la raison pour laquelle l'élevage est considéré comme la seconde mamelle de l'économie locale et tient lieu, principalement, d'activité génératrice de revenu (AGR). Selon les données recueillies auprès de la population, 95 % des ménages disposent au moins d'un animal d'embouche qu'ils comptent revendre en période de soudure ou pour faire face à certaines obligations telles que les mariages, les baptêmes, ou encore les décès. C'est dire que les Gouréens, comme beaucoup d'autres Nigériens, se "particularisent" à travers des stratégies novatrices pour contourner les vulnérabilités (crises humanitaires, alimentaires, extrême pauvreté...), en investissant dans le capital bétail pour sécuriser leurs avoirs.

Un autre avantage qui découle de la pratique de l'élevage nomade peut se voir dans les rencontres d'échanges entre les diverses communautés pour échanger des préoccupations, et aussi, soumettre les doléances aux autorités administratives et coutumières. À cette échelle, on peut comprendre l'activité comme un espace d'expression sociale et, par-delà, de brassage des cultures entre les différentes composantes sociolinguistiques locales. La finalité reste de préserver les conflits inter-communautaires. Conscient de sa faible présence sur l'ensemble du territoire national, l'État profite des retrouvailles pour faire passer ses messages et quérir les doléances des différentes communautés.

À côté de l'élevage nomade qui présente un enjeu social de taille, se dresse un élevage domestique beaucoup plus visible dans les concessions. Cela explique le nombre élevé des bétails qui revient à la localité de Gouré.

---

243 Parti nigérien pour la démocratie et le socialisme (PNDS), principale structure de l'opposition politique. Voir « le PNDS se prononce sur la situation alimentaire », *Le Républicain*, 26 mai 2005, p. 5.

244 J.-P.OLIVIER DE SARDAN, « La crise alimentaire vue d'en bas », *Afrique contemporaine*, n° 225, 2008, pp. 271-294.

Tableau VII : La population du cheptel au niveau départemental de Gouré

Type de bétail	Effectifs	Équivalent en Unité de Bétail tropical (UBT)
Bovins	99 136	79 308
Ovins	116 511	17 477
Caprins	118 730	17 810
Camelins	11 862	11 862
Équins	14 720	14 720
Asins	20 386	10 193
Total	381 345	151 370

Source : Service communal de l'élevage de Gouré.

Derrière la forte présence de bétails se cachent des représentations sociales selon lesquelles la possession d'un animal domestique contribue à solidifier les relations entre les vivants et les ancêtres, lesquels assurent leur protection sur les vivants contre toute forme d'agression mystique :

> *« Dans le mysticisme, la cible la plus vulnérable est celle qui est la moins protégée. Généralement, ce sont des animaux domestiques qui payent le prix fort. C'est pourquoi il est vivement recommandé, selon la sagesse populaire, de posséder un animal domestique en son nom, peu importe sa nature. Cet animal serait utile dans la préservation contre tout mauvais sort. »*

b. Un déficit céréalier « normal »

Le département de Gouré a toujours connu un rendement peu flatteur comme l'indiquent ses relevés pluviométriques. Les campagnes agricoles se succèdent et se ressemblent à quelques exceptions près. Pour preuve, une année sur deux a toujours été déclarée déficitaire alors qu'*« avant les années 1980, l'occurrence des mauvaises récoltes était d'environ une tous les 10 ans, les années 1998 à 2005 voyant la fréquence de ces mauvaises récoltes augmenter à une tous les 2 ou 3 ans »*[245].

Les données pluviométriques enregistrées de 2004 à 2012 traduisent une situation plutôt instable. Dans tous les cas, la plus forte quantité de pluie n'excède pas les 400 millimètres par an.

245 C. GIOVANNI et L. DEOTTI, « Prix du mil, politique publique et malnutrition des enfants : le cas de la crise du Niger en 2005 », *Revue d'économie du développement*, n° 28, 2014, p. 12.

Figure 13 : La pluviométrie de la localité de Gouré de 2004 à 2012

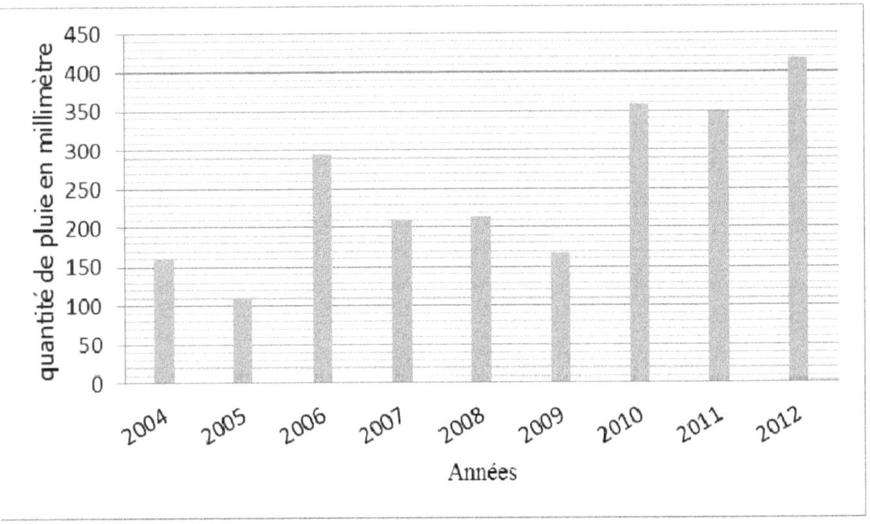

Source : Direction départementale de l'agriculture

Cette situation montre que les cycles de crises alimentaires que connait la localité sont dus, pour la plupart, à l'insuffisance de pluies. La principale cause demeure les sécheresses cycliques. Cependant, l'ampleur de celles-ci varie d'une période à l'autre. Celle de 2005 affectait 15 % des ménages locaux[246]. Toutefois, cette situation avait été aggravée par un autre facteur : l'inaccessibilité des denrées sur les principaux marchés céréaliers.

c. Une crise de marché et d'accessibilité

Ce phénomène avait été le principal facteur aggravant un climat d'insécurité alimentaire. S'agissant du département de Gouré, la situation d'extrême pauvreté a attisé la vulnérabilité des populations sur le plan de la subsistance. En d'autres termes, la crise de 2005 avait trouvé des habitants démunis au point où même les moyens d'accéder aux denrées de première nécessité faisaient défaut. Cela compliquait les choses car, en plus du déficit céréalier, vient se superposer une crise d'accessibilité. Tous ces éléments ont concouru à la désagrégation de la situation. Dans le prochain chapitre dédié à la coordination des acteurs sur le terrain, nous entendons reconstituer la manière dont ceux-ci ont interagi et mettre en lumière les éléments qui ont accentué le délitement de la situation à travers quelques illustrations tirées des événements.

[246] D'après la direction départementale de l'agriculture de Gouré.

CHAPITRE 8

La coordination des acteurs

Le Sahel se caractérise comme une zone de transition entre le désert du Sahara et l'Afrique tropicale humide, entre le mode de vie nomade et le mode de vie sédentaire. Cette région a toujours connu des cycles de sécheresses, un phénomène complexe, lié aux interactions entre l'océan Atlantique et la base désertique du Sahara. Cette situation met en lumière un problème qui se pose avec acuité. Les famines successives qu'a connues ce vaste ensemble géographique décrivent, à elles seules, les souffrances que rencontrent les populations vivant sur cette partie du monde. Le Niger, vaste pays situé aux confins du Sahel, reste malheureusement en proie à ce phénomène. En 2005, la situation alimentaire a, une fois de plus, été marquée par un déficit céréalier résultant de mauvaises pluviométries. Mais accuser la seule sécheresse ne saurait être une explication objective et valable. En s'intéressant de près à la situation, on constate l'interférence d'autres déterminants qui, à des degrés divers, ont contribué à dramatiser la situation. C'est dans ce cadre qu'il nous paraît crucial d'évoquer la gestion même de cette crise telle qu'elle a été menée par les différents acteurs.

Il importe de prime abord, de noter que la sévérité de l'insécurité alimentaire de l'époque a contraint l'État à abandonner ses prérogatives. Le pays était devenu un vaste champ d'opération humanitaire, accueillant de nombreuses ONG sans que le volet coordination de terrain ne devienne véritablement une priorité d'action. Chaque acteur procède selon sa logique d'action, souvent sans concertation avec les autres partenaires humanitaires. Cette situation décrit un *no man's land* où l'absence d'autorité centrale traduit un pays abandonné à lui-même, les organisations humanitaires, particulièrement les ONGs *« se comportant en pays conquis »*[247].

D'après un chef de ménage témoin des faits, la situation de 2005 rappelle les images d'un pays en guerre où *« la loi du plus fort reste toujours la*

[247] J.-P. OLIVIER DE SARDAN, « La crise alimentaire vue d'en bas. Synthèse des recherches menées sur sept sites au Niger », *Afrique contemporaine*, n° 225, 2008, p. 276.

meilleure » puisque les faibles n'ont pas droit à quoi que ce soit. Il observe qu'au plus fort de la crise, les ONG ont plus de moyens que l'État :

> *« Les organisations humanitaires ont vite compris qu'elles étaient incontournables et n'ont de compte à rendre à personne du moment où elles ont supplanté l'État dans son rôle de garant de l'aide alimentaire... Elles viennent, elles interviennent, sans que même les populations bénéficiaires ne soient au courant de quoi que ce soit. Cette situation entraîne une confusion parce qu'elle créé un effet doublon au niveau d'un même village alors qu'il y a d'autres localités qui n'en ont pas bénéficié. À titre d'exemple, il y a un village qui a bénéficié des vivres de cinq ONG, alors qu'il y en a beaucoup d'autres qui n'ont rien eu* [...].
>
> *Il y a des ONG qui font la distribution comme ça se doit* [...]. *Il y en a d'autres qui font ce qu'elles veulent sur le terrain. Elles viennent, elles ne passent même pas chez nous pour s'annoncer, encore moins chez le chef de canton, ni chez le chef du village, ni chez les maires. Tu les entends seulement, sur le terrain en train de faire des opérations d'aide. Très peu d'entre elles nous signalent leurs activités. Je suis obligé d'aller vers elles pour recueillir des informations. »*[248]

La situation de 2005 a été un révélateur en ce sens que, même les données officielles, censées rendre compte les événements, faisaient défaut, obligeant chaque acteur à produire ses propres informations au gré de ses intérêts. Il est vrai que l'absence de l'État sur le théâtre des opérations, tant au niveau national qu'au titre de la localité de Gouré, a contribué au délitement de la situation. Chaque acteur menait ses actions comme s'il était en zone conquise et produisait ses propres données. Plus inquiétant, certaines de ces données se contredisaient, mettant à mal toute crédibilité. Face à cette situation, nous étions dans l'obligation de mener nos propres investigations de terrain dans un souci d'objectivité.

L'empiétement d'une structure sur l'autre gêne les équipes de secours, dont les compétences sont, très souvent, mal définies dès le début. De plus, joindre la coordination à l'esprit d'initiative n'est pas chose aisée. Une bonne coordination aboutit à une concentration excessive des pouvoirs de décision. Et, lorsqu'elle fait défaut, surviennent l'improvisation et la désorganisation. Cette situation reflète celle des champs humanitaires où chaque acteur veut s'arroger le qualificatif de « bon élève », quitte à enfreindre la législation du pays d'accueil. En pareille circonstance, nombreux sont les États en déperdition puisqu'étant dans l'incapacité de créer ou d'imposer une véritable dynamique de collaboration avec les autres acteurs de développement. En d'autres termes, comment peut-on exiger d'un État d'exercer son autorité quand on sait que ce dernier éprouve de la peine à asseoir son hégémonie sur toute l'étendue de son territoire ?

Or, dans la majorité des cas, les pays africains éprouvent de sérieuses difficultés à exercer la violence légitime et trouvent leurs justifications dans

---

[248] Entretien cité par OLIVIER DE SARDAN, *Afrique contemporaine*, n° 225, *op. cit.*

l'échec des politiques de développement qui ne répondent pas aux légitimes aspirations des populations. Dans le domaine de la gouvernance alimentaire, l'exemple du Sahel est particulièrement préoccupant. La sécurité alimentaire, qui a été longtemps le slogan favori des politiques publiques, n'est toujours pas une réalité. Nombreuses sont ces populations qui n'arrivent pas à garantir leur pain quotidien malgré divers dispositifs tant régionaux que nationaux pour limiter ou enrayer les famines.

L'avènement du Comité Inter-État de Lutte contre la Sécheresse au Sahel (CILSS) s'inscrit dans la droite ligne des stratégies qui consistent à ne point considérer ce phénomène comme une fatalité mais une épreuve qu'on peut surmonter via des mécanismes à savoir les systèmes d'alertes précoces. Le but de ces outils est d'anticiper les déficits agricoles ou de combattre les ennemis des cultures afin d'atténuer les effets néfastes sur la sécurité alimentaire de l'homme et du cheptel. Ces systèmes d'alertes s'appuient sur des images satellites, des relevés hydrométriques, des enquêtes de terrain, et peuvent ainsi fournir des données sur la pluviométrie, la formation des essaims de criquets ou l'évolution de l'état des récoltes.

En 2003 et 2004, ces systèmes enregistrent une insuffisance des pluies et repèrent la formation d'essaims de criquets pèlerins. Les prévisions agricoles indiquaient alors un déficit céréalier équivalent à 8 % de la production des besoins de consommation du pays. La campagne agricole s'annonçait donc morose, sans toutefois refléter l'impact des grandes sécheresses de 1973 ou de 1984. Les pouvoirs publics et les bailleurs de fonds estimaient que ce déficit agricole pouvait être comblé par des importations régionales. Depuis les grandes crises des années 1980, la Banque mondiale, l'Union européenne et les autres partenaires financiers du Niger ont conditionné la mise en place de ces systèmes d'alertes en contrepartie de la libéralisation des marchés agricoles des pays concernés. Ces pays n'ont plus de maîtrise sur la fixation des prix de leurs denrées. Cette politique d'Ajustement structurel (PAS), dictée par les institutions de Breton Woods dans plusieurs pays africains, particulièrement ceux du Sahel, devait libéraliser le secteur agricole pour accroître sa productivité. Toutefois, ce mécanisme, basé sur la loi de l'offre et de la demande, a montré ses limites sur l'effet de régularisation des prix. Pour preuve, lors de la crise de 2005, le Niger - et le Niger seul - va connaître une crise alimentaire majeure bien plus grave que celles qu'ont connues ces voisins.

Traditionnellement, les famines en Afrique sont les conséquences des situations de guerres, elles-mêmes nourries par des logiques d'intérêt entre les acteurs. Il est tout aussi vrai que les sécheresses récurrentes qui se donnent à voir surtout au Sahel peuvent expliquer certaines crises alimentaires mais les motivations politiques y sont pour beaucoup. André Guichaoua a vu juste lorsqu'il écrit que « *les famines déclarées en Afrique sont en grande partie la résultante de la logique d'intérêt politique entre belligérants »*[249]. En 2005, toutes ont fait l'objet d'une exploitation systématique des médias, qu'il s'agisse de la Libye, du Mali, du Nigéria et même du Niger. Ce pays s'est retrouvé *« au centre de l'actualité internationale »*[250].

8.1. Quand les mécanismes de régulation produisent « l'effet inverse »

Les pays du Sahel sont quotidiennement confrontés aux situations de sécheresses. Ces dernières sévissent parfois durant deux, voire trois ans, sans discontinuité. Cette situation oblige les ménages à sombrer dans l'endettement, toutes les réserves consenties pour faire face à la période de soudure étant épuisées. Face à cela, les États concernés ont mis en place des stratégies pour contourner la soudure. Au Niger, cela concerne la mise en place de stocks nationaux de sécurité.

Quand évoque-t-on la soudure au Sahel ?

« On évoque la soudure lorsque les greniers sont vides alors que s'annonce ou s'installe la saison des pluies. En général, la soudure intervient pendant la période des travaux agricoles au moment où l'agriculteur doit consacrer le maximum de temps à ses cultures. Elle intervient plus tôt ou plus tard en fonction de l'état des récoltes de la saison précédente et peut être de courte durée ou aiguë. Par ailleurs, il peut arriver, pour des raisons diverses (paiement de l'impôt, financement de mariages, achat de produits manufacturés, de condiments, etc.), que le paysan vende une partie de sa production qui, initialement, suffisait tout juste à la consommation annuelle familiale. La vente d'une partie des récoltes, quelle que soit la raison, accélère l'épuisement des réserves et, par conséquent, précipite aussi la soudure. Le problème de la soudure se pose chaque année compte tenu de l'insuffisance de la production agricole. Lorsque les déficits se succèdent, les paysans n'arrivent plus à constituer des réserves qui pourraient les mettre à l'abri de pénuries alimentaires ultérieures. »

Source : Berger LEVRAULT, Famine, mieux comprendre, mieux aider, rapport à la Commission indépendante sur les questions humanitaires internationales, Genève, 1985, p. 5.

L'État, à travers l'Office des Produits vivriers du Niger (OPVN), dispose de stocks de sécurité qu'il mobilise pour stabiliser le marché céréalier en

---

[249] A. GUICHAOUA, *Destin paysans et politiques agraires en Afrique centrale*, Paris, L'Harmattan, 1989, p. 178.

[250] M. TIDJANI ALOU, « La crise alimentaire de 2005 au Niger vue par les médias », *Afrique contemporaine*, n° 225, 2008, p. 39.

période de grande nécessité. Malgré toutes ces dispositions, les résultats attendus tardent à se concrétiser. Cela se constate sur le terrain par un déséquilibre entre l'offre et la demande. Cette situation attise la montée exponentielle des prix des denrées de première nécessité comme le mil, le sorgho ou encore le maïs, qui constituent l'alimentation de base. Généralement, la flambée des prix sur le marché agricole résulte de l'action d'une minorité de grossistes voulant s'accaparer l'ensemble du marché céréalier. Leur stratégie consiste à stocker les denrées de première nécessité, jusqu'à ce que leur prix augmente pour le revendre à un prix exorbitant[251]. Ces spéculateurs écoulent leurs marchandises par l'intermédiaire d'une myriade des réseaux informels, parfois de connivence avec certaines personnes bien placées au sein du système[252]. Ces marchés informels viennent brouiller un système d'échange « institutionnel-légal » qui fait plutôt de la figuration face à un marché informel beaucoup plus répandu et lucratif pour une minorité de la population. En effet, en faisant prospérer l'informalité sur le formel, les acteurs contribuent à creuser l'écart entre l'offre et la demande, à travers le goût de la spéculation. C'était exactement le contexte de 2005 où, bien que la présence de céréales était effective, leur accessibilité faisait cruellement défaut à cause de leur cherté. Le système commercial fonctionne comme une structure rhizomique : au sommet, on retrouve les principaux négociants, qui sont aussi des grands producteurs et, tout en bas de l'échelle, les pauvres paysans constituent la principale force de travail :

> *« Ils prennent souvent part au développement local et financent parfois, avec leurs fonds personnels, l'entretien des routes et d'autres infrastructures importantes. Les plus influents parmi ces hommes d'affaires peuvent employer des centaines de personnes, comme intermédiaires, ouvriers agricoles, chauffeurs, mécaniciens, ainsi qu'une main-d'œuvre variée pour changer leurs camions, construire et entretenir leurs entrepôts et remplir les sacs de grains. Ils disposent d'un réseau d'assistants chargé de surveiller les différents circuits commerciaux et qui s'appuient à leur tour sur leurs propres collaborateurs. Une grande partie des stocks disparaît ainsi des principaux marchés : ils sont achetés dans les villages isolés. Les céréales y sont vendues en petites quantités et à prix d'or aux populations les moins mobiles, généralement, les personnes âgées ou les épouses des migrants. Celles-ci dépendent d'abord du soutien de leur famille, mais doivent aussi s'acheter une partie de leur nourriture. »*[253]

---

[251] É. GREGOIRE, *Les Alhazai de Maradi (Niger) : histoire d'un groupe de riches marchands*, Paris, IRD éd., 1986.

[252] V. BONNECASE, « Retour sur la famine au Sahel du début des années 1970 : la construction d'un savoir de crise », *Politique africaine*, n° 119, 2010, pp. 23-42.

[253] B. ROSSI, « Les paradoxes de l'aide chronique », *in* J.-H. JÉZÉQUEL et X. CROMBÉ (sous la dir. de), *Niger 2005, une catastrophe si naturelle*, Paris, Karthala, 2007, p. 161.

Le manque d'infrastructure et les coûts élevés des transports accroissent la vulnérabilité des populations vivant dans les régions peu fertiles. À ce niveau, seulement 8 % des routes du Niger sont goudronnées. Les chemins latéritiques constituent les principales voies d'accès aux zones rurales. L'immensité du territoire rend difficile l'entretien de ces infrastructures routières à cause des moyens très limités de l'État. Face au délabrement avancé de celles-ci, le flux des commerces en biens de consommation s'estompe à cause de l'usure causée par les intempéries. Cette situation fait dire à Catherine Araujo Bonjean qu'au Niger, « *les coûts de transport représentent l'essentiel des coûts de commercialisation des céréales et qu'on peut craindre que l'augmentation du coût des carburants entraîne un ralentissement des échanges, l'activité commerciale devenant moins rentable, et aggrave les tensions sur les marchés locaux de céréales* »[254].

8.2. Les systèmes d'alertes locales à l'épreuve de la crise de 2005

La localité de Gouré est une zone où l'agro-pastoralisme demeure la principale préoccupation de la population. Beaucoup de ménages ne s'adonnent aux travaux champêtres que pendant la saison pluvieuse. Une fois cette période dépassée, ils préfèrent s'occuper de leur bétail à travers les activités d'embouche[255], de transhumance[256] ou encore de petits commerces. Habituellement, le Comité sous-régional du Système d'alerte précoce (CSR/SAP) est l'organe habilité à anticiper les situations de crise au niveau local. Cependant, le contexte de 2005 a montré que cet organe n'était pas adapté à ce genre de situation. Le problème est que, dans leurs conceptions, ces systèmes d'alertes n'étaient pas adaptés à une crise de marché. Cette situation fait dire à François Enten, lorsqu'il décrit le contexte éthiopien, que « *les prédictions des SAP sont toujours plus proches de l'art que de la science* […]. *Les SAP résultent d'un bricolage technique n'aboutissant qu'à des succès partiels* »[257].

L'inadéquation des systèmes d'alertes précoces face aux réalités du terrain (crises de marché) a mis à nu les limites d'un dispositif considéré, jusque-là, comme infaillible. Les déficits céréaliers cumulés pendant deux

---

[254] C. ARAUJO BONJEAN, « Choc pétrolier externe et performance des marchés des céréales : le marché du mil au Niger », *Revue d'Économie de Développement*, n° 3, 2010, p. 44.

[255] Généralement, l'embouche est faite dans le but de vendre ou de revendre son bétail en vue de pouvoir se procurer des vivres ou de faire face aux dépenses quotidiennes le moment venu.

[256] Déplacement des troupeaux vers les zones beaucoup plus propices aux pâturages pour les animaux. Souvent, il arrive que le propriétaire quitte son pays pour gagner l'autre côté de la frontière, c'est-à-dire le Nigéria.

[257] F. ENTEN, « Du bon usage des systèmes d'alertes précoces en régime autoritaire », *Politique africaine*, n°119, 2010, p. 44.

années successives avaient dérégulé un mécanisme de marché qui ne jure que par la loi de l'offre et de la demande. Cela a contribué à la détérioration d'une incertitude alimentaire, résultant d'une campagne difficile pour les paysans (déficit agricole et invasion acridienne).

Les limites de ces systèmes d'alertes, lors la situation de 2005, était le reflet d'une conjoncture de marché sur l'ensemble ouest-africain. Le protectionnisme, qui a incité la plupart des pays à vouloir fermer leurs marchés céréaliers, a contribué à l'aggravation de la situation. La principale place céréalière qu'était le Nigéria, habituellement exportateur, devenait subitement importatrice de denrées agricoles. Cette situation engendrait l'effet inverse dans les flux commerciaux habituels. C'est ainsi que les commerçants grossistes de Gouré qui, habituellement, partaient se ravitailler auprès de leurs collègues de Kano, vont subitement changer de rôle, préférant exporter de l'autre côté de la frontière compte tenu de la solvabilité des acheteurs nigérians. En plus, les prix étaient beaucoup plus attractifs que ceux proposés par l'État. Outre la solvabilité des opérateurs nigérians, un autre facteur peut expliquer la préférence des grossistes locaux à vouloir exporter de l'autre côté de la frontière : la proximité géographique entre les villes de Kano au Nigéria et celle de Zinder au Niger. La distance qui sépare Zinder de Gouré est d'une centaine de kilomètres. On retrouve la présence de mêmes groupes ethno linguistiques de part et d'autre. Ainsi, la plupart de commerçants de Gouré sont de l'ethnie haoussa, à la différence de la communauté peuhl beaucoup plus encline au commerce de bétail. Cela explique les liens très étroits entre les commerçants de Gouré et leurs collègues de Kano. La situation est telle que l'État du Niger éprouve de la peine à contrôler les flux commerciaux même en contexte normal, *a fortiori* à une époque de grande nécessité. En plus, la porosité de la frontière, due à l'immensité du territoire, explique la prospérité de trafics de tous ordres : stupéfiants, armes, organes humains, etc. Les moyens des pays concernés restent très limités et, par conséquent, leurs frontières sont difficilement contrôlables.

8.2.1. Que peut-on retenir des événements de 2005 ?

La situation de 2005 dans le département de Gouré a constitué un révélateur d'un dysfonctionnement du dispositif contre la flambée des prix. La loi du marché reposant sur l'offre et la demande a produit l'effet inverse. Conçu pour réguler les prix en cas de pénurie sur les marchés agricoles de la sous-région, le mécanisme de marché a, au contraire, contribué à augmenter les prix de denrées de première nécessité. Cette situation a favorisé un climat d'instabilité alimentaire, tant au niveau local qu'au plan national. À Gouré, comme partout ailleurs au Niger, les ménages étaient confrontés au même défi : l'inaccessibilité des denrées de première nécessité, due à l'inflation. Cela s'explique par l'effondrement du pouvoir des ménages lié à une paupérisation galopante. Ainsi, les enquêtes menées au sein de la population-cible révèlent que la majorité des familles survivent et ne disposent que de moyens modestes. Eu égard au nombre élevé de personnes qui composent les ménages, les dépenses deviennent insupportables d'autant plus que les revenus restent modestes.

L'Afrique, c'est aussi sa tradition hospitalière à l'égard des autres. Ainsi, la présence d'un étranger au sein du foyer est synonyme de dépenses pour mettre à l'aise la personne accueillie. Le chef de ménage n'hésite pas à dépenser ainsi considérablement et, en bon croyant, il pense que Dieu lui « donnera » de quoi tenir demain :

> *« En Afrique, être homme ne se limite pas seulement à montrer sa virilité sexuelle. Elle se vérifie aussi sur la capacité du chef de ménage à pouvoir faire face aux besoins de sa progéniture. Il n'y a pas pire dans notre culture que de recevoir un étranger chez soi et de le laisser mourir de faim. Si on s'amuse à ne pas dépasser tel montant dans les dépenses alimentaires, on aurait plus à accueillir des personnes. Or, cela est contraire à l'hospitalité légendaire qui caractérise les sociétés traditionnelles africaine. Chez nous, le collectif prime sur l'individuel. Il faut se soucier du sort des autres. C'est cela la culture africaine que nos aïeux nous ont léguée des siècles durant. »*

Toutefois, de nos jours, ces pratiques ancestrales font progressivement place à une rigueur certes timide, mais palpable. Cela n'a rien d'anodin au regard de la difficile situation du moment, par des crises récurrentes de subsistance plus sévères les unes que les autres, mais aussi par un appauvrissement jamais égalé des ménages compte tenu de la baisse drastique de pouvoir d'achat et d'une forte démographie des ménages. D'après nos données de terrain, plus la composition du ménage est importante, plus les dépenses consacrées à l'alimentation sont faibles au regard des besoins exprimés. Cette situation est expliquée par l'extrême pauvreté qui définit les ménages ruraux africains.

Tableau VIII : Budget alloué aux dépenses alimentaires mensuelles des ménages étudiés

Nombre de ménages	**Revenu mensuel du ménage**	**Montant alloué au budget alimentaire par mois**	**Fréquences relatives**
15 ménages	≅ 30 000 CFA ou 50 €	15 000 CFA ou 23 €	4 %
55 ménages	≅ 40 000 CFA ou 61 €	20 000 CFA ou 30 €	16 %
85 ménages	≅ 60 000 CFA ou 100 €	35 000 CFA ou 53 €	25 %
90 ménages	≅ 80 000 CFA ou 123 €	50 000 CFA ou 77 €	25 %
105 ménages	≅ 100 000 CFA ou 153 €	70 000 CFA ou 108 €	30 %
Total des ménages questionnés : 350			**100 %**

Source : Données de terrain.

Les relevés de ce tableau indiquent que le degré de pauvreté des foyers enquêtés a un impact évident sur le quotidien alimentaire des populations et traduit les difficultés de ces ménages à faire face à leurs besoins de subsistance. Cela s'explique par l'élévation croissant du coût de la vie sans que le pouvoir d'achat ne soit revalorisé. Cette situation a été démontrée lors de la crise alimentaire de 2005 qui n'était, en réalité, qu'une dérégulation des prix des denrées à forte consommation. L'inflation a accentué la crise sur les différents marchés céréaliers en rendant inaccessibles les produits vivriers.

Notre constat est le suivant : autant le mécanisme de l'offre et de la demande a été déterminant dans l'acuité de la crise de 2005, autant les systèmes d'alertes n'ont pas su prévoir un tel schéma car inadaptés à ce genre de situation. C'est pourquoi nous affirmons que la catastrophe de 2005 n'était nullement la conséquence de seuls facteurs comme la sécheresse ou l'invasion des criquets pèlerins. Cela se donne à voir dans les dysfonctionnements de l'État, les failles qui organisent les modes de gouvernance politique, économique et sociale. Cela peut se comprendre tant dans les insuffisances constatées que dans la prévention et la manière dont la coordination des secours a eu lieu. À ce niveau d'analyse, deux points méritent une attention particulière dès lors qu'il est question de décrypter la calamité qui a sévi dans le département de Gouré.

La famine est l'aboutissement d'une succession de crises dont chacune a son propre signal d'alarme. Pourtant, à défaut d'un système de pré-alerte adéquat, l'aide arrive presque toujours tard. À la différence du séisme qui frappe toujours à l'improviste, la famine survient après plusieurs saisons de déficits céréaliers. Ce qui laisse à penser que le phénomène est prévisible. Malgré cela, l'Afrique éprouve des difficultés à s'extirper des cycles de disettes. Le contexte du Niger interroge à plus d'un titre, dans la mesure où ce pays reste quotidiennement en proie aux affres des crises alimentaires. Cette situation reste prégnante dans les zones rurales comme dans les contrées urbaines. Car, généralement, la famine est un phénomène localisé. Pour surveiller les pénuries alimentaires, il faut tenir compte, avant tout, des conditions locales. Cela nous amène, d'ailleurs, à repenser la place et le rôle du registre préventif dans les politiques de développement local. À ce niveau, même si les systèmes d'alertes précoces ont failli dans leur mission d'anticiper le danger, il n'en demeure pas moins qu'il y a bien eu des signes avant-coureurs non pris en considération. Cela peut se vérifier dans les alertes lancées par les autorités locales dès le mois d'octobre 2004, les greniers ayant alors dû être pleins. Sauf que la mauvaise campagne agricole enregistrée précédemment n'a pas permis aux populations de subvenir à leurs besoins, *a fortiori* de vendre le surplus pour pouvoir rembourser les dettes contractées. Face à cela, les autorités de Gouré avaient lancé un cri d'alarme afin d'alerter le pouvoir de Niamey et la communauté internationale, sans succès. On était alors en janvier 2005. C'était dans une situation de quasi-famine que les Gouréens ont tenu jusqu'à la prochaine campagne hivernale.

Tous ces éléments doivent interpeller les acteurs qui œuvrent dans la gouvernance alimentaire sur les précautions à prendre pour minimiser les risques. La tâche première revient à l'État afin qu'il associe les acteurs locaux, tout en optant pour des stratégies adaptées et véritablement endogènes. Dans de nombreuses situations de crises, l'autorité centrale décide souvent en lieu et place des populations concernées sans compter qu'avec la décentralisation, cette façon de procéder irrite les autorités locales qui se plaignent de n'avoir pas été associées et cela créé des « crises doublon ». Au lieu de s'atteler à résoudre la première crise née d'une catastrophe humanitaire par exemple, les agissements des acteurs provoquent de nouvelles tensions qui viennent s'ajouter aux précédentes comme pour dramatiser la situation.

La connaissance de la culture locale est aussi prégnante dans les politiques de sensibilisation et de prévention des crises alimentaires ou des catastrophes humanitaires. Toutes les stratégies de prévention sont élaborées et conçues depuis Niamey. Les acteurs locaux sont tout simplement écartés ou ne sont informés qu'au moment de la phase opératoire. Or, s'il se trouve que si des méthodes sont en porte-à-faux avec les coutumes locales, cela peut également biaiser l'objectif escompté. Nous l'avions montré précédemment avec l'exemple de la consommation de criquets par les enfants malnutris et que nous préconisions pour combler leur carence en protéine. Les résultats d'une telle stratégie s'étaient avérés infructueux : l'entomophagie n'est pas acceptée au sein des communautés nomades.

8.2.2. La dimension politique des systèmes d'alertes précoces locales

La coordination des secours qui suit les crises humanitaires constitue un élément clef pour comprendre ce qui s'est passé. Les acteurs du DNPGCCA avaient convenu, suite à la réunion du Comté restreint de Concertation (CRC), de mettre en place un projet de prêt face à l'incertitude alimentaire de plus en plus grandissante des ménages ruraux. C'est ainsi que des actions d'urgence ciblées avaient été entreprises. Ces actions consistaient, dans une première phase, à identifier des zones à risque, avant l'acheminement des vivres aux populations concernées par la suite. La localité de Gouré était l'une des plus atteintes puisque 15 %[258] des ménages locaux étaient déclarés en situation de famine alors que *« le déficit de production de céréales n'a pas dépassé 8 % »*[259] sur le plan national en 2005. Dans le même prolongement, il était convenu que les banques céréalières puissent servir de

---

[258] Direction départementale de l'agriculture et de l'environnement de Gouré.

[259] J.-P. OLIVIER DE SARDAN, « Crise alimentaire et malnutrition infantile au Niger : le bilan de la famine de 2005 », *Critique internationale*, n° 37, 2007, p. 3.

rempart à la consolidation de stocks villageois. Mais, face à la pression du Programme alimentaire mondial (PAM) et compte tenu la surmédiatisation des événements de 2005, l'organisation décidait unilatéralement de passer outre, en procédant à des opérations de distributions gratuites de nourriture sur toute l'étendue du territoire national. L'organisme des Nations Unies s'étaient également désolidarisées de toutes les décisions issues du CRC en refusant de livrer les banques céréalières (BC) restant sous sa responsabilité. Cette situation de « désordre » a déstructuré toute la chaîne logistique préalablement établie, en compliquant les opérations de secours sur les différents théâtres des opérations. En se pliant aux injonctions extérieures (Italie), la représentation du PAM au Niger a contribué à exacerber la souffrance des populations à cause de l'effet « doublon » induit : un village peut bénéficier de vivres alors que, dans un rayon de 10 km, les populations d'un autre village continuent à attendre leur tour. Car la mauvaise coordination entre les acteurs a encouragé chaque structure à intervenir de façon solitaire et cela a contribué à créer une vraie anarchie, laissant apparaître des réponses non nécessairement adaptées à la situation.

8.2.2.1. Actions d'urgences inadaptées

Dans la plupart des cas, les procédures d'urgences des agences des Nations Unies, mais également des donateurs libéraux, sont conçues pour contourner les États et reposent principalement sur les ONG internationales. Elles sont intrinsèquement inadaptées à la situation des États africains, de surcroît en paix, et qui, parce qu'ils sont structurellement confrontés aux crises alimentaires, disposent d'outils de prévention et de gestion des calamités, comme c'est le cas du Niger avec le DNPGCCA. Face à de telles circonstances et en contradiction avec les stratégies endogènes, les procédures et les actions « standards » des agences internationales conduisent à des « doublons » coûteux en temps et en ressources. Cela déstabilise les instances techniques et les politiques nationales qui se voient contestées, dépréciées, voire ignorées.

Le Comité sous-régional du Système d'Alerte précoce (CSR/SAP), qui fait office de relais au dispositif, se voyait adouber par un centre d'information indépendant mis en place par le Bureau des Nations Unies pour la Coordination humanitaire (OCHA). De plus, ce centre a les mêmes prérogatives que le CSR/SAP. Selon Elsa Delcombel, conseillère technique au sein du dispositif et témoin de la situation, *« la mise en place des structures de décisions et d'action parallèles a eu un impact très important en termes de déresponsabilisation de l'État. Certaines, d'ailleurs, continuent encore à ce jour comme par exemple " le Groupe sectoriel de concertation sur les interventions d'urgence et de réhabilitation agro-pastorales", cellule intégrée à la FAO. Ces actions font largement doublon, que ce soit sur les thèmes abordés par les participants ou les réunions de concertation que la*

CCA organise avec les ONG, sans que la Cellule Crise alimentaire n'arrive à obtenir une collaboration constructive sur ce point de la part de la FAO ».[260]

Le débauchage temporaire ou définitif de certains salariés du DNPGCCA a considérablement affaibli le dispositif de ses compétences au profit des ONG internationales beaucoup plus attractives sur le plan salarial, d'où les motivations suivantes :

> *« J'ai servi mon pays pendant 20 années, avec de bons et loyaux services. Je suis père de 7 enfants et marié à deux femmes. Vous serrez ébahi si je vous communique ma paie. N'eut été les "je retiens", il serait impossible de faire face aux propres besoins de ma familles. Il faut se le dire : en Afrique, la famille, c'est aussi les cousins, les oncles, les tantes... Que voulez-vous qu'on fasse ? Une opportunité s'était présentée en moi et j'ai pris une indisponibilité Rendez-vous compte que je gagne 5 fois ma paie de la fonction publique avec l'ONG ACF-France. Mettez-vous à ma place. »*

8.2.2.2. Un dispositif très limité face à l'énormité des défis à relever

La vocation première du DNPGCCA est de relever un double défi : prévenir les menaces liées aux crises alimentaires et contenir les situations d'urgences humanitaires, très fréquentes au Niger. Toutefois, l'opérationnalisation de cet outil d'aide à la décision requiert des préalables auxquels le dispositif ne peut se démarquer. C'est ainsi qu'au fur et à mesure que le dispositif fait face aux réalités du terrain, les erreurs ne font que se multiplier. Ces limites se résument à :

- l'ingérence du politique et des autorités coutumières dans la collecte des informations relatives aux systèmes d'alertes précoces ;
- une insuffisance en ressources humaines, matérielles et financières ;
- une négligence des cultures locales dans la mise en œuvre des stratégies ;
- des difficultés pour les bénéficiaires à pérenniser les acquis ;
- un faible financement des banques céréalières ;
- une insuffisance du suivi au niveau régional et sous-régional ;
- une faible implication des élus dans les activités des systèmes d'alertes.

Toutes ces insuffisances constatées découlent des actions antérieures menées sur les différents théâtres d'opérations. En 2005, la crise s'était largement cristallisée au plan national autour de la nutrition et, en particulier, sur la malnutrition aiguë des enfants âgés de 0 à 5 ans dans deux provinces :

---

[260] E. DELCOMBEL, « La gestion de la crise alimentaire au Niger vu de l'intérieur », *Afrique contemporaine,* n° 225, 2008, p. 88.

celles de Maradi et Zinder[261]. Entre temps, le dispositif se préoccupait plus de la situation alimentaire liée à la disponibilité et à l'accessibilité des céréales dans les zones déclarées chroniquement déficitaires. En négligeant l'urgence nutritionnelle qui caractérisait certaines localités reculées, il contribuait à dramatiser une situation humanitaire très fragile. Ce décalage pouvait également être interprété comme la conséquence de l'absence d'une véritable stratégie de santé au plan national, aucun indicateur de suivi nutritionnel, qu'il soit annuel ou saisonnier, n'était opérationnel. Dès lors, les exagérations, les contre-vérités, dans la production des données, entravent toute initiative tendant à mesurer l'ampleur de la situation. À ce niveau, les résultats produits sur le terrain divergent d'un acteur à un autre. Cette situation est corrélée à l'absence de statistiques officielles et à la démission de l'État face à ses obligations régaliennes. D'après les acteurs humanitaires comme le PAM et Helen Keller International (HKI), les données nutritionnelles fournies par les systèmes d'alertes précoces, loin refléter les réalités de terrain, sont parfois contradictoires[262]. Cela complique davantage l'aide à la décision. Au demeurant, la malnutrition avait été l'élément vecteur de la surmédiatisation de la situation de 2005. Mais malgré cela, cette thématique n'avait que peu intéressé.

Cependant, deux questions nous paraissent déterminantes : la première, que nous qualifions de structurelle et à prétention beaucoup plus globale, et la seconde à l'allure conjoncturelle et beaucoup plus concise. Un dispositif dit de prévention et de gestion des crises alimentaires peut-il ignorer la question de la malnutrition dans un pays qui présente l'un des taux les plus élevés en ce domaine (15 %) ?

Dans l'entendement des acteurs, le Dispositif n'est censé intervenir que dans les domaines exclusivement dédiés à la prévention et à a gestion des crises alimentaires. Or, le contexte de 2005, relève d'un système d'ensemble complexe, conséquence d'un dysfonctionnement de l'État qui avait perduré. C'était le cas de la gouvernance nutritionnelle qui ne disposait d'aucune donnée pouvant renseigner l'État sur cette situation. À cet égard, Elsa Delcombel nous rappelle que *« les aspects nutritionnels n'étaient plus suivis depuis de nombreuses années ni par le Système d'alerte précoce (SAP) ni par le ministère de la Santé ni, il faut le souligner, par aucun des*

---

261 Programme alimentaire mondial (PAM) et Helen Keller International (HKI), *Évaluation de base de l'état nutritionnel des enfants de 6 à 59 mois dans les régions de Maradi et Zinder*, rapport sur deux enquêtes, Niamey, avril, 2005.

262 Nous confirmons les résultats de l'enquête menés par le PAM et HKI. Étant nous-même confronté à une pluralité d'informations parfois contradictoires, il nous a paru nécessaire de procéder à la production de nos propres données.

organismes les plus spécialisés en matière de sécurité alimentaire et de nutrition intervenant au Niger »[263].

Cette situation décrivait exactement le modèle à l'aune duquel fonctionnait le DNPGCCA, le dispositif n'ayant pas pour mandat *« la définition de la politique de développement rural et de sécurité alimentaire et nutritionnelle du pays »*[264].

Toutefois, il serait inenvisageable de croire qu'une structure nationale spécialisée dans la prévention et la gestion des crises alimentaires puisse ignorer le volet nutrition. La sécurité alimentaire d'une localité donnée n'explique pas nécessairement la bonne santé nutritionnelle de cette même population dans la mesure où cette thèse n'est pas scientifiquement vérifiée. Crise nutritionnelle et crise alimentaire sont deux choses qui ne sont pas nécessairement liées[265]. Le risque reste fort élevé de passer d'une extrême à l'autre en se fiant à la thèse selon laquelle les malnutritions infantiles au Niger ne sont dues qu'à des déterminants non alimentaires. Ces derniers, comme évoqués par les enquêtés au cours de nos entretiens, sont des aspects pertinents (difficile accès au système de santé, rapprochements des naissances, manque d'alphabétisation, d'eau potable, d'infrastructures de communication, etc.) Cependant, ces mêmes déterminants ont souvent été considérés par nos interlocuteurs comme des facteurs socio-culturels et structurels enchâssés dans les normes sociales locales.

Il existe d'autres anomalies inhérentes à la gestion des biens publics dès lors qu'il s'agit d'évoquer le contexte africain. En ce qui concerne le Niger, à travers la Commission mixte de concertation État/donateurs, le financement du DNPGCCA provient de la seule contribution des bailleurs. Néanmoins, en dépit des dispositions tendant à faire de la transparence la règle dans la conduite des affaires internes, le dispositif n'échappe pas à la mal-gouvernance. Ainsi, tout récemment, un journal de la place vient de révéler une malversation financière d'une aide consentie par l'Union européenne (UE), estimée à plusieurs milliards de francs CFA. Le suspect serait retraité. Le quotidien nigérien *Monde d'aujourd'hui* [266] nous apprend qu'en plus de son rang de Conseiller spécial du Premier ministre, le suspect était pressenti pour occuper un poste à responsabilité au sein du dispositif. Mais face au refus catégorique des acteurs du Comité restreint de concertation, notamment de l'UE, le Conseiller à la primature s'était reconverti en consultant pour accéder au fonds.

---

[263] E. DELCOMBEL, « La gestion de la crise alimentaire de 2005 vu de l'intérieur », *Afrique contemporaine*, n° 225, 2008, p.83.

[264] *Ibid.*

[265] J.-F. CAREMEL, « Mesurer la malnutrition infantile au Niger. Entre révolution thérapeutique et transformations de la métrique des corps », *Ethnologie française*, n° 1, 2015, pp. 95-107.

[266] N° 144, 25 octobre 2015, pp. 1-12.

« Face au refus catégorique des Européens du fait que le Monsieur serait trop âgé pour bénéficier d'un contrat, on a pu leur imposer cet homme sous la formule de Consultant. Ce qui fait que notre Monsieur, outre sa pension de retraité, bénéficie de deux autres salaires mensuels, sans être à la hauteur de la tâche qui lui a été confiée. »[267]

Ces intrusions politiques dans les affaires internes du dispositif fragilisent son fonctionnement en portant atteinte à ses objectifs.

L'autre handicap qui perturbe le bon fonctionnement du DNPGCCA est son manque de réactivité face aux situations d'urgence. Les différentes expériences l'ont montré. Cet élément peu flatteur d'un organe qui se veut garant dans la prévention et la gestion des calamités interroge à plus d'un titre. À côté de cet inconvénient, viennent s'ajouter des querelles de leadership entre les acteurs, des logiques clientélistes, etc. Cette situation fragilise considérablement le souci d'efficacité, essentiel dans la prise en charge des situations de grande détresse.

Enfin, le volet coordination constitue le pivot dans une équipe aux profils diversifiés. Si la crise en 2005 a dégénéré en catastrophe humanitaire, c'est qu'il y a eu des failles dans la chaîne informationnelle des acteurs. Dès novembre 2004, le dispositif avait alerté les donateurs sur les risques de crise alimentaire à cause de la mauvaise campagne hivernale enregistrée. Il a fallu attendre juin 2005, soit sept mois après l'alerte, pour qu'enfin les autorités publiques se rendent compte de la gravité de la situation nutritionnelle dans un premier temps et alimentaire dans un second. À côté du mépris politique vient s'ajouter l'absence de statistiques officielles. Cette situation a compliqué la tâche des acteurs car le DNPGCCA n'avait pas su identifier ni mobiliser l'expertise, interne comme externe, qui lui aurait permis d'interagir avec les autres partenaires.

Les événements de 2005 résultent plus des mécanismes du marché que de la sécheresse. Cette situation peut être comprise comme la conséquence de l'inadéquation entre une offre stable et une hausse brutale de la demande, essentiellement due à la flambée des prix sur le marché céréalier régional. Or, les systèmes d'alertes précoces ne sont pas adaptés à anticiper une pareille situation.

La situation qui a sévi dans le département de Gouré et, au-delà, sur l'ensemble du Niger a été un révélateur. Les pays du Sahel connaissent de profondes mutations liées à la mondialisation, à l'intégration régionale, aux transitions démographiques, à la gouvernance de santé et enfin aux nouvelles règles qui organisent le foncier. Face à ces déterminants majeurs qui bouleversent l'organisation sociétale, viennent se superposer les logiques clientélistes et clanistes des acteurs sociaux.

---

[267] Affaire de détournement des fonds de l'union européenne à la primature : Il s'agit, en fait, de plusieurs milliards de francs CFA, voir *Le Monde d'aujourd'hui*, n° 144, février, Niamey, 2015, p. 4.

QUATRIÈME PARTIE

La gouvernance alimentaire à l'épreuve des enjeux politiques

Depuis les indépendances, la question de la gouvernance alimentaire a toujours été au centre de l'agenda politique du gouvernement nigérien, comme l'attestent les trois politiques majeures qu'il a élaborées en vue de conjurer le problème de la faim. Des années 1960 à la décennie 1970, la politique s'articulait autour de la problématique de l'autosuffisance alimentaire. Est venue, ensuite, une stratégie fondée sur la rhétorique de la sécurité alimentaire, qui a rythmé les politiques publiques des années 1980 jusqu'à l'avènement du multipartisme des années 1990. Depuis lors, la question du modèle de gouvernance alimentaire est soumise aux conditionnalités des bailleurs de fonds. Les programmes d'ajustement structurel et leurs « systèmes de normes » pour paraphraser Jean-Pierre Olivier de Sardan, ont rendu inefficaces les actions de développement visant à enrayer les famines. Face à cette inertie, l'État a décidé d'expérimenter d'autres modèles de développement à l'exemple de l'Initiative 3N (les Nigériens nourrissent les Nigériens). Selon les promoteurs de ce dispositif d'intervention des actions publiques, l'initiative 3N innove car elle prend en considération les enjeux du moment : l'environnement, la culture locale alimentaire, mais également les déterminants écologiques. Comme il convient de le constater, le point commun de tous ces « modèles d'expérimentation » est d'aboutir à une seule finalité : réduire, voire éradiquer, la faim sous toutes ses formes.

Qu'est-ce qui explique l'infertilité et l'inadéquation des politiques publiques en matière de gestion des crises alimentaires ? S'agit-il d'une fatalité à laquelle les Nigériens doivent se résigner ? En résumé, cette partie fait siennes des questions précédemment évoquées tout en essayant d'apporter, autant que faire se peut, des réponses appropriées.

CHAPITRE 9

Les stratégies publiques d'évitement

L'insécurité alimentaire a toujours été une préoccupation majeure pour les gouvernants. Les stratégies qui sous-tendent les politiques de développement agricoles au Niger demeurent marquées par des cassures dans la mise en œuvre des politiques dédiées à la sécurité alimentaire. Cette explication est la résultante de la faiblesse des États africains, et singulièrement du Niger, à mener jusqu'à son terme des politiques publiques. Avec l'instabilité politique qui se donne à voir dans la succession des différents régimes, chaque gouvernement, une fois aux affaires, préfère défaire tout ce qui a été précédemment accompli, quitte à retarder le pays. Malheureusement, la gouvernance alimentaire n'échappe pas à cet état de fait dans la mesure où chaque régime a son programme pour mettre les Nigériens à l'abri de l'insécurité alimentaire.

9.1. Les conditions d'une souveraineté alimentaire encore laborieuse

Permettre au continent africain d'accroître sa production agricole reste aujourd'hui une nécessité absolue. Satisfaire cette condition implique la libre circulation des personnes et des biens par la suppression de toutes les barrières à l'exportation des produits agricoles, mais aussi par la revalorisation au juste prix de ces produits sur les différents marchés internationaux. Le cas le plus emblématique est celui du coton : dix millions de producteurs sahéliens, au Mali, au Burkina, au Niger, au Bénin ou au Tchad sont privés d'une partie de leurs revenus par la chute des prix consécutive aux aides massives accordées par les pays du Nord, et notamment les subventions des États-Unis à leurs filières coton[268]. Or, il y a

[268] S. BRUNEL, *L'Afrique, un continent en réserve de développement*, Paris, Bréal, 2004.

lieu de noter, par exemple au Burkina Faso, que la production cotonnière représente 40 % des sources de revenus des producteurs[269].

Aux dispositions commerciales doit s'ajouter le renforcement de la recherche agronomique au profit d'une agriculture de développement : promouvoir la petite agriculture familiale paysanne par la formation, le soutien des prix, la mise à disposition de variétés améliorées plus productives, tout cela peut permettre à l'Afrique, qui dispose de potentialités agricoles énormes, de vaincre la fausse fatalité de la faim, de la malnutrition, dans un continent qui pourrait devenir un des greniers du monde à condition de promouvoir la bonne gouvernance. La faiblesse de la plupart des pays États africains renforce la vulnérabilité des paysanneries. De nombreux organismes, qui jouaient un rôle primordial dans l'aménagement du territoire, ont été laminés au cours de la dernière décennie par les politiques d'ajustement structurels. Les paysans sont laissés à eux-mêmes face aux multinationales beaucoup plus puissantes. Dans ces conditions, l'Afrique subsaharienne risque de connaître des lendemains incertains. L'agriculture est donc victime de choix politiques pas nécessairement adéquats pour son épanouissement.

Au Niger, les préoccupations demeurent les mêmes : les motivations politiques expliquent les difficultés qu'éprouve ce pays à asseoir des politiques publiques efficaces et adaptées dans le domaine de la sécurité alimentaire. Il suffit d'observer avec attention la place réservée aux stratégies agricoles dans les pays africains pour se convaincre du peu sérieux qui animent ceux-ci. Cette réalité se voit, dans un premier temps, dans l'extrême frivolité avec laquelle les gouvernements élaborent et mettent en œuvre les politiques dédiées à la sécurité alimentaire. Dans un second temps, même une fois balisées, ces politiques n'ont jamais été exécutées jusqu'à leur terme. D'ailleurs, sous cet angle, les perceptions des acteurs divergent selon que l'on appartient à tel ou tel positionnement. Tantôt les choix des stratégies ne requièrent pas l'assentiment des acteurs, tantôt les motivations politiques supplantent les véritables aspirations des populations.

La gouvernance alimentaire, en Afrique comme au Niger, interroge au regard des pratiques qui font cours actuellement. C'est pourquoi le malaise reste intimement lié à la conception de gouvernance que se font les Africains. Si, en Occident, la notion d'État rime avec la continuité dans la gestion des politiques publiques, en Afrique, la tonalité est tout autre, d'autant plus que l'État change de politique à chaque fois qu'intervient un changement de régime. Cette « cassure » dans la conduite des affaires publiques pénalise les efforts tendant à inscrire la logique du développement dans la durée. L'exemple auquel nous nous référons soulève l'impérieuse question des politiques dédiées à la sécurité alimentaire au Niger. De 1960,

---

[269] *Ibid.*

l'année à laquelle le pays accéda à l'indépendance jusqu'à nos jours, les stratégies qui font la promotion de l'indépendance alimentaire sont aussi nombreuses qu'inefficaces puisqu'aucune d'entre elles n'a véritablement porté ses fruits.

9.2. Les pouvoirs publics peinent à traduire des idées en priorités d'actions

Les politiques dédiées à la sécurité alimentaire ont connu plusieurs mutations, au gré des soubresauts politiques propres à chaque pays sahélien. D'après nos lectures, le Niger a testé pas moins quatre stratégies rien que pour le seul volet insécurité alimentaire. Ainsi, dès l'accession à son indépendance, les gouvernants de l'époque s'étaient engagés à libéraliser l'agriculture en optant pour la culture de rente au détriment de l'agriculture vivrière. Une telle stratégie s'expliquait par la forte production arachidière qui caractérisait les années 1960-1970. En son temps, ce produit constituait une source de devise non négligeable pour l'économie. En plus du commerce arachidier, le pays profitait de ses riches gisements d'uranium qui représentaient près de 80 % des recettes du budget national. Cette situation avait favorisé l'implantation de la Société nationale des Produits arachidiers (SONARA) pour développer le flux des transactions entre le Niger et ses voisins, dont le Nigéria qui était son principal marché d'écoulement. Le souci du Niger était également de combler le *gap* de sa balance commerciale déficitaire du fait des chocs climatiques et alimentaires des années 1970[270]. Mais la grave crise alimentaire de 1973 au Sahel obligea les autorités à changer de politique héritée de la colonisation.

Devant l'ampleur de la situation et, surtout, face à l'incapacité des autorités de l'époque à contenir le phénomène, l'Armée prenait le pouvoir en destituant le premier régime démocratique du président Diori Hamani. C'était le coup d'État qui porta le Général Seyni Kountché au pouvoir en avril 1974. Dès leur arrivée, les nouvelles autorités élaboraient une nouvelle stratégie fondée sur l'auto-suffisance alimentaire. Celle-ci prônait l'intensification des cultures de contre-saison en vue d'asseoir la disponibilité alimentaire en toute période de l'année. L'État s'était illustré par l'accompagnement du monde rural en intrants agricoles et produits de semence. C'est ainsi que la production de produits agricoles comme le mil, le sorgho, le maïs et le niébé connurent des chiffres record dans les régions de Maradi, Zinder et Tahoua. La pluviométrie, par ailleurs, a une durée courte et en général, n'excède pas trois mois. Or, les productions agricoles qui découlent de la seule période hivernale s'avèrent nettement en deçà des besoins pouvant couvrir toute l'année. Conscients de ces enjeux, les

[270] En 1973, le Niger connut une terrible famine qui conduisit au changement de régime.

gouvernants de l'époque initièrent la construction d'aménagements hydro-agricoles avec l'appui des bailleurs de fonds. Cette stratégie de promotion de l'irrigation avait conduit à la mise en valeur de plusieurs centaines d'hectares de terre. Cette action avait permis d'accroître la production vivrière. Dans le même temps, le flux d'exode de la main-d'œuvre agricole diminua, beaucoup restant occupés même en période de saison sèche. Cette situation redonna à l'État l'espoir d'atteindre une auto-suffisance alimentaire. Mais, au fil du temps, l'espoir céda la place à la désolation avec la grave sécheresse de 1984 qui décima presque l'ensemble du cheptel. Ce fut la désillusion : longtemps, les gouvernants avaient cru que les cycles de famines appartenaient au passé. Face à cette déchéance, l'État requalifia sa politique de développement agricole en priorisant une approche systémique dans l'analyse des situations de pénurie alimentaire.

Les nouvelles orientations stratégiques en la matière et leurs modalités d'applications ont abouti à une vision stratégique et globale : les Principes directeurs de la politique du développement rural (PDPDR). Cette politique considère la redondance des famines comme une question transversale, et les réponses doivent également revêtir une approche intégrée. De plus en plus, les déterminants des disettes laissent présager d'autres paramètres, qu'il faut prendre en considération comme l'accessibilité et la disponibilité des denrées sur le marché céréalier.

Cependant, cela ne doit pas éluder des facteurs traditionnels dans la survenance des crises de subsistance tels que la sécheresse, la dégradation des ressources naturelles, la démographie galopante : de ce PDPDR découlent les grandes orientations qui s'articulent autour de la prise en compte des intérêts de tous les acteurs ruraux et de la nécessité d'intégrer la problématique « sécurité alimentaire » dans les programmes et projets de développement. Dans le même cadre, le gouvernement du Niger avait accordé une attention toute particulière aux questions comme : la disponibilité, la stabilité et l'accessibilité des denrées de première nécessité dans l'optique de minimiser les risques de famine. C'est dans cette optique que s'est inscrite la stratégie opérationnelle de sécurité alimentaire (SOSA). Selon ses initiateurs, cette action visait à combler les écarts constatés dans la mise en œuvre des précédentes politiques agricoles. L'absence de cohérence entre la politique de prévention et d'atténuation des crises alimentaires et les politiques sectorielles de développement à moyen et long termes expliquent l'échec des dispositifs mis en œuvre sur le terrain. Dans ce prolongement, plusieurs stratégies confortent cette hypothèse dans la mesure où la SOSA, considérée comme une innovation en son temps, s'était soldée par un fiasco dans sa mise en application. L'échec à ce niveau était la résultante de la non-prise en considération de l'approche communautaire, comme élément essentiel dans l'exécution de ladite approche. L'effet de la globalisation n'épargne aucun volet du développement : malgré les différences de variables d'un milieu social à un autre, les modèles retenus prennent l'allure de programmes communautaires, très souvent imposés par les partenaires techniques et financiers. Au risque de s'isoler de la communauté des nations, le Niger aurait tout intérêt à se conformer au « système de normes » en vigueur pour ne pas heurter les conditionnalités des bailleurs de fonds : *« Du fait de la dépendance envers la rente du développement dans les pays sous régime d'aide, ces normes importées sont néanmoins acceptées sans mot dire par les divers bénéficiaires de la chaîne de délivrance. »*[271] Cela en totale contradiction avec les systèmes de représentations qui organisent la gouvernance alimentaire locale.

L'expérience SOSA s'était logiquement avérée un échec puisque les résultats attendus étaient en deçà des attentes. Cette situation a conduit les gouvernants à tester une nouvelle gouvernance dénommée : "Programme complet de sécurité alimentaire" (PCSA).

À travers cette politique, les gouvernants entendaient instaurer un programme cadre de lutte contre l'insécurité alimentaire sous l'égide de la FAO. Le programme est conçu pour intervenir à deux niveaux : dans les zones à haute potentialité productive, et dans les zones à risque majeur en faveur des groupes les plus vulnérables.

En 2001, c'était autour de la stratégie nationale de sécurité alimentaire (SNA). Cette action découlait du cadre national adopté par les pays membres du CILSS. *« L'objectif est d'assurer à tous les Nigériens, à tout moment, l'accès aux aliments nécessaires pour mener une vie saine et active, en créant les conditions d'une sécurité alimentaire structurelle durable et en renforçant la capacité de la région en matière de prévention et de gestion des crises alimentaires. »*[272]

L'élaboration de la stratégie de réduction de la pauvreté (SRP), adoptée par le gouvernement en 2002, donne une nouvelle impulsion à la politique de sécurité alimentaire en intégrant la pauvreté au centre de toutes les réflexions dédiées à la problématique des famines. Désormais, dans les actions de développement que le Niger entend promouvoir pour garantir cette sécurité, la lutte pour le rehaussement du pouvoir d'achat des ménages est plus que jamais nécessaire pour pallier la question de l'accessibilité aux produits de première nécessité. Cette situation n'est envisageable que si *« les actions de développement reposent sur l'amélioration des conditions économiques des pauvres à travers des activités génératrices de revenus susceptibles d'assurer la sécurité alimentaire. Cette stratégie consacre l'appui au renforcement des capacités institutionnelles de l'État et de la société civile »*[273].

---

[271] J.-P. OLIVER DE SARDAN, « La manne, les normes et les soupçons. Les contradictions de l'aide vue d'en bas », *Revue Tiers Monde,* n° 219, 2014, p. 198.

[272] Niger, Cabinet du Premier ministre, *Stratégie nationale de sécurité alimentaire*, Niamey, 2001.

[273] Niger, Cabinet du Premier ministre, *Stratégie de réduction de la pauvreté*, Niamey, 2005.

L'aboutissement du document cadre de Programme de Développement économique et social (PDES) a fini par déboucher sur un nouveau programme de développement agricole intitulé : Initiative 3N (i3N) (les Nigériens nourrissent les Nigériens). Les orientations qui gouvernent cette politique reposent essentiellement sur la gouvernance alimentaire et nutritionnelle. Elles découlent d'un constat sur un certain nombre d'obstacles à franchir pour être à l'abri de la faim. En délimitant son champ d'action, l'i3N ne s'est pas uniquement cantonné au ciblage des défis à relever mais également aux moyens d'actions pour parvenir à l'objectif fixé. C'est dans cette logique que nous allons montrer qu'i3N, en tant que stratégie d'action, demeure bien une réponse adaptée aux famines récurrentes qui se donnent à voir au Niger. Par contre, son appropriation politique par l'élite dirigeante met à mal sa mise en œuvre en tant que politique de lutte contre les pénuries. Cet état de fait est la conséquence des réticences de nombreux acteurs à adhérer à une telle initiative, compte d'un déficit de communication.

9.3. L'Initiative « 3N » : entre espoir et désenchantement

Les stratégies qui découlent de la mise en œuvre de l'initiative i3N résultent d'un constat : la persistance de l'insécurité alimentaire dépend d'un certain nombre d'éléments socio-culturels auxquels l'État doit s'atteler pour minimiser les risques de famine. Ainsi, i3N se veut être un socle d'échanges et d'expériences sur lequel tous les acteurs s'engagent à promouvoir une bonne gouvernance alimentaire et nutritionnelle. Pour ce faire, l'i3N a délimité ses priorités d'actions en se donnant un certain nombre d'objectifs à atteindre. De ces objectifs, résultent six points considérés comme des axes majeurs de développement.

9.3.1. Nourrir une population de plus en plus nombreuse et citadine

Le Niger compte quelque 18 millions de personnes en 2015[274]. Les projections démographiques indiquent que les Nigériens dépasseraient le cap de 22 millions en 2020 avec autant d'urbains que des ruraux[275]. Si les systèmes de productions ruraux actuels se maintiennent, la première conséquence de la croissance démographique est sans doute une pression de plus en plus forte sur les ressources naturelles et un morcellement des terres avec le risque que les terres arables ne suffiront plus à couvrir les besoins alimentaires. En guise d'illustration, les superficies cultivées entre 1980 et

---

[274] D'après l'Institut national des statistiques du Niger.

[275] J.-P. DARRÉ, *L'Invention des pratiques dans l'agriculture : vulgarisation et production locale des connaissances*, Paris, Karthala, 1996.

2006 se sont drastiquement amoindries de 20 %, en passant de 0,55 ha à 0,44 ha[276] par ménage agricole. Et, dans le même temps, les personnes qui composent ces ménages ont presque doublé allant de cinq individus en moyenne par ménage à huit. Cela interroge au regard de la situation alimentaire des Nigériens.

9.3.2. Satisfaire une demande fourragère en constante augmentation

L'élevage constitue la seconde mamelle de l'économie nigérienne. Le dernier recensement du cheptel réalisé en 2008 a estimé la valeur du capital à plus de 2 000 milliards de francs CFA. Le même document indique que cette activité contribue à hauteur de 15 % du produit intérieur brut[277]. Cette activité constitue un maillon essentiel pour la promotion de la sécurité alimentaire et de la lutte contre la pauvreté. Toutefois, malgré les immenses potentialités dont regorge ce pays, le bilan fourrager n'est pas satisfaisant.

L'autre difficulté à laquelle fait face l'élevage au Niger reste l'absence d'un appui technique et financier, pouvant moderniser les différentes chaînes de délivrance. Par exemple, le Niger est le pays qui dispose le grand nombre de bétail dans la sous-région mais tarde à disposer d'un abattoir moderne, indispensable à l'exportation.

9.3.3. Améliorer le pouvoir d'achat des ménages

Certains ménages éprouvent beaucoup de difficultés à accéder aux denrées de première nécessité alors que, très souvent, la disponibilité alimentaire est bien effective. Cette situation est consécutive à l'appauvrissement continu des ménages. Nos propres données de terrain confirment cette hypothèse. Sur les 350 ménages enquêtés, 105 d'entre eux consacrent plus des deux tiers de leurs revenus au budget alimentaire. En d'autres termes, pour un revenu mensuel de 100 000 francs CFA (équivalent de 150 euros), les chefs des ménages concernés dépensent 70 000 francs CFA (ou 100 euros) rien que dans l'alimentation de la famille. Or, depuis deux décennies, le pouvoir d'achat stagne, voire s'effrite, avec la dévaluation et le coût de la vie de plus en plus insupportable pour les revenus modestes. Ces données sont confirmées par des études déjà réalisées sur le plan national par plusieurs organismes tels que l'Institut national des statistiques, le Programme alimentaire mondial ou encore la Banque mondiale[278].

---

[276] J.-P. JACOB et Ph. LAVIGNE DELVILLE (sous la dir. de), *Les Associations paysannes en Afrique, organisations et dynamiques*, Paris, Karthala, 1994.

[277] République du Niger, ministère de l'Élevage et des Industries animales, *Bilan des réalisations physiques et financièresdu ministère de l'Élevage et des industries animalesde 1999 à 2009*, Niamey, 2009.

[278] Institut national des statistiques, *Étude sur la qualité de la dépense publique au Niger et son impact sur la croissance économique et l'emploi*, Niamey, 2015.

9.3.4. Revoir les mécanismes de régulation des marchés céréaliers

La libéralisation du marché céréalier dans l'optique de réguler l'offre et la demande n'a pas toujours répondu aux attentes des décideurs publics. Les difficultés alimentaires de 2005 et 2010 illustrent parfaitement les limites d'un mécanisme qui n'est pas nécessairement transposable dans n'importe quel contexte de crise. Pour ce faire, d'autres mécanismes doivent être envisagés pour limiter les risques d'un embrasement général des marchés céréaliers.

9.3.5. Intégrer les impératifs écologiques

L'i3N innove car, dorénavant, toutes les stratégies nationales visant la lutte contre la faim passent par l'appropriation de considérations écologiques, afin de mieux situer les enjeux des changements climatiques dans les situations d'instabilités alimentaires. Avec un écosystème fragile, l'économie nigérienne éprouve beaucoup de difficultés à absorber les situations qui découlent des chocs climatiques.

9.3.6. Encourager les acteurs au changement des comportements

Dans le contexte actuel, la pauvreté et l'insécurité alimentaire ne sauraient être expliquées par les aléas climatiques et la rudesse de la nature. D'autres facteurs comportementaux et sociaux ont entretenu cette situation. Ainsi, la corruption, le manque de conscience professionnelle, l'attentisme, l'émergence d'une culture d'assistanat et certaines habitudes alimentaires ont favorisé ce climat. Pour une évolution des mentalités et un changement profond des comportements, la sensibilisation et la communication constituent des mécanismes à encourager. La promotion du travail productif à l'attention d'une jeunesse désœuvrée et oisive doit être également valorisée.

Cette stratégie de développement agricole cadre théoriquement aux réalités socio-culturelles du Niger. Tous les axes que l'i3N s'attèle à faire sienne dans sa thématique d'action nous semblent réalistes et opportuns. Toutefois, les réticences observées s'expliquent par la faible implication des décideurs à associer les principaux acteurs du monde rural, particulièrement les organisations paysannes et les structures dédiées à la société civile. Outre cet aspect marginalisant, l'initiative 3 N est aussi victime de son appropriation politique. Elle est beaucoup plus médiatisée qu'appliquée. Quatre ans après son institutionnalisation, peu de choses sont à noter sur le terrain. L'insécurité alimentaire perdure et les Nigériens continuent d'être confrontés aux affres de la faim. Les cultures de contre-saison tardent à être vulgarisées. Les rares aménagements qui sont opérationnels ne sont exploités que par des groupements qui ont des accointances avec l'élite politique. D'autres structures paysannes ignorent les procédures à suivre pour bénéficier des crédits ou d'autres avantages liés à cette stratégie qui promeut la sécurité alimentaire. Cet enquêté, responsable d'une organisation paysanne, expose sa perception des choses :

> *« L'Initiative 3N revêt plus un caractère chimérique qu'une action visible. Je suis le responsable de la coopérative* inganci *qui regroupe plus de 100 familles dans la localité de Zinder. Mais, je l'avoue beaucoup de ces paysans n'entendent l'initiative qu'à travers les ondes sans pouvoir être en mesure de dire aux gens en quoi cette stratégie consiste. Personnellement, j'aurais menti si je vous disais que je méconnais cette politique. Par contre, nombreux sont ces paysans analphabètes et qui ne comprennent rien à l'i3N. Ces mêmes personnes n'ont senti aucun changement dans leur quotidien, si ce n'est que les choses évoluent du mal en pire. Je vais finir en disant qu'il est difficile, de nos jours, de convaincre un villageois, même analphabète, avec le discours ! Il en a tant entendu qu'il s'est désillusionné »*

À l'image de la stratégie dite 3 N, nombre d'actions de développement en Afrique souffrent des écarts entre ce qu'elles sont censées être à leur phase d'élaboration et ce qu'elles deviennent concrètement, une fois mises en œuvre. C'est à juste titre qu'Olivier de Sardan qualifie ces écarts d'*implementation gap*. L'auteur poursuit en affirmant que *« tout dispositif d'intervention (toute politique publique) est soumis à des formes locales de réinterprétations, détournements, ou désagrégations, et subit des dérives dues à l'interaction de logiques sociales diverses, souvent divergentes, parfois opposées, sous-tendant les comportements des divers groupes stratégiques qui se confrontent autour de sa mise en œuvre »*. Et d'ajouter : *« Mais les écarts entre une politique publique sur le papier et une politique publique sur le terrain, entre son système de normes et les normes locales, sont plus ou moins grands, plus ou moins significatifs, plus ou moins visibles. »*[279].

En plagiant une réalité sociale qui reflète le modèle des stratégies de développement incarnant la plupart des politiques publiques, l'exemple de la mise en œuvre du dispositif i3N répond aux préoccupations évoquées. L'application de cette stratégie visant à promouvoir l'autosuffisance alimentaire pose cependant autant d'ennuis aux pouvoirs publics que d'interrogations au sein des principaux acteurs. Nous nous limitons aux seuls obstacles d'ordre structurel pour appréhender les goulots d'étranglements qui mettent à mal la mise en œuvre de ces programmes. D'abord, il y a lieu de noter que le Haut-commissariat à l'initiative 3N, qui fait office de dispositif de coordination, d'animation et de suivi-évaluation, n'est visible qu'à Niamey. Or, la population cible censée promouvoir cette sécurité demeure le monde rural. Ensuite, toutes les initiatives sont prises depuis le

---

[279] J.-P. OLIVIER DE SARDAN, « La manne, les normes et les soupçons. Les contradictions de l'aide vue d'en bas », *Revue Tiers Monde*, n° 3, 2014, p. 200.

siège (Niamey). Cela ressemble plus à une décision qu'à une initiative qui se veut pourtant endogène. Cette façon d'appréhender le développement ne fera que creuser l'écart entre les développeurs et les développés à l'heure où beaucoup d'acteurs se penchent sur le levier du développement local en associant davantage les populations bénéficiaires. Cela incite les acteurs locaux à se sentir peu (ou pas) impliqués, d'où les réticences de ces derniers à coopérer.

L'exemple du département de Gouré fait écho au refus de certains groupements paysans d'adhérer à la nouvelle stratégie malgré les dures réalités de famines qui touchent, chaque année ou presque, les habitants. Les motivations avancées par ces populations demeurent les mêmes : clanisme, clientélisme, favoritisme... D'après ce responsable d'un groupement paysan qui a voulu garder l'anonymat, l'initiative 3N relève plus d'un caractère politique que d'une stratégie de développement :

> *« Les autorités locales ont tendance à favoriser les groupements paysans prêts à faire allégeance au diktat des partis de la majorité au pouvoir pour espérer se faire aider en intrants agricoles ou bénéficier des tracteurs. La dernière fois, c'est le Préfet en personne qui a organisé une réunion avec les délégués des organisations paysannes pour leur faire savoir l'imminence des échéances électorales. Pour les délégués absents, le préfet laisse entendre qu'ils apprendront à leurs dépens. Depuis 2011 on nous parle de l'i3N mais jusqu'ici, rien de concret. Ce qui nous chagrine le plus, c'est la promotion au gré de l'appartenance politique des individus. Il suffit de plaider la cause " guriste "*[280]*, pour qu'un bailleur se manifeste en se portant garant auprès d'une banque. Les tracteurs sont cédés à crédits et les banques n'avancent jamais de fonds sans garantie. »*

Cet extrait traduit la prégnance du favoritisme, du clientélisme et même du clanisme érigés en mode de gestion des affaires publiques. Cette posture rejoint celle de Giorgio Blundo et de Jean-Pierre Olivier de Sardan qui décrivent la culture bureaucratique de la plupart des administrations africaines comme *« un système [...] complètement perverti par la domination du favoritisme aux dépens des critères de compétence ou d'efficience »*[281]. Cette manière de promouvoir la gouvernance des politiques publiques est soumise aux aléas sociaux, voire culturels, et opère « *depuis les nominations et les affectations jusqu'à la délivrance des services aux usagers en passant par les stages et les formations, le piston, le copinage et la recommandation se trouvent au cœur des pratiques, et ce, de façon routinière et généralisée »*[282]. Ainsi, en érigeant l'appartenance partisane

---

[280] Slogan du parti au pouvoir lors des campagnes électorales passées qui signifie *ambition* en langue haoussa.

[281] G. BLUNDO et J.-P. OLIVIER DE SARDAN, « La corruption au quotidien », *Politique africaine*, n° 83, 2001, p. 14.

[282] *Ibid.*

comme critère d'éligibilité pour accéder aux crédits ou bénéficier des tracteurs, l'initiative 3 N serait victime de son appropriation politique, Parce qu'en l'état, certains acteurs se sentant exclus n'épousant pas la même pensée que celle de l'élite au pouvoir.

L'autre aspect sur lequel il y a lieu de s'appesantir est la désagrégation de nombreux États africains avec les politiques d'ajustement structurel imposés par les bailleurs de fonds : *« De profonds changements ont ainsi affecté les conditions d'octroi, de drainage et de répartition de la rente du développement et des financements internationaux : le volume de l'aide publique décline, les conditions pour accéder à l'aide multilatérale sont de plus en plus fortes, les destinataires de l'aide ne sont plus uniquement les services de l'État. Par conséquent, et c'est une des facettes de la crise de l'État en Afrique, les États africains contemporains ne sont pas ou plus en mesure de drainer ou de contrôler une partie significative des flux Nord-Sud, du fait de la méfiance qu'ont désormais à leur égard les bailleurs. »*[283] Sans oublier les acteurs locaux, en particulier les autorités communales beaucoup plus imprégnées des préoccupations des populations concernées que les représentants de l'État central qui ne sont là que pour exécuter les directives de Niamey. L'avènement de la décentralisation débouche sur une nouvelle forme de gouvernance où les acteurs locaux arrivent à se départir de l'autorité du pouvoir central à travers le jeu de stratégies de contournement.

---

[283] T. BIERSCHENK, J.-P. OLIVIER DE SARDAN, J.P. CHAUVEAU, *Courtiers en développement, les villages africains en quête de projets*, Paris, APAD-Karthala, 2000, p. 11.

CHAPITRE 10

Les stratégies locales de résilience

Les contextes de crises sont toujours assortis d'épreuves obligeant les populations concernées à être plus inventives en termes d'adaptabilité. Ces aptitudes se traduisent par un changement continu tant dans le mode d'allocation et d'utilisation des ressources des ménages que dans les comportements alimentaires. La situation de 2005 a montré que, malgré les contraintes du milieu auquel on appartient, les stratégies d'adaptation ont dans une moindre mesure su contenir les effets pervers. Ces stratégies de contournement propres à la zone d'étude (d'où l'appellation "stratégies locales de contournement") sont nombreuses.

10.1. Les systèmes traditionnels d'élevage nomade

Ces pratiques incluent la mobilité, la diversification, la maximisation et le partage des troupeaux. Deux types de mobilités sont à préciser en pareille circonstance. La première consiste dans l'utilisation des ressources et constitue une réponse à l'incertitude relative à la disponibilité de l'eau et du fourrage. La seconde admet l'évitement des crises de sécheresse en optant pour la transhumance vers les zones beaucoup plus propices au pastoralisme.

10.2. La diversification des troupeaux

Cette technique consiste à élever simultanément plusieurs espèces animales puisque cela minimise le risque d'une contagion lors d'une épidémie. De plus, le troupeau joue un rôle important en tant que capital-risque dans les campagnes reculées car, en Afrique, beaucoup des villages ne possèdent pas de banques.

10.3. Le partage des troupeaux

Cette stratégie est perceptible durant la période où la fréquence des sécheresses est relativement importante. Du coup, les populations avec la contribution des bailleurs de fonds s'impliquent dans la création de petits groupes de troupeaux de façon à réduire la pression sur les fourrages. Cela contribue à la préservation des aires pastorales, surtout que la régénérescence du pâturage dans la même année est pratiquement impossible à cause de l'aridité du climat. Toutefois, d'autres stratagèmes se font dans les situations de grande pénurie alimentaire.

Outre ces stratégies précédemment décrites, il y a lieu de faire ressortir d'autres formes de réponses qu'utilisent les populations locales face à ces situations de crises alimentaires. C'est ainsi que les stratégies de survie couramment appliquées pour contourner les périodes de difficultés alimentaires indiquent des nuances selon qu'on appartient à tel ou tel groupe communautaire.

Tableau IX : Comparaison des stratégies de survie en zones haoussa et zarma

Priorités	Stratégie en zone haoussa	Stratégies en zone zarma	Stratégie des femmes haoussa	Stratégies des femmes zarma
Une	Salariat agricole (local)	Exode d'un membre de la famille	Petit commerce	Vente d'animaux
Deux	Vente d'animaux	Vente d'animaux	Vente d'animaux	Jardinage
Trois	Autres activités commerciales	Salariat agricole	Salariat agricole	Petit commerce
Quatre	Consommation de plantes sauvages	Activités génératrices de revenus	Aide et solidarité	Vente de biens personnels
Cinq	Recours à la solidarité	Consommation de plantes sauvages	Jardinage	Aide et solidarité
Six	Liquidation de biens personnels	Recours à la solidarité	Rien	Rien
Sept	Exode	Aide de l'état et des ONG	Rien	Rien
Huit	Aide de l'État	Liquidation de biens personnels	Rien	Rien
Neuf	Consommation des dernières réserves alimentaires	Consommation des dernières réserves alimentaires	Rien	Rien

Source : Donnée de terrain.

D'une manière générale, jusqu'à une époque récente, les stratégies locales sur lesquelles la population prend appui lors des situations de pénurie de subsistance n'ont pas connu une évolution significative. L'impact négatif des effets du changement climatique a mis à rude épreuve le quotidien alimentaire des populations.

Cependant, ces pratiques diffèrent d'un milieu social à un autre. Généralement, les zones haoussa pratiquent le salariat agricole comme principale activité en guise de stratégie adaptative dans les situations de grande pénurie. Les milieux zarma, de leur côté, s'adonnent plus à l'exode d'un membre de la famille, principalement le chef de ménage. Dans les deux cas, ces deux communautés sont connues pour être sédentaires et ont pour principale activité l'agriculture. Par contre, à côté de celles décrites ci-haut, d'autres communautés socio-linguistiques restent soumises aux mêmes épreuves, à l'exemple des nomades. Sauf que ces derniers optent pour la transhumance et la quête de pâturage pour leurs animaux. Cela fait partie de leur mode de vie qui consiste à se déplacer vers des zones plus clémentes : c'est la transhumance.

S'agissant des populations des zones étudiées, ce sont pour la plupart des agro-pasteurs qui pratiquent l'agriculture saisonnière et se reconvertissent en éleveurs d'animaux durant une bonne période de l'année. Cette pratique concerne essentiellement les Peulhs, mais aussi les Kanuris, les Toubous et les Touarègues.

Les stratégies adaptatives comme mode de résilience au niveau local se focalisent essentiellement sur le salariat agricole. Nombreux sont ces jeunes ruraux, à peine alphabétisés, qui s'adonnent à cette activité. Dans la plupart des zones rurales africaines, l'emprise de la pauvreté pousse une catégorie des ruraux à vouloir quitter leurs localités pour s'adonner à d'autres types d'activités comme le salariat agricole[284].

10.4. Le salariat agricole

La sociologie durkheimienne a toujours posé comme postulat l'étude scientifique des comportements, des attitudes, des actions ou des interactions. C'est ainsi que pour rendre intelligible notre démarche, il a été question de procéder à une combinaison entre la description, l'explication et la compréhension, l'enjeu de toute posture sociologique étant de rendre compte une réalité sociale. Or, ceci suppose de définir le salariat agricole dans le contexte de notre préoccupation. Cette activité, telle que pratiquée par la population de Gouré, renvoie à une stratégie d'adaptation pour contourner les périodes de grandes difficultés, surtout dans les contextes de

[284] M. MAZOYER et L. ROUDART (sous la dir. de), *La Fracture agricole et alimentaire mondiale. Nourrir l'humanité aujourd'hui et demain,* Paris, Universalis, 2005.

grande pénurie alimentaire. En outre, cette activité demeure l'apanage d'une catégorie socio-professionnelle : la jeunesse rurale désœuvrée. Deux idées fortes apparaissent ici. D'une part, le travail agricole occupe la majeure partie de la jeunesse locale et n'apparaît pas comme une activité souhaitée pour les personnes âgées à cause de sa rudesse et, surtout, de son rendement en termes de revenu. Écoutons le témoignage de cet ouvrier agricole :

> *« En tant qu'ouvrier, ma paie journalière ne dépasse guère les 1 000 francs CFA. Il arrive que je passe toute la journée à labourer le champ pour me retrouver avec 750 francs CFA. La raison à cela s'explique par le fait que le propriétaire terrien prend en charge les frais de nourriture. Trop souvent, le menu est composé d'une grosse gamelle de riz accompagnée d'une calebasse remplie de boule. Généralement, le groupe de* yanbarema *(ouvrier agricole) comprend en moyenne 10 personnes. Mais ce nombre peut varier en fonction de la superficie du champ à labourer. Plus le terrain est vaste, plus le propriétaire recrute autant de* yanbarema. *Mais j'avoue que le travail est très difficile surtout qu'on passe une bonne partie de notre temps à s'exposer au soleil caniculaire. »*

D'autre part, le cliché social que fait véhiculer ce type de travail dans la culture locale renvoie à l'indigence absolue. Aux yeux des autres, y compris les concernés, il faut désespérément être dans la nécessité pour accepter de vivre de cette activité. En dépit d'une rémunération au rabais, le travail d'ouvrier agricole ne force ni l'admiration ni la considération dans l'arène locale, bien qu'il soit le principal pourvoyeur d'emplois. Face à cette situation, nombreuses sont les personnes qui s'adonnent à la migration soit après les travaux champêtres, soit pour contourner l'extrême pauvreté qui caractérise la plupart de ces zones rurales.

10.5. L'approche « gouréenne » de la migration

La question ayant trait à la migration constitue un élément majeur dans la sociologie rurale nigérienne, les migrations représentant *« un élément structurant ou déstructurant des milieux ruraux nigériens »*[285].

La population de Gouré a une tradition migratoire liée en partie à la prédominance du pastoralisme comme mode de vie. Ce phénomène a gagné les communautés sédentaires haoussa et kanouri, beaucoup plus actives dans le monde du commerce. La migration fait bien partie de la culture locale des Gouréens. Cette thèse est nourrie par le fait que le pastoralisme oblige une catégorie de la population à se déplacer les troupeaux, des zones arides pour des localités beaucoup plus prospères en fourrages. C'est ainsi que, pour la plupart, des nomades locaux convergent vers le sud du pays, beaucoup plus clément quant aux fourrages.

---

[285] H. OUMAROU, « Le rôle des ressortissants et des migrants à Bambey face à la crise », *Afrique contemporaine*, n° 225, 2008, p. 200.

La fréquence élevée des sécheresses oblige les populations à franchir les frontières pour se retrouver au Nigéria ou au Tchad à cause du climat favorable à l'élevage et à l'agriculture. Ces mêmes populations ont tendance à ne plus revenir à leurs lieux habituels et cela complique la tâche des décideurs dans la délivrance de services publics. Par exemple, l'État a beaucoup de la peine à évaluer les besoins de cette catégorie de la population très mobile.

Ce mouvement de flux migratoires accroît significativement la vulnérabilité de la population restée au village du fait de la forte présence de femmes, d'enfants et de personnes âgées peu productifs. Cette situation accentue un peu plus l'insécurité alimentaire dans un contexte de grande pauvreté. Le deuxième constat indique une migration localement ancienne. Très souvent, il y a une sorte de passation de flambeau entre l'ancienne génération, exténuée par l'effet de l'âge, et la nouvelle, essentiellement une jeunesse analphabète et désœuvrée, prête à reprendre le relai.

Dans ce cas, le projet migratoire est d'abord une initiation personnelle car le futur migrant ne reçoit aucune forme de pression venant de ses aînés. C'est une fois la décision prise qu'il informe la famille. La raison tient du respect que doit le cadet envers son aîné. Du coup, les parents ne sont informés qu'une fois le projet arrêté. Ce cas de figure se présente lorsque la personne intéressée dispose de ses propres ressources pour mener à terme son objectif. Il arrive que le jeune soit dépourvu de tout moyen lui permettant de concrétiser son projet. Il est alors obligé de recourir à l'aide de l'entourage.

10.6. Quand la théorie de « don » et du « contre-don » s'invite au débat

Les champs sociaux sont toujours marqués par des interactions qui se nouent au gré des intérêts des acteurs. Dans la culture traditionnelle africaine, la charité ou même l'assistance mutuelle sont des valeurs vivement encouragées. Mais, de nos jours, le poids de la rareté et, surtout, le primat des valeurs matérialistes participent à la reconstruction des rapports sociaux autrement. Les cadeaux *« en théorie volontaire »*[286], ne sont en réalité que des pratiques qui présagent d'une forme de retour en temps opportun, d'où la question de *don* et du *contre-don* telle que mise en avant par Marcel Mauss[287]. Ainsi, l'entourage du candidat à la migration s'investit à fond parce qu'il pense, dans un avenir proche, profiter de son investissement. Il n'est pas surprenant de constater que même des connaissances n'hésitent pas

[286] M. MAUSS, *Essai sur le don. Forme et raison de l'échange dans les sociétés archaïques*, Paris, PUF, 2012 (1re éd. : 1923).

[287] *Ibid.*

à débourser des sommes importantes dans l'unique intention de profiter de la « rente du migrant ». Nous rejoignons l'anthropologue nigérien Hamani Oumarou : *« La procédure peut paraître simple. Mais dans la réalité, l'accès au crédit est sélectif et obéit à une logique familiale qui prend en compte le degré de parenté entre le demandeur et le créancier »*[288]. Cette même logique prend en considération les logiques d'intérêt dès lors que des personnes n'ayant aucune relation de parenté n'hésitent pas à s'investir dans le projet.

Avec la multiplication des catastrophes humanitaires, les acteurs du développement semblent augurer d'autres modes opératoires qui prendraient en considération des spécificités propres à chaque milieu. Dans le contexte nigérien par exemple, aucune action ne pourrait avoir d'effet sans une approche intégrée. Ainsi, les partenaires techniques et financiers, en collaboration avec l'État nigérien, ont décidé de mettre en exergue la lutte contre la pauvreté dans tous les programmes qui guideront le développement économique et social du pays. Face aux multiples menaces humanitaires, les gouvernants avec l'appui des bailleurs de fonds se sont entendus pour mettre en place un dispositif d'intervention : la stratégie d'action de *cash for transfert*

10.7. Le cash for transfert (CT)

Les programmes de développement menés dans les pays du Sud, notamment ceux d'Afrique, par les bailleurs de fonds ne reflètent pas nécessairement le point de vue des bénéficiaires. Cette situation se retrouve dans le contexte nigérien comme le montre un entretien cité par Philippe Lavigne Delville :

> *« J'ai parfois mal, en tant que Nigérien et personnel d'une agence de coopération à laquelle je m'identifie, quand je vois la façon dont on aborde certaines problématiques avec les institutions de l'État. On parachute certaines idées qui sont à prendre ou à laisser.*
>
> *Aujourd'hui, si on conçoit un projet, la participation du gouvernement nigérien est insignifiante. Tout au plus, vous avez une personne qui participe contre neuf à dix experts expatriés au nom du gouvernement du Nord, et finalement, évidemment, la décision est majoritairement celle du pays du Nord... »*[289]

On retient de cet extrait l'insouciance, voire la banalisation, des gouvernants à accorder peu ou pas d'attention à tout ce qui relève de l'intérêt général en laissant aux acteurs du développement la latitude d'imposer leurs

---

[288] H. OUMAROU, « Le rôle des ressortissants et des migrants à Bambey face à la crise », *Afrique contemporaine*, n° 225, 2008, p. 202.

[289] Entretien cité par Ph. LAVIGNE DELVILLE dans « Déclaration de Paris et dépendance à l'aide : éclairages nigériens », *Politique africaine*, n° 129, 2013, p. 144.

visions des choses en lieu et place des Nigériens. Ainsi, c'est une pratique « normale » que de voir que la conception, l'élaboration et la mise en œuvre d'un projet échoient aux seuls bailleurs de fonds pour leurs expertises. Entre temps, ces mêmes populations pour lesquelles le projet est conçu ignorent les tenants et les aboutissants dudit projet. Cette situation conduit une population de plus en plus revendicative :

> *« Comment voulez-vous qu'on s'associe à quelque chose que l'on ne connaît pas ? Ils viennent avec leurs logistiques et leurs employés. La seule chose qu'ils nous proposent c'est généralement un petit boulot comme le gardiennage des locaux ou le ménage. Pourtant, nous avons nos enfants qualifiés et compétents puisque sortis des écoles et universités. Mon enfant, par exemple, a étudié en France il y a de cela quatre ans. Jusqu'ici, il chôme par manque de débouchés. Un projet vient s'installer sur notre terroir déjà, sans véritable concertation. Son personnel venu d'ailleurs circule dans des 4×4, comme pour narguer la population locale sans emploi. Comment voulez-vous qu'on coopère en étant aussi frustré ? »*[290]

Le CT, en tant que mécanisme de lutte contre les vulnérabilités, constitue un champ d'analyse intéressant dans la logique d'intérêt des acteurs sur le terrain du développement. Si, ailleurs, cette stratégie existe depuis fort longtemps, au Niger, par contre, ce modèle de développement revêt une phase d'expérimentation et mobilise une catégorie d'acteurs, principalement les organisations humanitaires et l'État nigérien. Dans ce contexte, cette stratégie se présente comme un mode de lutte contre les vulnérabilités. Il faut comprendre déjà que cette stratégie d'action concerne trois volets de développement. D'abord, les CT qui s'intéressent aux situations de grande urgence, dont les crises alimentaires. En pareille circonstance, les sommes réparties aux ménages nécessiteux tournent autour de 30 000 francs CFA (50 euros). De plus, l'opération est ponctuelle : une fois l'effet de la crise atténuée, l'opération s'estompe également et n'excède guère les trois mois sauf cas exceptionnel. Vient ensuite le volet accompagnement des familles en contexte de précarité généralisée. Cette aide est l'aboutissement d'un long processus ayant permis la mise en place d'une structure dénommée *Filets sociaux*. À travers ce canal, c'est l'État, via son dispositif de prévention et de gestion de crise qui collabore avec ses partenaires techniques et financiers. Ici, le principal bailleur de fonds est la Banque mondiale. Mais cette collaboration ne se passe pas sans condition au nom du principe du droit de regard :

> *« L'institution doit rendre compte de toutes les activités qu'elle mène à Washington. C'est la nouvelle démarche approuvée par le Conseil d'Administration. Ce qui signifie que je ne suis qu'un simple exécutant. La seule différence qui peut exister entre moi et mes collègues, c'est l'autorité que*

---

[290] Entretien cité par Ph. LAVIGNE DELVILLE, *op. cit.*

j'incarne vis-à-vis de mon pays d'accueil. Cependant, je ne crois pas à l'ingérence comme aimeraient dire certains. Quoi de plus normal qu'un créancier ait un droit de regard sur son débiteur… »

L'idée principale qu'on peut retenir de cet entretien est celle du principe du droit de regard. En valorisant les « relations exemplaires » entre son institution et le Niger dans la gestion des vulnérabilités, le responsable de la Banque mondiale illustre le *cash for transfert* comme un modèle de développement réussi. Selon ses dires, ce dispositif d'intervention aurait beaucoup contribué à accompagner les ménages nécessiteux par l'octroi de fonds tout en esquivant le droit de regard comme l'une des conditions d'octroi de l'aide. Enfin, le *cash transfert* peut revêtir la forme d'aide conjoncturelle destinée aux victimes des catastrophes humanitaires.

La finalité de tous ces modes de gestion de vulnérabilités est de parvenir à contenir la migration des jeunes surtout en milieu rural, à prévenir la malnutrition infantile, à promouvoir les femmes, à lutter contre la pauvreté, bref à asseoir un développement durable des territoires.

Cette stratégie, bien qu'innovante, entraîne des contestations de la part des bénéficiaires qui critiquent la façon de procéder. Traditionnellement habitué aux distributions gratuites et généralisées des vivres en cas de pénurie, le CT repose sur la méthode HEA (*household economy appraisal).* La nouvelle approche trouve écho dans la catégorisation des ménages en quatre groupes socio-économiques : très pauvres, pauvres, moyens et nantis. Mais cette façon de voir les choses n'est pas forcément du goût des ménages. L'explication à cela provient du fait que les systèmes traditionnels et culturels des formes de solidarité locales se trouvent désagrégés puisque le principe de l'entraide mutuelle est menacé. Ce qui rend l'adhésion de la population locale difficile quant à une implication pleine et entière face au nouveau dispositif. Dès lors, on peut comprendre avec Jeffrey Pressman et Aaron Wildavsky, que l'« *implementation gap*[291] » se justifie par *« les études sur la mise en œuvre des politiques publiques qui sont déjà anciennes dans les pays du Nord »*[292] contrairement au continent africain où *« elles sont beaucoup plus récentes… »*[293], d'où les débats houleux qui s'invitent dès lors qu'il s'agit d'évoquer le modèle de développement adaptable au contexte africain. Ce décalage peut également être compris comme un choc entre les

---

[291] Terme anglophone qu'utilise Olivier de Sardan pour désigner les écarts entre les politiques sur le papier et celles visibles sur le terrain de développement en Afrique.

[292] J. PRESSMAN, A. WILDAVSKY, *Implémentation: How Great Expectations in Washington Are Dashed in Oakland. Or, Why It's Amazing that Federal Programs Work at All, This Being a Saga*, Foundation Berkeley, California, University of California, 1973, cité par J-P. OLIVIER de SARDAN, « La manne, les normes et les soupçons. Les contradictions de l'aide vue d'en bas »,… Op. Cit. p.18

[293] T. BIERSCHENK, « Development Projects as an Arena of Negotiation for Strategic Groups » A Case Study from Bénin », *Sociologia Ruralis*, n° 3, 1988, pp. 146-160.

civilisations, entre les partisans du développement endogène et ceux qui incarnent la reforme dans la délivrance des politiques publiques. Cela conduit à repenser le dialogue des cultures dans le champ du développement. À cet égard, on ne peut omettre la théorie de Samuel Huntington qui faire valoir que les conflits civilisationnels trouvent leur écho dans les différences culturelles puisque civilisation et culture incluent les *« les valeurs, les normes, les institutions et les modes de pensées auxquels des générations successives ont, dans une société donnée, attaché une importance cruciale »*[294].

Dans le contexte africain, cette question est intéressante. Malgré le volume d'aide consenti à ces pays par les partenaires techniques et financiers, beaucoup restent encore sous le poids de la pauvreté. Cette situation interroge d'autant plus que les mécanismes censés faciliter ce « transfert de technologie » peinent à satisfaire les attentes des acteurs sur le terrain. Il suffit d'observer la dynamique de développement des pays du Sud pour se rendre compte que tout se joue autour de l'enjeu suivant : imposer un « modèle de développement » via les conditionnalités des bailleurs de fonds à un pays dont les réalités culturelles sont diamétralement opposées à celles des pays donateurs. Cette façon de « lire » le développement par les pays du Nord biaise celle des « pays bénéficiaires ».

En marquant cette approche du développement dans le champ nigérien, on se rend compte que *« les processus de changement social et de développement mettent nécessairement en rapport des normes hétérogènes, des cultures et des sous-cultures hétérogènes, des systèmes de valeurs hétérogènes, des configurations de savoirs et des représentations hétérogènes, des systèmes d'actions hétérogènes, des systèmes d'actions hétérogènes, des stratégies et logiques sociales hétérogènes »*[295]. Nous nous inscrivons dans cette posture pour comprendre les logiques d'actions dans l'arène locale à travers l'expérience du projet d'appui à la sécurité alimentaire des ménages (PASAM) dans le département de Gouré.

10.8. L'expérience PASAM

Le Projet d'Appui à la Sécurité alimentaire des Ménages (PASAM) a concerné deux localités du Niger : le département de Gouré et celui de Maïné Soroa. Le financement était assuré par l'Agence française pour le développement (AFD) et le pilotage des activités a été l'œuvre de l'ONG

---

[294] S. HUNTINGTON, *Les chocs des civilisations*, trad.fr, Paris, Odile Jacob, 1997. (1re éd. : 1996).

[295] J.-P. OLIVIER DE SARDAN, *Anthropologie et développement. Essai en socio-anthropologie du changement social*, Paris, APAD Karthala, 1995, p. 47.

Karkara[296]. Ce projet avait une durée de vie de trois ans, et ses activités ont débuté le 1er janvier 2007. Mais aussi paradoxale que cela puisse paraître, la zone d'intervention du projet regorge d'énormes potentialités (cuvettes, bas-fonds, aires de pâturage) très propices à la production agricole. Ces zones sont confrontées à un déficit de production et cela expose les populations à l'insécurité alimentaire.

Dans le cas précis de Gouré, le principal obstacle demeure l'ensablement massif de ces cuvettes et bas-fonds. Cette situation peut se comprendre par la fréquence des sécheresses sévissant dans cette zone. D'après les services de l'environnement de cette localité, plus de 200 000 hectares sont devenus inexploitables sous l'effet de l'ensablement entre 1975 et 2005[297]. Durant la même période, cette situation a occasionné le rétrécissement du nombre des cuvettes, passant de 900 à 600[298]. Cela a eu de terribles répercussions sur la production agricoles parce que les terres sont devenues de moins en moins productives. Outre le phénomène d'ensablement, d'autres pratiques humaines ont précipité les populations du terroir dans une vulnérabilité alimentaire. C'est ainsi qu'on peut noter de mauvaises pratiques agricoles telles que le débroussaillement anarchique des arbres et arbustes, l'utilisation de feux de brousse comme moyens de défrichage, le surpâturage sur des zones peu fournies. La plupart des villages environnants de Gouré restent, par ailleurs, enclavés et donc inaccessibles aux débouchés.

Dès ses débuts, le PASAM s'est donné un objectif général et deux objectifs spécifiques qu'on peut résumer de la façon suivante :

Tableau VIII : Les objectifs dédiés au PASAM

Objectif général	**Objectif spécifique 1**	**Objectif spécifique 2**
Contribuer à l'amélioration du pouvoir d'achat des ménages par les travaux à haute intensité de main d'œuvre	Sécuriser les sites stratégiques de production (cuvettes et bas fons) du PASAM à travers la fixation des dunes et la réalisation des pare-feux	Améliorer le niveau monétaire des ménages vulnérables de Gouré par les travaux à haute intensité de main-d'œuvre (HIMO) et la sécurisation de leurs espaces de production

Source : *Rapport final d'activités du PASAM*, Karkara, Niamey, 2012.

[296] L'ONG Karkara (association nigérienne pour la dynamisation des initiatives locales) a été créée le 24 octobre 1992 par l'Arrêté n° 273/ DAPJ/ MI. L'idée de sa création fait partie de l'engagement social de ses membres de faire changer les choses. Dans la plupart des langues du Niger, *Karkara* signifie terroir.

[297] ONG Karkara, *La Sécurité alimentaire des ménages ruraux sahéliens au Niger : les approches innovantes du projet PASAM,* Rapport d'activité financé par l'Agence française de développement, Niamey, 2007.

[298] *Ibid.*

10.9. Le défi de concilier urgence alimentaire et développement local

Compte tenu de l'objectif global, les actions du PASAM s'inscrivent dans la droite ligne de la lutte contre l'indigence alimentaire en optant pour une stratégie de rehaussement du pouvoir d'achat des ménages. Une autre activité phare du projet a été les actions de désensablement des cuvettes et bas fonds pour ralentir l'avancée spectaculaire du désert. Les activités du projet ont concerné les communes de Gouré, de Bouné et celle de Guidiguir. La principale problématique à laquelle le projet s'est attelé demeurait l'ensablement des espaces de production. Ces espaces sont essentiellement des cuvettes et des bas-fonds puisque la plupart des productions agricoles de la localité proviennent de ces zones. Du coup, avec le phénomène d'ensablement de ces zones, la population se trouve confrontée à l'insécurité alimentaire. Au demeurant, cette partie du Niger est également assaillie par un déficit chronique de sa production au regard de la situation d'ensemble et c'est pourquoi, même en période normale, la production locale est toujours en deçà de celle qui prévaut sur le plan national. Cette situation nous amène à considérer l'insuffisance de la production locale comme un « déficit normal » malgré l'état satisfaisant de la production globale du pays. En d'autres termes, même les années où la production a été satisfaisante, les populations de Gouré ont du mal à s'autonomiser sur le plan alimentaire.

L'autre préoccupation à laquelle le PASAM s'est beaucoup investi demeure la question du fourrage pour le cheptel. Déjà, la localité de Gouré constitue une zone de pastoralisme où nombreux sont les bétails qui s'adonnent au pâturage. Mais la mauvaise répartition des pluies dans le temps et dans l'espace a entraîné une faible reproduction du couvert végétal. Face au déséquilibre entre la disponibilité herbacée et le nombre de ruminants à nourrir, l'espace pastoral devient un enjeu de convoitise pouvant déboucher sur des conflits entre éleveurs et entre ces derniers et les agriculteurs[299]. Cette situation conduit à des risques sanitaires pour les animaux à cause des jeunes pousses d'herbes qui sont systématiquement avalées avec une bonne quantité de sable qui se retrouve dans les panses de ces animaux. La complication découlant de cette situation entraîne la mort de plusieurs têtes de bétails par manque des structures vétérinaires pouvant assurer le suivi. Or, comme nous l'avions évoqué précédemment, les animaux constituent la seule épargne sûre pour les ménages ruraux au Niger. En les perdant, ces familles se retrouvent dans une vulnérabilité sans précédent puisque dépourvues de tous.

Pour minimiser les dégâts collatéraux dus à cette perte, le PASAM tentait de ménager urgence alimentaire et développement local par la mise en œuvre d'actions sous forme de *cash for work*. Le mécanisme consiste à doter les familles en numéraire en échange de travaux d'intérêt communautaires

[299] Nous avons détaillé cet aspect dans le chapitre 6 consacré à la gouvernance foncière.

comme les fixations des dunes ou l'aménagement des cuvettes dans la zone d'intervention. On peut aussi remarquer, avec le projet, la mise en place des banques céréalières communautaires (BCC) dans le but de faciliter l'accessibilité des denrées de première nécessité aux populations les plus reculées.

10.10. L'avènement des banques céréalières communautaires

Ces banques céréalières jouent un rôle déterminant dans les situations de grande nécessité. Au Niger, leur expérience remonte à la période coloniale avec les sociétés indigènes de prévoyance (SIP). Après les indépendances des pays africains, les autorités de l'époque se sont engagées dans une dynamique de changement social en optant pour une stratégie de (re) structuration plus adaptée aux préoccupations actuelles. Depuis la colonisation dans l'ensemble du Sahel et notamment au Niger, la politique de stabilisation des prix des denrées de première nécessité a été l'une des préoccupations majeures des gouvernants successifs, comme l'atteste la longue litanie des sècheresses qu'a connue le Niger : 1905, 1914, 1931, 1954, 1968, 1974, 1984, 1998, 2005, 2010, 2012, 2014[300]. Il nous est impossible de nous aventurer sur les chiffres exacts des déficits propres à chaque année.

Toutefois, la fréquence des sécheresses a obligé les autorités coloniales à anticiper, en posant les jalons d'une sécurité alimentaire à travers la politique dite de « *greniers de réserve* »[301]. Cette politique a pris forme avec les Sociétés indigènes de prévoyance (SIP). Ce mécanisme a fini par montrer ses limites en raison de la non-adhésion des populations locales qui se plaignaient du peu de transparence dans la gestion de ces entités. Il faut dire qu'à l'époque, les bénéficiaires n'étaient pas ou peu impliqués dans le système. Les stocks étaient constitués sous l'effet de contrainte et sur la base de quotas arbitrairement fixés. De plus, la gestion de ces entités céréalières posait problème puisque les produits alimentaires finissaient par être impropres à la consommation. Finalement, les paysans n'arrivaient même pas récupérer leurs dépôts initiaux à cause des rongeurs et des insectes. Cela a attisé la réticence des populations qui ne voyaient pas l'opportunité de mettre à l'abri des denrées qu'on n'arrivait même pas à conserver. Cette situation a brisé le monopole des SIP, et l'avènement des indépendances de nombreux États africains a ravivé la fibre nationaliste. La plupart des élites

---

[300] B. GADO, *Une histoire des famines au Sahel : étude des grandes crises alimentaires : IXe et XXe siècles*, Paris, L'Harmattan, 1993.

[301] J.-H. JÉZÉQUEL et X. CROMBÉ (sous la dir. de), *Niger 2005, une catastrophe si naturelle*, Paris, Karthala, 2007.

de l'époque ont préféré créer des structures nationales qui ont pour mission la gestion des stocks.

Le Niger s'est distingué par la mise en place de l'Office national des produits vivriers du Niger (OPVN). Cette situation est consécutive aux graves famines des années 1970 et 1980. Cependant, la persistance des flambées de prix sur les marchés locaux, surtout en période de soudure, conjuguée à une série de scandales qui a caractérisé la gestion de ces entités (des pratiques qui cours), traduit la faillite du dispositif. À cela s'ajoutent les diktats des institutions internationales via les programmes d'ajustement structurels. Ces conditionnalités ont certainement fragilisé un système interne défectueux (mal gouvernance) avec la libéralisation du marché céréalier.

10.10.1. Les typologies de banques céréalières

En raison de la pluralité des acteurs qui interviennent dans le domaine des banques céréalières, plusieurs terminologies échoient à chaque structure selon le mode opératoire mais aussi le champ d'intérêt. Les différents types de banques visibles au Niger sont les suivants :

- des banques céréalières classiques ;
- des banques de soudures ;
- des greniers villageois ;
- des boutiques céréalières (surtout en zones pastorales) ;
- des stocks tampons ;
- des banques communautaires.

Ces dernières nous intéressent à plus d'un titre dans la mesure où c'est leur prototype qui est expérimenté via le projet d'appui à la sécurité alimentaire des ménages (PASAM) de Gouré. Ces types de banques ont été, pour la première fois, l'œuvre de l'UNICEF avant que d'autres partenaires au développement ne lui emboîtent le pas. Leur principal atout est que cela facilite l'accès des populations reculées, obligées à parcourir des kilomètres pour accéder au subsistance.

Outre ses activités de construction des haies vives et de fixation des dunes, le PASAM s'était illustré également dans la mise en place de banques céréalières communautaires. Le financement de ces entités est en partie assuré par les retenus que le projet applique à hauteur de 25 % en contrepartie des travaux de fixation effectués. Les montants servaient à assurer la dotation et le fonctionnement des BBC par l'achat des vivres. Les images ci-dessous montrent des activités de distribution autour d'une banque céréalière sur le site de Kilakina, dans le département de Gouré.

Figure 17 : Réception de vivres au cours d'une opération, vente à prix modéré à Gouré.

Source : Données de terrain.

Les avantages des banques céréalières communautaires (BCC) sont multiples pour des habitants qui expérimentent les crises alimentaires de façon continuelle à l'image de la localité de Gouré. Si, dans le reste du Niger, la fréquence de famines est signalée tous les trois ans, Gouré est victime de ce phénomène pratiquement tous les deux ans. Par conséquent, l'État a l'obligation de procéder à des mesures palliatives pour éviter une tragédie humanitaire. C'est la raison pour laquelle les acteurs du développement, en particulier ceux intervenant dans la lutte contre l'indigence alimentaire, ont misé sur un mécanisme de stockage des vivres et, en période de nécessité, les ont cédées à des prix forfaitaires afin de contourner les spéculations de certains opérateurs véreux qui profitent de la situation pour se faire de l'argent. La stratégie qu'avait adoptée le PASAM a permis de ralentir les flux des populations locales à l'exode. Les comités de gestion mis en place pour pérenniser les recettes découlant de ces ventes ont favorisé l'autonomisation des femmes en renforçant leur pouvoir d'achat à travers la pratique d'activités génératrices de revenus.

Avec les Banques communautaires, il n'est plus question de parcourir de longues distances en quête de nourriture, alors qu'avant, les populations étaient obligées de franchir la frontière pour aller se ravitailler en vivres de l'autre côté du Nigéria voisin[302]. Cette situation les pénalise car le coût du déplacement dépasse parfois les prix des denrées de première nécessité. À cela s'ajoutent l'impraticabilité des infrastructures et l'insécurité avec les coupeurs de route qui dépouillent ces pauvres villageois de leurs biens matériels. Ces banques céréalières ont significativement contribué à la stabilisation des prix. Dans les zones d'action du projet où ces BCC sont actives, la population a tendance à moins spéculer puisqu'elle est sûre de ne pas être à court de stock. Cela rassure les consommateurs et éloigne la hantise de la rareté. Du coup, les prix restent quasi stables même en période de soudure où les besoins restent pourtant énormes.

S'agissant des activités de protection des aires de pâturage, le PASAM s'est beaucoup investi dans la construction de haies vives pour permettre la régénération des écosystèmes car avec l'envahissement des cuvettes et des bas-fonds par les dunes de sable et, surtout, la surexploitation des aires de pâturage par un bétail de plus en plus nombreux, le fourrage risque de disparaître.

Les images ci-dessous décrivent les sites de Foulatakado et celui de Bouné dans le département de Gouré où l'ensablement a rendu toute activité de pâture impossible.

Figures 14 : Activités du PASAM dans la localité de Gouré

Clayonnage site de Foulatakado

[302] Le département de Gouré est frontalier de la ville de N'Gourou au Nigéria.

Épandage de rachis site de Bouné

Source : Données de terrain.

Toujours dans les différentes activités menées par le PASAM, figure en bonne place le volet formation des membres du Comité de gestion scolaire (COGES) et de ceux du Comité de gestion à travers l'appui des connaissances en techniques de gestion autour des BCC. Ce mécanisme a permis de créer 18 BCC dans le seul département de Gouré. Dans le cadre de Kilakina, la retenue de 25 % a également permis de collecter un premier capital de trois millions de francs CFA (6 000 euros). Cette action a permis l'acquisition de 18 tonnes de vivres stockées en gage de réserve de sécurité en période de soudure. Sont aussi menées des activités de fixation des dunes autour des cuvettes et des bas-fonds de Kilakina.

Figures 19 : L'après PASAM

Ensablement dans une cuvette

Ensablement dans un bas-fond

Source : Données de terrain

Les opérations de désensablement autours de sites identifiés ont permis de renforcer la résilience des populations bénéficiaires face à l'ensablement accéléré des cuvettes et des bas-fonds, considérés comme les principales zones de production au niveau local. Ainsi, les populations des zones dans lesquelles intervient le projet ont été formées aux techniques de gestion et de fixation des dunes. D'après le rapport des activités finales du PASAM, on dénombre 321 personnes formées et qui sont rompues aux techniques de fixation et de production des plants. L'objectif final de toutes ces opérations consiste à mieux outiller les habitants menacés par le phénomène d'ensablement, de façon à pouvoir lutter contre l'avancée du désert dans cette partie du Niger. Le bilan dressé dans le rapport d'activités couvrant la période 2007-2009 fait ressortir les données ci-après :

Tableau IX : Bilan annuel des sessions de formations

Années	Nombre des sites	Nombre de personnes formées en techniques de fixation dunes			Nombre de personnes formées en techniques production de plants			Nombre de personnes formées par an		
		Hommes	Femmes	Total	Hommes	Femmes	Total	Hommes	Femmes	Total
2007	19	38	0	38	96	0	96	134	0	134
2008	15	30	0	30	55	61	116	85	61	146
2009	5	13	0	13	26	2	28	39	2	41
Total	**39**	**81**	**0**	**81**	**177**	**63**	**240**	**258**	**63**	**321**

Source : Rapport final d'activités du PASAM (2007-2009).

Les séances de formation se passent très souvent dans le chef-lieu du département de Gouré. Le choix du site n'est pas anodin dans la mesure où les villages dans lesquels les opérations de PASAM interviennent sont dépourvus de toute infrastructure adéquate. Afin de faciliter la bonne tenue des formations, le projet prend en charge le déplacement des personnes relais qui, une fois les séances de formations terminées, regagneront leurs bases respectives pour entraîner à leur tour les personnes restées sur place. La photo ci-dessous décrit l'ambiance d'une séance de formation dédiée au personnel, membres du comité de gestion des banques céréalières communautaires. Nous étions présent quand les animateurs de PASAM intervenaient dans le cadre de la formation des formateurs. Cela se passe dans les locaux d'une école primaire, transformée pour la circonstance en centre de formation. Le choix de la période n'est pas fortuit car les séances se sont déroulées pendant les vacances scolaires.

Figure 15 : Séance de formation des gestionnaires des banques céréalières

Source : Données de terrain.

Les acquis de toutes ces activités sont résumés par Sara Mamadou, l'unique gestionnaire femme des banques céréalières communautaires :

> *« Avant l'arrivée du projet, nous étions abandonnés à nous-mêmes sans véritable apport de l'État. Nos enfants n'aimaient pas fréquenter l'école. Les rares personnes qui savaient lire et écrire sont trop sollicités et peu discrets. Pour l'anecdote, j'avais fait confiance à un enfant du voisin qui m'aidait dans la comptabilité de mon chiffre d'affaire puisqu'entre temps, je pratiquais le commerce de la gomme arabique. Ce gamin était parti rapporter à son*

entourage que j'étais riche puisque je faisais des bénéfices exorbitants. Dès que les femmes du village l'ont su, plus personne ne venait s'approvisionner auprès moi ; tout ça par méchanceté. Pourtant, j'étais la grossiste du village. J'étais obligée d'abandonner le métier par manque de débouché mais, Dieu merci, depuis l'arrivée du projet, les autres femmes m'ont déléguée comme gestionnaire des recettes découlant du fonctionnement des BBC. Mais, croyez-moi, mon plus grand bonheur, c'est d'avoir acquis une autonomie pour assurer la comptabilité sans avoir recours à une tierce personne. Cet avantage, je l'ai grâce aux séances de formations que le PASAM nous dispense. En plus, je suis la seule femme à bénéficier de cette formation. »

Généralement, ces séances de formation se terminent par des rencontres publiques où chaque participant peut *a priori* exprimer ses opinions en faisant des propositions devant le chef du village et les responsables du projet. Cette manière de procéder bouscule l'ordre pré établi car les assemblées villageoises en Afrique constituent des espaces de contrôle social.

10.11. Les Assemblées villageoises locales

Habituellement, les assemblées villageoises sont l'émanation de la démocratie dans l'arène locale. Pour les bailleurs, cette institution est censée être l'outil approprié pour parler développement local. Au Niger, nombreux sont les acteurs qui se retrouvent dans cette logique. Pour autant, même si les assemblées villageoises constituent un « cadre propice d'échanges » pour les partenaires au développement, cette manière de faire interroge quant aux résultats attendus.

Il est vrai que la société traditionnelle africaine a ses règles qui font office de loi et auxquelles chaque individu est tenu de se conformer. En s'inscrivant dans cette logique, il est difficilement tolérable de regrouper des personnes dont la différence d'âge est importante autour d'un même palabre puisque le cadet a l'obligation de soumission vis-à-vis de son aîné, quelles que soient les circonstances. Pour l'anecdote, il est insupportable, voire irrespectueux, de contredire son supérieur, même s'il raconte des contre-vérités. De même, rassembler une personne de type « noble » avec celle considérée comme « servile » ou « esclave » pose aussi un problème de liberté d'opinion. Même exemple, entre un beau-père et son gendre, la communication ne sera jamais équitable. Pire, rassembler tout ce beau monde devant le chef du village et espérer établir les conditions d'échanges n'est qu'un vain travail, comme l'a si bien montré Olivier de Sardan dans la déconstruction de certains stéréotypes que beaucoup d'intellectuels alimentent pour caractériser les sociétés rurales africaines :

« L'idéologie du consensus villageois masque les multiples divisions et antagonismes qui structurent les paysanneries africaines et les organisations collectives qui en sont issues, aussi égalitaires qu'elles puissent paraître à première vue pour un observateur extérieur : contradiction de type statutaire

hommes et femmes, aînés et cadets, homme libre et ancien esclave, autochtone/allochtone, compétitions liées aux facteurs de production (contrôle de la force de travail, maîtrise du foncier, tensions agriculteurs/éleveurs) ou aux enjeux de pouvoir (chefferie, coopérative, partis, notabilités, etc.), voire rivalités plus fluides interpersonnelles ou mettant en jeu des réseaux formels ou informels (voisinage, parenté, amitié et camaraderie, clientélisme, factionnalisme). »[303]

Partant de là, nous déduisons que les assemblées villageoises ont tendance à produire l'effet inverse en ce sens qu'elles deviennent des espaces de contrôle social. Ainsi, nous nous appuyons sur ce cas d'école pour démontrer qu'à l'image du Niger, les logiques d'actions des projets en Afrique ne reflètent pas toujours le souhait des bénéficiaires.

Toutefois, les assemblées villageoises reflètent le mode emblématique et constituent des « portes d'entrées » pour les bailleurs. En plus, les arènes locales en Afrique représentent un champ politique où les débats sont absents. Du coup, les populations ont tendance à construire d'autres canaux d'expression où ils peuvent exposer leurs préoccupations, d'où l'intérêt des assemblées villageoises. Dans certaines conditions, celles-ci paraissent supplanter l'État formel dans ses missions de développement puisqu'elles deviennent une tribune d'expression, parfois de contestation : *« Elles sont devenues le mode privilégié d'intervention, au moment où les bailleurs voulaient avoir un meilleur contrôle sur les résultats et la gestion, et ont fini par constituer,* [...] *de "petits États parallèles." »*[304] Cette citation répond à notre préoccupation du moment où, malgré les actions posées par le Projet d'appui à la sécurité des ménages dans le département de Gouré, la population du terroir n'est toujours pas à l'abri des situations de pénuries alimentaires. Ce constat est vérifiable sur le terrain parce que trois ans seulement après la fin du PASAM, la localité de Gouré renoue avec le cycle des crises alimentaires, comme l'attestent les campagnes agricoles de 2010, 2012 et 2014, et des déficits respectifs de l'ordre de 35, 40 et 50 % des productions céréalières. Cette situation nous amène à analyser les acquis des projets de développement après que ces derniers arrivent à échéance.

10.12. L'après PASAM ou la question de la pérennisation des acquis

Les zones d'intervention du PASAM concernaient essentiellement les cuvettes, les bas-fonds et des pâturages. En réalité, le choix de ces lieux n'est

---

303 J.-P. OLIVIER DE SARDAN, *Anthropologie et développement, Essai en socio-anthropologie du changement social*, Paris, APAD, Karthala, 1995, p. 62.

304 Ph. LAVIGNE DELVILLE et A. ABDELKADER, « À cheval donné, on ne regarde pas les dents. Les mécanismes et les impacts de l'aide vus par des praticiens nigériens », *Études et Travaux du Lasdel*, n° 83, 2010, p. 71.

pas anodin puisque les zones en question sont considérées comme les lieux de production agricole et fourragère. Malencontreusement, ceux-ci sont menacés par les sécheresses et les feux de brousse. Malgré des actions posées ici ou là pour justement favoriser la régénération de l'écosystème, le constat reste toujours préoccupant. Des espaces autrefois protégés grâce au concours du PASAM sont aujourd'hui encore sous la menace de l'ensablement. Cette situation renvoie à là question de l'après projet : comment pérenniser les acquis des actions des opérateurs de développement ?

Les images qui suivent décrivent les zones où est intervenu le PASAM quelques années seulement après que le projet ait pris fin.

Figure 25 : Les périmètres du PASAM cinq ans après la fin du projet à Gouré

L'ensablement des bas-fonds de Guidiguir

Source : Données de terrain

La pérennisation des acquis s'est toujours invitée dans les débats ayant trait au fin des cycles des projets de développement en Afrique. Certains vont jusqu'à se poser des questions sur l'opportunité des projets dits de « développement ». Cette thématique relative à la consolidation des acquis, renvoie à la problématique de la légitimité des acteurs sur le terrain du développement. À ce niveau, deux postulats s'affrontent. D'une part, il y a les « étaticiens », pour qui toutes les actions développement doivent être l'apanage du seul ressort de l'État. Et c'est à ce dernier d'élaborer et de définir les priorités d'actions à entrevoir. Dans ce cas, la maîtrise d'œuvre mais aussi de celle d'ouvrage doit s'inscrire dans le cadre de la seule compétence de l'État. Et, de l'autre, une catégorie d'acteurs exclusivement composée de la société civile, des ONG et des organisations de défenses de consommateurs affiche une opposition à la politique « tout doit être dans le giron de l'État ». Pour cette catégorie sociale, l'État n'est pas le mieux placé pour la mise en œuvre des politiques publiques locales. Il appartient aux populations bénéficiaires de décider de la formule de gouvernance qui leur convient. Cette posture va plus loin en proposant à l'État la délégation du pouvoir pour tout ce qui concerne la mise en œuvre des actions de développement, à des associations, aux organisations professionnelles, aux agences développement selon les spécificités de chaque territoire : *« La notion du courtier local s'impose ici dans l'arène locale grâce à la maîtrise des rapports avec les institutions de développement et construit sa position sociale sur le monopole de l'intermédiation entre l'espace villageois et le monde du développement. »*[305] Sauf que, dans la plupart des cas, l'après-projet est très souvent synonyme de déception parce que la captation du financement n'épouse pas les dynamiques associatives locales dès le départ. Cette façon d'écrire rejoint celle de nos illustres devanciers, à l'exemple de Philippe Lavigne Delville qui nous apprend qu'avec les courtiers de développement, les dynamiques associatives réinventent de nouvelles formes d'enjeux qui sont l'émanation des interventions externes du système d'aide. Les conséquences d'une telle action débouchent sur la non-pérennisation des acquis, à l'image du PASAM dans la localité de Gouré. En contournant l'État dans la délivrance des services publics dans l'espoir d'atteindre directement les populations bénéficiaires, les bailleurs de fonds ont, au contraire, produit l'effet inverse par le système d'intermédiaire.

[305] Ph. LAVIGNE DELVILLE, « Courtiers en développement ou entrepreneurs politiques ? Les responsables d'associations villageoises de développement dans une région d'émigration internationale (Mali, Sénégal) », *in* T. BIERSCHENK, J-P. CHAUVEAU *et al.* (sous la dir. de), *Courtiers en développement, les villages africains en quête de projets*, Paris, APAD Karthala, 2000, p. 165.

CONCLUSION

La résurgence des crises alimentaires dans l'espace sahélien n'est pas un phénomène nouveau du fait de l'emprise des sécheresses et de la pauvreté qui assaillent les populations de cette partie du monde. Cependant, la fréquence et, surtout, l'ampleur des dégâts occasionnés interpellent tant les décideurs publics que le monde de la recherche. Aujourd'hui encore, beaucoup de pays d'Afrique subsaharienne continuent de faire l'expérience des famines malgré les immenses potentialités agricoles dont ils regorgent. C'est le cas du Niger où, en dépit d'une position géographique peu favorable, ce pays dispose d'atouts agricoles incommensurables qui pourraient garantir sa sécurité alimentaire. Par exemple, l'irrigation de nombreux cours d'eaux (tels que le fleuve Niger, le lac Tchad, les cuvettes et les bas-fonds du Mounio et du Manga, les oasis du Kawar et du Ténéré, les plateaux de la Magia, les plaines de Tamesna et de l'Irhazer, les terres fertiles de Maradi, Zinder et Gaya) suffirait largement à garantir une autosuffisance alimentaire jusqu'à faire de ce territoire un grenier pour l'Afrique sahélienne.

Les crises alimentaires restent des thématiques complexes et transversales. Longtemps appréhendées comme la conséquence logique de sécheresses successives, les causes des famines dépendent actuellement de nombreux facteurs multiformes. Nous avons développé dans ce travail que le contexte socio-culturel la gouvernance politique et l'avènement de la décentralisation à travers les stratégies de développement local peuvent constituer des « portes d'entrée » fortes et intéressantes pour comprendre non seulement la survenance mais aussi la gestion des pénuries alimentaires dans ce contexte sahélo-nigérien.

D'abord, il a été question du déterminisme des tabous alimentaires dans l'avènement des crises alimentaires dans certains milieux sociaux où le conservatisme culturel a un impact non négligeable sur les agissements des populations : *« Les raisons évoquées pour justifier cette prohibition restent multiples et objectivement difficiles à démontrer. »*[306] À ce propos, les

[306] D. MANIRAKIZA, P. CHRISTIAN BILE et F. MOUNSADE KPOUNDIA, « Tout ce qui est bon est pour eux. Transgression d'un tabou alimentaire à Yaoundé », *Journal des anthropologues*, n° 140-141, 2015, p. 137.

données de terrain montrent que plus de 60 % des 350 chefs de ménages enquêtés auraient connaissance des tabous qui organisent leurs modes alimentaires sans pour autant vouloir respecter scrupuleusement les normes qui varient d'un groupe à l'autre. Ainsi, chez les personnes ayant 60 ans et plus, 88 % des enquêtés disent croire aux sanctions qui peuvent découler de la transgression de ces prédispositions cultuelles.

Toutefois, dire que les totems alimentaires peuvent être une cause réelle et sérieuse d'une situation de pénurie serait une aberration. Certes, ces prédispositions culturelles peuvent être, dans certaines situations, des éléments amplificateurs, voire des facteurs aggravant les famines. L'exemple des mères qui bannissent la consommation des criquets à leurs enfants en dépit de leur état nutritionnel préoccupant interroge à plus d'un titre. Cette situation souligne le déterminisme de la culture locale dans les stratégies qui doivent guider les luttes contre les indigences alimentaires sous toutes leurs formes.

Le second niveau d'analyse s'est intéressé à la "fabrique" des politiques publiques via les stratégies dédiées à la gestion des calamités dans l'espace sahélien. L'exemple du Niger, à travers le dispositif national de prévention et de gestion des crises alimentaires illustre la faillite d'un système dont la mission première est, justement, de promouvoir la sécurité alimentaire des Nigériens. Les nombreuses défaillances, tant dans la prévention que dans l'aide à la prise de décision lors de la situation de 2005, révèlent un malaise qui se donne à voir dans la structure et la capacité de l'État nigérien à pouvoir faire face aux situations de grandes catastrophes.

Enfin, le troisième volet de cette réflexion a porté sur les stratégies locales dans la lutte pour l'amélioration des conditions de subsistance des Gouréens. Le projet d'appui à la sécurité alimentaire des ménages (PASAM) a été le cadre d'analyse pour évaluer les impacts des opérateurs de développement intervenant dans cette partie du Niger. La principale leçon reste la non-pérennisation des acquis malgré la densité du financement dans l'exécution des activités dudit projet. L'échec provient de bailleurs qui n'ont pas su tenir compte de vraies préoccupations des populations bénéficiaires bien que celles-ci aient été associées aux différentes activités du projet. D'où ce constat fort évocateur dressé par Jean-Pierre Olivier de Sardan :

> *« Les intervenants, autrement dit les agents (ou opérateurs) de développement, quel que soit leur origine (autochtone/expatrié...), lorsqu'ils mettent en œuvre sur le terrain (les villages ou les faubourgs africains) les pratiques techniques pour lesquelles ils ont été formés, sont confrontés à un choc majeur que leur inflige la réalité : les comportements et les réactions des gens auxquels ils ont affaire (leurs clients) en un sens ou (leurs patients) ne sont pas ceux auxquels ils seraient en droit de s'attendre. »*[307]

[307] J.-P. OLIVIER DE SARDAN, *Anthropologie et développement, Essai en socio-anthropologie du changement social*, Paris, APAD Karthala, 1995, p. 55.

Cette affirmation forte de cet universitaire va à l'opposé des choix opérés par de nombreux pays africains, lesquels veulent instaurer la décentralisation comme un mode de gouvernance approprié pour le développement local des territoires. Il s'agit là de montrer que ce système, qui est censé encourager l'essor des zones locales, n'est pas forcément une stratégie qui fait toujours ses preuves, surtout dans un champ où les logiques des acteurs se croisent ou se contrarient au gré des intérêts en jeu.

La situation de 2005 a été un révélateur : ni les alertes précoces locales, ni les dispositifs de prévention, ni les acteurs de terrain que sont les populations concernées et les structures humanitaires, n'avaient prévu une telle calamité au regard de son ampleur.

Tableau X : Interaction des acteurs œuvrant dans la gouvernance alimentaire au Niger

Acteurs	**Stratégies**	**Avantages**	**Limites**
État	Vente de mil et d'aliments de bétail à prix modéré, projets à haute intensité de main-d'œuvre	Accès pour les sinistrés à l'aliment de base, protection contre la fluctuation des prix sur le marché	Lourdeur bureaucratique, centralisme administratif, clientélisme politique
Masse paysanne	Production agricole, exode, vente des résidus de culture et de la paille	Amélioration du pouvoir d'achat des ménages, diminution de la charge animale	Dépeuplement des campagnes, réduction de la biomasse fourragère pour l'alimentation animale.
Éleveur	Dispersion et réduction de la taille du troupeau, transhumance en zone agricole	Accès aux résidus des cultures	Perte de capital bétail et conflits avec les agriculteurs
Associations locales	Lobbying auprès de l'administration et des projets, sensibilisation des éleveurs	Mobilisation des ressources, conscientisation des éleveurs/agriculteurs.	Actions ponctuelles, faibles capacités à mobiliser les acteurs sur le terrain.
Opérateurs de développement	Warrantage, banques céréalières et banques aliments bétail.	Sécurisation de la production, disponibilité et proximité des produits de première nécessité.	Peu ou non pérennisation des acquis après projet.
Les courtiers en développement	Intermédiation entre les opérateurs de développement et les populations bénéficiaires via la captation des fonds	La délivrance des biens et service pour les populations bénéficiaires	Ces biens et services ne reflètent pas toujours l'attente des bénéficiaires

En 2005, l'analyse de l'interaction des acteurs concernés révèle l'incompatibilité des modes opératoires comme élément clé ayant contribué à aggraver une insécurité alimentaire déjà perceptible. Par exemple, si pour la masse paysanne, il est question d'accroître la production agricole à tout prix, quitte à empiéter sur les superficies dédiées au pastoralisme, cette situation engendrera des tensions entre agriculteurs et éleveurs. Autrement, toute stratégie de sécurité alimentaire passe par la sécurisation foncière qui conditionne, à son tour, l'applicabilité des activités connexes. Cette situation est aussi valable pour l'État qui attend la période de soudure pour débuter les opérations de vente à prix modéré auprès des populations. Or, cette stratégie n'est pas opportunément justifiée puisque les prix des denrées de première nécessité atteignent un seuil désespérément élevé, à telle enseigne que même la cession des vivres à un prix raisonnable ne résout pas la question de l'accessibilité des ménages à pouvoir disposer de quoi se nourrir. Le prix dit « social » ne leur permet même pas de pouvoir accéder aux denrées soi-disant accessibles à tous. Cette insaisissabilité explique, à elle seule, tous les paradoxes qui entourent les motivations réelles de l'insistance des situations de famines au Sahel.

Autre élément, la survenance des famines au Sahel relève plus d'une construction politique que la résultante des sécheresses. En agissant de la sorte, nous rejoignons nos illustres devanciers à l'image d'Amartya Sen ou Sylvie Brunel qui, de façon magistrale, ont montré l'autre facette cachée du phénomène : *« Le risque alimentaire est aujourd'hui lié à la guerre et aux conflits qui engendrent la désorganisation des systèmes agricoles, c'est-à-dire des ruptures absolues de l'approvisionnement en nourriture pour des populations entières... »*[308]

La redondance des famines auxquelles les Nigériens font face quotidiennement, peut se comprendre à un double niveau. Dans un premier temps, les causes de l'insécurité alimentaire sont la résultante de la mal-gouvernance. En l'espace d'un demi-siècle, le Niger a expérimenté pas moins de trois orientations relatives à la politique de sécurité de subsistance. C'est ainsi que, dès les années 1960, la priorité des gouvernants s'était focalisée sur l'auto-suffisance alimentaire. Beaucoup d'investissements ont été réalisés dans les aménagements agricoles dont le seul but est d'accroître la production vivrière. Mais la grave famine de 1973 obligea les décideurs à revoir leurs stratégies avec l'avènement de la politique de sécurité alimentaire basée sur la logique de l'offre et de la demande. À en croire cette stratégie, l'État doit se désengager de toutes les actions de production ou de commercialisation des produits vivriers pour la culture de rente. C'est ainsi que naît la société des produits arachidiers du Niger qui a vocation de gérer les exportations de l'arachide. Retenons que la seule logique qui anime cette

---

[308] S. BRUNEL, *L'Afrique, un continent en réserve de développement*, *op. cit.*, p. 168.

politique repose sur le mécanisme de la loi de l'offre et de la demande. C'est aussi le lieu de mentionner que cette politique est l'initiative des bailleurs de fonds à travers la politique d'ajustement structurel. Mais face aux réalités de terrain, cette politique est abandonnée par de nombreux pays africains comme le Niger. En 2005, celui-ci se voit encore confronté à une nouvelle crise alimentaire qui obligea les décideurs à expérimenter un nouveau modèle : l'Initiative « 3N » (Les Nigériens nourrissent les Nigériens).

Le deuxième élément, qu'on peut qualifier d'insuffisance dans les stratégies de lutte contre les famines, reste l'inadéquation de la gouvernance alimentaire face aux cultures locales. En d'autres termes, cette gouvernance se soucie peu ou pas des logiques culturelles locales et cela créent des résistances d'où les écarts constatés : refus des populations à consommer les criquets malgré le contexte de rareté.

Au demeurant, la lutte contre la faim doit inclure différents modes de gestions de vulnérabilité. Des pratiques telles que le *cash for work, le food for work,* le transfert des fonds, la canalisation des migrations saisonnières pour entretenir les forces de production sont des actions à encourager car les thématiques liées aux pénuries demeurent complexes et difficiles à cerner.

Les perspectives qui s'offrent à l'issu de cette réflexion sont multiformes et peuvent se voir dans le renforcement de la coopération entre les producteurs des différents pays. Pour cela, le transfert de technologie est plus que jamais nécessaire pour aider les producteurs des pays sahéliens comme le Niger à accroître leurs rendements. Il peut s'agir aussi du changement de comportement dans le domaine de consommation.

L'exemple des Nigériens qui tiennent aux denrées céréalières comme le mil, le sorgho ou le maïs est évocateur sauf que la production de ces mêmes aliments dépend en grande partie d'une bonne pluviométrie. Or, cela n'est toujours pas évident pour qui connaît le contexte sahélien. Du coup, les Africains en général et les Nigériens en particulier, doivent inclure d'autres variétés dans leurs comportements alimentaires À ce titre la promotion des variétés de semences peu gourmandes en eau peut être une alternative pour lutter contre la faim dont sont victimes des Nigériens.

RÉFÉRENCES BIBLIOGRAPHIQUES

AMADOU Moustapha, « Crise alimentaire ou famine. Parlons-en… ! », *Le Soleil,* n° 119, 16 août 2005.

AMIN Samir, *Le Développement inégal. Essai sur les formations sociales du capitalisme périphérique*, Paris, Minuit, 1973.

ANDRÉ Gunder-Frank, *Le Développement du sous-développement*, Paris, Maspero, 1970.

ARAUJO BONJEAN Catherine, « Choc pétrolier externe et performance des marchés des céréales : le marché du mil au Niger », *Revue d'Économie de Développement*, n° 3, 2010, pp. 47-70.

ATTA Seyni, SEROUSSI Moussa *et al.*, *Enquête démographique et de santé*, Care International Niger, Demographic and Health Survey, Niamey, 1998.

AZOULAY Gérard et DILLON Jean-Claude, « La sécurité alimentaire en Afrique. Manuel d'analyse et d'élaboration des stratégies », *Tiers-Monde*, n° 139, 1994, pp. 71-111.

BADIE Bertrand et BIRNBAUM Pierre, *Sociologie de L'État*, Paris, Hachette, 1983.

BART François (sous la dir. de), *L'Afrique, continent pluriel*, Paris, Sedes, 2003.

BAYART Jean-François, *L'État au Cameroun,* Paris, Presses de la FNSP, 1979.

BEEKHUIS Gebr, « Niger : Profil of CerealMarkets », *Revue La Sahélienne*, vol. 10, n° 4, 2005, pp. 3-17.

BERTAUX Daniel, *L'Enquête et ses méthodes. Le récit de vie*, Paris, Armand Colin, 2010.

BESSIS Sophie, *L'Arme alimentaire*, Paris, La Découverte, 1985.

BIERSCHENK Thomas, « Development Projects as an Arena of Negotiation for Strategic Groups. A Case Study from Bénin », *Sociologia Ruralis*, n° 3, 1988, pp. 146-160.

BIERSCHENK Thomas, CHAUVEAU Jean-Pierre *et al.* (sous la dir. de), *Courtiers en développement, les villages africains en quête de projets*, Paris, APAD Karthala, 2000.

BLANCHET Alain et GOTMAN Anne, *L'Enquête et ses méthodes. L'Entretien*, Paris, Nathan, 1994.

BLUNDO Giorgio et OLIVIER de SARDAN Jean-Pierre, « La corruption au quotidien » *Politique africaine*, n° 83, 2001, pp. 8-37.

BONNECASE Vincent, *La Pauvreté au Sahel*, Paris, Karthala, 2011.

BONNECASE Vincent, « À quoi servent les indicateurs nutritionnels ? Le Niger après la crise de 2005 », *Cahier d'Agriculture*, vol. 15, n° 3, 2012, pp. 312-333.

BOUARD Isabelle, « Regard anthropologique sur les interdits alimentaires », *Les cahiers dynamiques*, n° 33, 2005, pp. 25-42.

BOUDON Raymond et BOURRICAUD François, *Dictionnaire critique de la sociologie*, Paris, PUF, 2004.

BOURDIEU Pierre, *Méditations pascaliennes*, Paris, Le Seuil, 1998.

BOURDIEU Pierre, *Le Sens pratique*, Paris, Minuit, 1980.

BOURDIEU Pierre *et al.*, *Le Métier de sociologue*, 4e éd., Paris, Mouton, 1983, pp. 27-50 (1re éd. : 1968).

BOURDIEU Pierre et PASSERON Jean-Claude, *Les Héritiers. Les étudiants et la culture*, Paris, Minuit, 1964.

BOURDIEU Pierre et PASSERON Jean-Claude, *La Reproduction. Éléments pour une théorie du système de l'enseignement*, Paris, Minuit, 1970.

BOURGEOT André, *Les Sociétés touarègues. Nomadisme, identité, résistances*, Paris, Karthala, 1995.

BRUNEL Sylvie, *Famines et politiques*, Paris, Presses de sciences Po, 2002.

CAREMEL Jean François, « Mesurer la malnutrition infantile au Niger. Entre révolution thérapeutique et transformations de la métrique des corps », *Ethnologie française*, n° 1, 2015, pp. 95-107.

CHRISTIAN Troubé, *Les Nouvelles Famines, des catastrophes si naturelles*, Paris, Autrement, 2007.

CILSS (Comité Inter État de lutte contre la sécheresse dans le Sahel), *Rapport final sur la réunion de concertation technique sur les perspectives des productions et bilans céréaliers ex post 2004-2005 et prévisionnel 2005-2006 des pays du CILSS,* Nouakchott, République islamique de Mauritanie, 2008.

CONDOMINAS Georges, « Les pratiques alimentaires : un patrimoine culturel à sauvegarder », *Les Études vietnamiennes*, n° 4, 1997, pp. 21-30.

COOPER Barbara, « De quoi la crise démographique au Sahel est-elle le nom ? », *Politique africaine*, n° 130, 2013, pp. 69-88.

CROMBÉ Xavier et JÉZÉQUEL Jean-Hervé (sous la dir. de), *Niger 2005, une catastrophe si naturelle*, Paris, Karthala, 2005.

CROZIER Michel, *Le Phénomène bureaucratique*, Paris, Le Seuil, 1963.

DAGOBI Abdoua, « Conflits fonciers et aménagements hydro-agricoles dans le canton de Dessa », *Études et Travaux,* n° 29, 2004, pp. 1-35.

DARRÉ Jean-Pierre, *L'Invention des pratiques dans l'agriculture : vulgarisation et production locale des connaissances*, Paris, Karthala, 1996.

DE CASTRO Josué, *Géographie de la faim*, Paris, Seuil, 1964.

DELCOMBEL Elsa, « La gestion de la crise alimentaire au Niger vu de l'intérieur », *Afrique contemporaine,* n° 225, 2008, pp. 75-101.

DEMEULENAERE Pierre, *Les Normes sociales. Entre accords et désaccords*, Paris, PUF, 2003.

DERRIENNIC Hervé, *Famine et domination en Afrique noire*, Paris, L'Harmattan, 1977.

DESCOLA Philippe, *Par-delà nature et culture*, Paris, Gallimard, 2005.

DETRY Jean-François et HERAULT Dominique, *Amélioration de la fiche de vulnérabilité du système d'alerte précoce*. Niger, rapport de mission, 2001.

DEUTSCH Hélène, *La Psychologie des femmes. Enfance et adolescence*, Paris, PUF, 1949.

DEVEREUX Stéphans, *Theories of famine, Hemel Hempstead*, Harvester, Wheatsheaf, 1993.

DOUGLAS Mary, *De la souillure*, trad. fr, Paris, Maspero, 1981 (1re éd. : anglaise : 1966).

DUBRESSON Alain, MOREAU Sophie *et al.*, *Afrique subsaharienne : une géographie du changement*, Paris, Armand Colin, 1994.

DUMONT René, *L'Afrique noire est mal partie*, Paris, Seuil, 1961.

DURKHEIM Émile, *Les Règles de la méthode sociologique*, Paris, PUF, 1895.

DURKHEIM Émile, *Les Formes élémentaires de la vie religieuse*, Paris, PUF, 2013 (1re éd.: 1912).

ENTEN François, « Du bon usage des systèmes d'alertes précoces en régime autoritaire », *Politique africaine,* n° 119, 2010, pp. 43-62.

EVANS-PRITCHARD Edward, *Nuer Religion*, Oxford, Oxford University Press, 1956.

FAO (Fonds des Nations Unies pour l'Alimentation et l'Agriculture), *Les Facteurs endogènes et régionaux qui sous-tendent la crise alimentaire au Niger,* Rome, éd. de l'Agriculture, 2005.

FAURÉ Yves et MÉDARD Jean-François, « L'État-business et les politiciens entrepreneurs. Néo-patrimonialisme et *big men* : économie et politique », *in* ELLIS Stéphans et FAURÉ Yves (sous la dir. de), *Entreprises et entrepreneurs africains*, Paris, Karthala, 1995, pp. 290-305.

FERRÉOL Gilles, « Subjectivité, dialectique, explication/compréhension et intelligibilité du social », *in* Gilles FERRÉOL (sous la dir. de), *Place et Statut de la subjectivité dans les sciences sociales*, Bruxelles, Intercommunications, 2014, pp. 101-118.

FERRÉOL Gilles (sous la dir. de), *Dictionnaire des techniques quantitatives appliquées aux sciences économiques et sociales*, Paris, Armand colin, 1995.

FERRÉOL Gilles (sous la dir. de), *Dictionnaire de sociologie*, 4e éd., Paris, Armand Colin, 2011.

FERRÉOL Gilles et NORECK Jean-Pierre, *Introduction à la sociologie*, 8e éd., Paris, Armand Colin, 2010.

FRÉDÉRIC Paré, « Pour la sécurité alimentaire. Restaurer la responsabilité d'État », *Revue internationale de droit économique*, vol. 4, n° 15, 2012, pp. 3-18.

GABAS Jean-Jacques, PESCHES Denis *et al.*, « Nouveaux regards pour la coopération pour le développement et ses transformations », *Monde en développement*, n° 165, 2014, pp. 7-21.

GADO Boureima, *Une histoire des famines au Sahel*, Paris, L'Harmattan, 1993.

GAKOU Moussa, *Crise de l'agriculture africaine*, Paris, Silex, 1984.

GEBER Marcelle, *L'Enfant africain dans un monde en changement. Étude ethno-psychologique dans huit pays sud-africains*, Paris, PUF, 1998.

GÉRARD Albert, *Afrique plurielle. Études de littérature comparée*, Amsterdam, Rodopi, 1996.

GIOVANNI Cornia et DEOTTI Laura, « Prix du mil, politique publique et malnutrition des enfants » : le cas de la crise du Niger en 2005 », *Revue d'Économie de développement*, vol. 3, n° 28, 2014, pp. 12-25.

GIRI Jacques, *Le Sahel au XXe siècle : un essai de réflexions prospectives sur les sociétés sahéliennes,* Paris, Karthala, 1989.

GRAWITZ Madeleine, *Méthode des sciences sociales*, Paris, Précis Dalloz, 1990.

GRÉGOIRE Émmanuel, *Les Alhazai de Maradi (Niger) : histoire d'un groupe de riches marchands*, Paris, IRD éditions, 1986.

GRIAULE Marcel, *Dieu d'eau, entretien avec Ogotemmêli*, Paris, Fayard, 1948.

GROMOTKA Joachim et BENDOW Bastou, « Niger : rôle, volume et gestion du stock de sécurité alimentaire », *Gesellschaft fur Agrarprojekte*, vol. 2, n° 4, 1992, pp. 47-68.

GUENGANT Jean-Pierre, « Comment bénéficier du dividende démographique ? », *À savoir*, vol. 5, n° 9, 2011, pp. 4-13.

GUICHAOUA André, *Destin paysans et politiques agraires en Afrique centrale*, Paris, L'Harmattan, 1989.

GUIGUE-DURNING Michèle, *Les Mémoires en formation, entre engagement professionnel et construction du savoir,* Paris, L'Harmattan, 1997.

HERZLICH Claudine, *Santé et maladie. Analyse d'une représentation sociale*, Paris, Mouton, 1969.

HOUZIAUX Alain (sous la dir. de), *L'Aide au tiers-monde à quoi bon ?*, Paris, Corlet, 2005.

HUNTINGTON Samuel, *Le Choc des civilisations*, trad. fr., Paris, Odile Jacob, 1997 (1re éd. américaine : 1996).

IDRISSA Moussa, *Atelier d'élaboration du plan d'action et d'opérationnalisation des recommandations de l'évaluation du DNPGCCA et de la revue après action*, rapport d'atelier, Cellule crise alimentaire, Niamey, 2014.

Institut du Sahel, *Bulletin d'information sur la Sécurité alimentaire*, n° 22, Bamako, juin 2015.

Institut national des statistiques, *Étude sur la qualité de la dépense publique au Niger et son impact sur la croissance économique et l'emploi*, Niamey, 2015.

JACOB Jean-Pierre et LAVIGNE DELVILLE Philippe (sous la dir. de), *Les Associations paysannes en Afrique, organisations et dynamiques*, Paris, Karthala, 1994.

JAFFRÉ Yannick, « Dissonances entre les représentations sociales et médicales de la malnutrition dans un service de pédiatrie au Niger », *Sciences sociales et santé*, n° 14, 1996, pp. 41-72.

JANIN Pierre, « Faim et politique : mobilisations et instrumentalisations », *Revue Politique Africaine*, n° 119, 2012, pp. 1-20.

JÉZÉQUEL Jean-Hervé (sous la dir. de), *Niger 2005, une catastrophe si naturelle*, Paris, Karthala, 2007.

KABOU Axelle, *Et si l'Afrique refusait le développement ?*, Paris, L'Harmattan, 1991.

KILANI Mondher, *Introduction à l'Anthropologie*, Lausanne, Payot, 1992.

KILANI Mondher, *Pour un universalisme critique*, Paris, La Découverte, 2014.

KI-ZERBO Joseph, *La Natte des autres. Pour un développement endogène en Afrique*, Dakar, CODESRIA, 1986.

KONÉ Mariatou, « Stratégies des ménages et malnutrition infantile », *Afrique contemporaine*, n° 225, 2008, pp. 161-197.

LAVIGNE DELVILLE Philippe, « Courtiers en développement ou entrepreneurs politiques ?, les responsables d'associations villageoises de développement dans une région d'émigration internationale (Mali, Sénégal) » *in* BIERSCHENK Thomas, CHAUVEAU Jean-Pierre et OLIVIER DE SARDAN Jean-Pierre (sous la dir. de) *Courtiers en développement. Les villages africains en quête de projets*, Paris, APAD Karthala, 2000, pp. 165-187.

LAVIGNE DELVILLE Philippe et ABDELKADER Aghali, « À cheval donné, on ne regarde pas les dents. Les mécanismes et les impacts de l'aide vus par des praticiens nigériens », *Études et Travaux du Lasdel*, n° 83, 2010, pp. 68-76.

LECA Jean et SCHEMEIL Yves, « Clientélisme et patrimonialisme dans le monde arabe », *Revue internationale de Science politique*, vol. 4, n° 4, 1983, pp. 455-494.
LOWIE Robert, *Manuel d'Anthropologie culturelle*, trad.fr, Paris, Payot, 1980 (1re éd. américaine : 1936).
MALINOWSKI Branislow, « L'interprétation de terrain et des recours à des propositions théoriques », *L'Année sociologique*, vol. 12, n° 1, 1922, pp. 17-39.
MANIRAKIZA Désiré, *Sport et société en contexte africain. Analyse des enjeux sociaux du sport-loisir au Cameroun à l'ère de la mondialisation*, thèse soutenue le 20 septembre 2013 à l'Université de Franche-Comté (sous la direction du Professeur Gilles FERRÉOL).
MANIRAKIZA Désiré, CHRISTIAN BILE Paule et MOUNSADE KPOUNDIA Fadimatou, « Tout ce qui est bon est pour eux. Transgression d'un tabou alimentaire à Yaoundé » *in Journal des anthropologues*, n° 140-141, 2015, pp. 133-152.
MAUSS Marcel, *Essai sur le don. Forme et raison de l'échange dans les sociétés archaïques*, Paris, PUF, 2012.
MAZOYER Marcel et ROUDART Laurence (sous la dir. de), *La Fracture agricole et alimentaire mondiale. Nourrir l'humanité aujourd'hui et demain*, Paris, Universalis, 2005.
MEAD Margaret, *Mœurs et sexualité en Océanie*, trad. fr, Paris, Plon, 1963 (1re éd. américaine : 1928)
MÉDARD Jean-François, « L'État en Afrique ne fonctionne pas parce qu'il est une copie de l'État occidental (ou de l'État colonial) », *in* COURADE Georges (sous la dir. de), *L'Afrique des idées reçues*, Saint-Étienne, Belin, 2006, pp. 191-210.
MÉDARD Jean-François, « L'État néo-patrimonial en Afrique noire », *in* MEDARD Jean-François (sous la dir. de), *États d'Afrique noire*, Paris, Karthala, 1991, pp. 326-345.
MENDRAS Henri, *Les Sociétés paysannes. Élément pour une théorie de la paysannerie*, Paris, Gallimard, 1955.
MINISTÈRE DE L'AGRICULTURE ET DE L'ELEVAGE, *Bilan céréalier du Niger de 1960 à 2000.* États généraux de l'Agriculture tenue du 4 au 10 février 2007 à Niamey sous l'égide du Programme Alimentaire Mondial (PAM) dans le cadre de la Stratégie de Réduction de la Pauvreté, Niamey, août 2007.
MINISTÈRE DE L'ÉLEVAGE ET DES INDUSTRIES ANIMALES, *Bilan des réalisations physiques et financières du ministère de l'Élevage et des industries animales de 1999 à 2009*, rapport d'activité, Niamey, 2009.
MINISTÈRE DU PLAN, *Document stratégique de lutte contre la pauvreté au Niger,* rapport élaboré pour la période 2005-2015, Niamey, juin 2005.
MOITY-MAÏZI Pascale (sous la dir. de), *Savoir et reconnaissance dans les sociétés africaines*, Paris, Karthala, 2015.

MOULIN Léo, *L'Europe à table. Introduction à une psychosociologie des pratiques alimentaires,* Bruxelles, Elsevier, 1975.

MOUSSA Hadiza, *Entre absence et refus d'enfant. Socio-anthropologie de la gestion de la fécondité féminine à Niamey au Niger*, Paris, L'Harmattan, 2012.

NAYAR Phanjin et NAIR Sindjoun, « Facteur d'évolution du rôle et du statut des femmes au sein de la famille : le cas de Kerala (Inde) » *Revue africaine de Sociologie*, vol. 15, n° 2, 2008, pp. 346-365.

NGANGO Georges, *Les Investissements d'origine extérieure en Afrique noire francophone : statut et incidence sur le développement*, Paris, Présence africaine, 1973.

NUBUKPO Kako, « Quel futur pour l'Afrique ? Évolution des paradigmes du développement, débats méthodologique et perspectives », *Revue d'Économie politique*, vol. 3, n° 159, 2011, pp. 76-90.

OBADIA Lionel, *L'Anthropologie des religions*, Paris, La Découverte, 2011.

OLIVIER DE SARDAN Jean-Pierre, *Anthropologie et Développement, essai en socio-anthropologie du changement social*, APAD Karthala, 1995.

OLIVIER DE SARDAN Jean-Pierre, « Les trois approches en Anthropologie du développement : anthropologie du développement, fiscalité, géographie industrielle, éducation », *Revue Tiers-Monde*, n° 168, 2001, pp. 729-754.

OLIVIER DE SARDAN Jean-Pierre, « La crise alimentaire vue d'en bas. » *in* Synthèse des recherches sur sept sites au Niger, n° 225, *Afrique contemporaine*, 2008, pp. 271-294.

OLIVER DE SARDAN Jean-Pierre, « Le culturalisme traditionnaliste africaniste. Analyse d'une idéologie scientifique », *Cahiers d'études africaines*, vol. 2-3-4, n° 198-199-200, automne 2010, pp. 421-453.

OLIVIER DE SARDAN Jean-Pierre, *La Rigueur du qualitatif, les contraintes empiriques de l'interprétation socio-anthropologique,* Louvain-La-Neuve, Bruylant, 2008.

OLIVIER DE SARDAN Jean-Pierre, *La Routine des comportements non-observants au sein des services publics nigériens. Connaître la culture bureaucratique pour la réformer de l'intérieur,* rapport réalisé pour le Haut-Commissariat à la Modernisation de l'État, Niamey, 2014.

OLIVIER DE SARDAN Jean-Pierre, HAMANI Oumarou, ISSALEY Nana, ISSA Younoussi,

ADAMOU Hannatou et OUMAROU Issaka, « Le transfert monétaire au Niger : le grand malentendu » *Revue Tiers-Monde*, n° 218, 2014, pp. 1-25.

ONG Karkara, *La Sécurité alimentaire des ménages ruraux sahéliens au Niger : les approches innovantes du projet PASAM,* rapport d'activité financé par l'Agence française de développement, Niamey, 2007.

OUA et FAO, *La Famine en Afrique. Situation, causes, prévention, et lutte*, Rome, 1964.
OUMAROU Hamani, « Le rôle des ressortissants et des migrants à Bambey face à la crise », *Afrique contemporaine,* n° 225, 2008, pp. 199-216.
PAUGAM Serge, (sous la direction de) *L'Enquête sociologique*, Paris, PUF, 2010.
PILLON Patrick (sous la dir. de), *La Faim par le marché. Aspect sénégalais de la mondialisation,* Paris, L'Harmattan, 2012.
POUILLON Jean, « Manières de table, manières de lit, manière de langage » *Nouvelle revue de psychanalyse*, vol. 4, n° 6, automne, 1972, pp. 25-26.
POULAIN Jean-Pierre, *Sociologie de l'alimentation,* Paris, PUF, 2005.
PREMIER MINISTÈRE, *Stratégie nationale de sécurité alimentaire*, Niamey, 2001.
PREMIER MINISTÈRE, *Stratégie de réduction de la pauvreté*, Niamey, 2005.
PRÉPETIT Claude, « Apprendre à vivre avec les failles », *Outre-Terre*, n° 35, Paris, 2013, pp. 151-161.
QUIVY Raymond et VAN CAMPENHOUDT Luc, *Manuel de recherche en sciences sociales*, 2e éd., Paris, Dunod, 1995.
RAVALOLOMANGA Bodo, *Être femme et mère à Madagascar*, Paris, L'Harmattan, 1992.
ROSSI Benedetta, « Les paradoxes de l'aide chronique » *in* JÉZÉQUEL Jean-Hervé CROMBÉ et Xavier (sous la dir. de), *Niger 2005, une catastrophe si naturelle*, Paris, Karthala, 2007, pp.144-172.
SAHLINS Marshall, *Au cœur des sociétés : raison utilitaire et raison culturelle*, trad. fr, Paris, Gallimard, 1980 (1re éd. américaine : 1976)
SALOMON Jean-Noël et POMEL Simon, *La Déforestation dans le monde tropical*, Bordeaux, Presses universitaires de Bordeaux, 2004.
SALZ Marion, « Le raisonnement statistique en sociologie », *in* PAUGAM Serge (sous la dir. de), *L'Enquête sociologique*, Paris, PUF, 2010, pp. 247-266.
SAP (Système d'Alerte Précoce), *Rapport sur la sécurité alimentaire au Niger*, Niamey, 2005.
SAQALLI Mehdi, « Le pouvoir des savoirs : enjeux et impacts des concepts sur le développement rural pour le Sahel nigérien », *Vertigo*, vol. 8, n° 1, 2008, pp. 8-25.
STRAUSS Anselm et CORBIN Juliet, *Les Fondements de la recherche qualitative*, trad.fr., 2004, Fribourg, Saint-Paul (1re éd. américaine : 1990).
TABAH Léon, *Population, Ressources, Environnement et Développement*, Liège, Ordinand, 1975.
THÉBAUD Brigitte, *Foncier pastoral et gestion de l'espace au Sahel*, Paris, Karthala, 2002.

TIDJANI ALOU Mahamane Sanoussi, « La crise alimentaire de 2005 vue par les médias », *Afrique contemporaine*, n° 225, 2008, pp. 39-74.
VINSONNEAU Geneviève, *Culture et comportement*, Paris, Amand Colin, 2000.
WEBER Max, *Économie et société, Tome 3 : Les types de domination*, trad. fr., Paris, Plon, 1968, chap. 12 et 13 (1re éd. allemande : 1922).
WEBER Max, *Le Savant et le politique*, trad. fr., Paris, La Découverte, 2003 (1re éd. allemande : 1919).
WILLIAM James, *The Varieties of Religious Experience. A Study of Human Nature*, New York, Modern library, 1988, (1re éd. américaine : 1902).

ANNEXES

ANNEXE 1 : FICHE SIGNALÉTIQUE DU DÉPARTEMENT DE GOURÉ

Position géographique	Située dans la partie Est de la Région de Zinder et au centre-Est du département de Gouré, la commune urbaine de Gouré est limitée au nord par les communes de Kellé et de Gamou, au sud par la Commune Rurale de Bouné, à l'est par la Commune rurale de Goudoumaria (Région de Diffa) et à l'ouest par la Commune de Guidiguir. Latitude : 13° et 17°30, Longitude : 9°20 et 12°
Statut	Créée par loi N° 98-30 du 14 – 09 – 1998, modifiée par loi N° 2002-014 du 11-06 2002 portant création Communes et fixant leur chef-lieu.
Chef-lieu	Gouré
Superficie	95 182 km^2
Population et densité	68.148 habitants, 35.373 hommes 50,1% et 35.125 femmes 49,9%, (projection INS 2012). Jeunes âgés de 15 à 45 ans 37,65 %, Densité moyenne 3,95 habitants/km^2, TAN 2,6%.
Ethnies	Kanouri, Arabe, Toubou, Haoussa, Peulh, Touareg
Unité territoriale	266 villages quartiers, villages administratifs, groupements et tribus
Composition du conseil	17 membres au total (femmes et hommes) conseillers issus des élections locales du 11 janvier 2011, 5 membres de droit (représentants chefferies traditionnelles de Gouré, et 2 députés nationaux au titre du département. Direction assurée par 1 Maire élu et son adjoint.
Principales activités économiques	Agriculture, Elevage, Exploitation forestière, Commerce et Artisanat.
Zonage	Zones Cuvette-natron, Colline, Vallée.

Source : Mairie de Gouré.

ANNEXE 2 : PRESÉNTATION DU PROGRAMME DEVELOPPEMENT COMMUNAUTAIRE

Ce nouveau plan de développement communal (PDC) pour la période 2013 - 2017 est le fruit d'un travail d'ensemble, qui a non seulement consisté à la mise à jour de l'analyse socioéconomique de la Commune et l'estimation du niveau d'exécution de l'ancien PDC (environ 10%), mais aussi et surtout à une nouvelle programmation dont la réalisation des actions, permettra sans nul doute d'améliorer les conditions de vie des populations.

Pour arriver à ce résultat, les étapes suivantes ont été franchises par le comité communal de révision avec l'appui/conseil de la Direction Régionale du Plan de l'Aménagement du Territoire et du Développement Communautaire de Zinder : formation des membres du comité de révision, collecte de données secondaires et primaires, analyse des contraintes et potentialités de développement de la commune, formulation et élaboration du document de planification. Ceci avec l'étroite collaboration et participation des autres acteurs de la vie communale.

Il faut retenir à cet effet, que la Commune Urbaine de Gouré est une fois de plus confrontée aux contraintes suivantes, qui entravent l'épanouissement social et économique de sa population :

- baisse continue de la production agro - sylvo - pastorale ;
- faible niveau d'accès et accessibilités aux services sociaux de base ;
- désœuvrement de la jeunesse ;
- faible niveau d'épanouissement socio-économique des femmes ;
- mal gouvernance.

La commune urbaine de Gouré dispose cependant de ces quelques potentialités, qui si elles sont exploitées de façon rationnelle peuvent aider à faire face à ces différentes contraintes :

- existence des mares, cuvettes et bas-fonds ;
- cheptel relativement important (150.370 équivalent UBT) ;
- existence d'aires de pâturage ;
- existence de marchés ruraux de bois ;
- existence de potentialité de la petite chasse ;
- existence de marchés importants (Soubdou, Gouré, Abari en particulier) ;
- population majoritairement jeune ;
- forte couverture en réseau de communication téléphonique ;
- présence d'une mutuelle d'épargne et de crédit.

L'analyse de ces différentes contraintes et potentialités, ainsi que le processus de planification, ont permis de dégager les axes stratégiques prioritaires d'intervention suivants pour cette période 2013-2017 :

- amélioration du niveau de la production agro-sylvo-pastorale ;
- amélioration des conditions d'accès et d'accessibilité aux services sociaux de base (Eau, Santé, Education) ;
- amélioration de la gouvernance locale.

Source : Mairie de Gouré.

ANNEXE 3 : RESSOURCES FINANCIÈRES INTERNES DE LA COMMUNE DE GOURÉ

Elles sont essentiellement composées des impôts et taxes, ainsi que des produits de la vente des parcelles dans une certaine mesure.

Année	Prévision budgétaire	Recouvrement	Taux de recouvrement
2012	188 600 000	54 532 385	28,91 %
2011	147 372 727	48 394 087	32,83 %
2010	153 761 676	49 672 686	32,30 %
2009	143 271 268	39 224 292	27,37 %
2008	102 210 309	51 173 876	50,06 %
Total	**735 215 980**	**242 997 326**	**33,05 %**

Source : Mairie de Gouré.

ANNEXE 4 : ÉVOLUTION DES DÉPENSES BUDGETAIRES AU COURS DES 5 DERNIÈRES ANNÉES

Année	Budget général	Fonctionnement			Investissement		
		Prévision	Réalisation	%	Prévision	Réalisation	%
2012	188 600 000	103 730 000	47 194 326	45,49	84 870 000	9 711 402	11,44
2011	147 372 727	81 055 000	39 473 830	48,70	66 317 727	8 920 257	13,45
2010	153 761 676	84 568 922	37 408 277	44,23	69 192 754	12 264 399	17,72
2009	143 271 268	78 799 197	27 291 475	34,63	64 472 071	11 932 817	18,50
2008	102 210 309	56 215 670	27 927 463	49,67	45 994 639	23 246 413	50,54
Total	**735 215 980**	**404 368 789**	**179 295 371**	**44,33**	**330 847 191**	**66 075 288**	**19,97**

Source : Mairie de Gouré.

ANNEXE 5 : LES ACTEURS QUI INTERVIENNENT DANS LA GOUVERNANCE LOCALE

Partenaires	Domaine d'intervention	Années de présence
1. PASAM/Karkara	Sécurité Alimentaire	2007
2. CONTERPART	Sécurité Alimentaire	2008
3. HAI	Sécurité Alimentaire	2010
4. PASR	Développement rural	2010
5. Eau vive	Hydraulique	2008
6. PASEA II	Hydraulique	2O13
7. PACRC	Environnement	2013
8. PLECO	Agro-Sylvo-pastoral	2010
9. PRODEX	Développement rural	2010
10. UNICEF	Développement social	2013
11. PASOC	Développement social	2012
12. FNUAP	Développement social	2010
13. SNV	Elevage, Agriculture, Environnent	2013
14. PIP2	Hydraulique	2009
15. PSSP	Elevage	2014

Source : Mairie de Gouré.

ANNEXE 6 : ÉVOLUTION DES SUPERFICIES (HA) ET RENDEMENTS (KG /HA) PAR SPECULATION ENTRE 2009 ET 2012

Culture	2009			2010			2011			2012		
	Superficie	Rendement	Production	Superficie	Rendement	Production	Superficie	Rendement	Production	Superficie	Rendement	Production
Mil	74 823	201	15 039	62 432	345	21 539	61 147	231	14 125	62 613	400	25 045
Sorgho	46 187	200	9 237	56 416	424	23 920	49 646	141	7 000	51 503	300	15 451
Niébé	39 765	112	4 454	62 455	272	16 988	49 964	259	12 941	53 812	313	16 843
Arachide	-	-	-	731	291	213	716	295	211	469	231	108
Oseille	29	-	-	37	-	-	53	-	-	36	198	7
Sésame	-	-	-	-	-	-	-	-	-	316	850	269
Voandzou	-	-	-	-	-	-	-	-	-	261	317	83

Source : Direction départementale de l'agriculture de Gouré

Les superficies emblavées, le rendement des différentes spéculations et la production agricole d'une manière générale, évoluent en dents de scie selon les années. Pour le mil par exemple, 74 823 ha ont été mis en valeur en 2009, pour un rendement de 201 kg/ha et une production de 15 039 tonnes, contre 62 613 ha en 2012, 400 kg/ha et 25 045 tonnes de production. Il faut aussi remarquer que, malgré l'existence d'un potentiel assez important en terre de culture (terres dunaires et sites maraichers), la production vivrière devient de plus en plus insuffisante et expose souvent la population de la commune à une situation d'insécurité alimentaire plus ou moins cyclique. Ceci à cause de la conjugaison de plusieurs facteurs dont entre autres :

- l'insuffisance et la mauvaise répartition des pluies ;
- la pauvreté des sols ;
- les pratiques culturales traditionnelles ;
- la pression parasitaire (sautereaux et oiseaux granivores) ;
- les difficultés d'accès aux intrants agricoles (semences améliorées, engrais) ;
- la croissance démographique.

ANNEXE 7 : LE PROTOCOLE DE TERRAIN

Les sciences sociales, comme les autres sciences d'ailleurs, travaillent non sur des données brutes, mais sur des données produites. Pour cela, notre protocole de terrain peut se décrire en trois temps forcément dépendants l'un de l'autre. Tout d'abord, l'identification des différentes composantes de notre population cible. À l'issu de l'opération, nous nous sommes rendu compte qu'étudier une problématique comme les crises alimentaires, présuppose la catégorisation socio-professionnelle CSP de tous les acteurs. C'est sur cette base qu'une liste des CSP a été établie. Mais avant, il est important de contextualiser le présent travail de recherche aux fins de mieux orienter le lecteur sur les enjeux. Ceci étant, la localité de Gouré est une zone à forte prédominance agro-pastorale. De ce fait, les principales activités des habitants demeurent l'agriculture et bien entendu l'élevage. Toutefois, la majorité des Gouréens pratiquent les activités champêtres en période hivernale.

En Afrique, les foyers se caractérisent par le nombre relativement élevé des personnes qui s'y trouvent. Cette façon de voir peut être interprétée du point de vue sociologique par le primat du collectif sur l'individuel. Très souvent, en dépit de la famille restreinte (le couple et leur enfant), d'autres éléments sont considérés comme faisant partie de la maison. En général, ce sont les cousins, la belle famille, parfois de simples connaissances intégrées. C'est pourquoi, dans bon nombres de cas, les ménages constituent bien un indicateur objectivement vérifiable pour mener une enquête de type sociologique.

Avec le processus de transfert de compétences à la faveur de la décentralisation, d'autres acteurs sur le champ local font leur apparition. Il s'agit, entre autres, du maire et de ses adjoints et des élus locaux qui font office de conseillers communaux. À côté de cette CSP considérée comme l'émanation de la population locale se trouve des administrateurs représentants de l'État central. Les techniques de collecte de données retenues dans le présent travail de recherche sont le fruit de deux approches : qualitative et quantitative.

Concernant la première méthode (qualitative), nous notons qu'elle se présente exclusivement sous la forme de *focus groups*. Toutefois, le corpus élaboré à cet effet s'identifie sous plusieurs modèles puisqu'il s'adressera à différentes catégories socioprofessionnelles.

Un premier type de modèle sera destiné à l'attention des chefs de ménages et ce, pour une double raison : d'une part, cette catégorie d'acteur constitue une pièce maitresse dans la collecte des données puisqu'elle représente une sorte de « banque de données » à exploiter méticuleusement. De l'autre, étant acteur de proximité de premier plan, le point de vue des responsables de familles de la localité de Gouré peut également être un atout majeur. Car le décryptage des certaines réalités culturelles conditionne nécessairement leurs assentiments. Dans ce contexte, il est envisagé de procéder à la technique de *focus group* en rassemblant 5 à 10 personnes autour d'une même thématique au vu du nombre relativement important de chefs de familles (350).

Ensuite, une seconde catégorie de grille de lecture concernera les décideurs publics. Ici, nous faisons allusion aux responsables administratifs, à savoir les représentants de l'État au niveau départemental (Préfet, S.G[309] de la Préfecture,

[309] Secrétaire Général.

Directeur départemental de l'Agriculture et de l'Environnement ainsi que les Cadres techniques de la dite direction). Avec ces derniers, nous entendons réaliser un entretien à bâton rompu aux fins de faire la genèse de la situation.

Par contre, les administrateurs, très souvent venant d'autres contrées du Niger[310] ignorent certaines réalités locales. Ils peuvent également biaiser les informations par crainte d'être mutés ou, au pire des cas, perdre leurs postes par exemple. De la diversité des informations recueillies dépendra une lecture objective de l'objet d'étude en question. La troisième catégorie de grille de lecture appréciera l'analyse des Leaders d'opinion et Responsables des organisations paysannes. Et enfin, le quatrième et dernier outil s'appliquera aux Chefs coutumiers garants de l'Autorité Morale. D'un côté, un entretien sera prévu avec le Chef de Canton de la localité de Gouré sur les enseignements tirés lors de la catastrophe de 2005 mais également sur les stratégies mises en œuvre (niveau local) pour conjurer la redondance des crises alimentaires au sein de son entité.

La seconde méthode d'analyse (quantitative) se matérialisera par la passation de questionnaire. Il convient de souligner que seuls les ménages seront concernés par ce recueil. L'évidence nous recommande une lecture des variables comme le sexe, le niveau d'instruction, le nombre de « bouches » à nourrir ou encore la situation socio-professionnelle des conjoints. L'objectif poursuivi à ce niveau consistera à quantifier les données aux fins de leur donner une valeur ajoutée en terme de "visibilité chiffrée". Par exemple, les variables sexe ou niveau d'instruction d'un foyer pourraient-elles être des indicateurs de vulnérabilité dans une incertitude alimentaire ?

La base de sondage repose sur une fiche des ménages imposables recueillie auprès de la Préfecture départementale de Gouré. Nous nous sommes bien assuré qu'il s'agit d'un document officiel régulièrement mis à jour puisque c'est à l'aune de ce fichier que se base l'administration locale pour ses opérations de recouvrement. Cette liste recense 3507 foyers imposables avec exactitude. Dès lors un échantillonnage représentatif s'avère indispensable puisqu'il nous sera difficile, voire impossible, de passer, en plus du questionnaire, un guide d'entretien à l'ensemble des Chefs de ménages.

---

[310] Ce sont des fonctionnaires très souvent d'autres localités qui viennent juste pour le besoin de service.

Profils des enquêtés	Outils de collectes adaptés	Nombre de personnes à interroger	Techniques d'Approches
Chefs des Ménages	Questionnaire + Guide d'entretien	350 personnes	En plus du questionnaire à chaque chef de ménage, 20 entretiens sous forme de *focus group* ont été réalisés.
Responsables administratifs au titre du département de Gouré : ❖ Préfet ou son adjoint ❖ SG de la Préfecture ou son adjoint ❖ Directeur de l'Agriculture et de l'Environnement ou son adjoint ❖ Cadres techniques de la dite direction	Guide d'Entretien Guide d'Entretien Guide d'Entretien Guide d'Entretien	1 personne 1 personne 1 personne 3 personnes	Conversation individuelle à bâtons rompus avec les responsables administratifs sauf les cadres techniques. Nous comptons réaliser un entretien de type *focus group*
La Société Civile au titre départemental ❖ Leaders d'opinion ❖ Responsables de la plateforme paysanne	Guide d'Entretien Guide d'Entretien	2 personnes 1 personne	Entretien de type focus group avec la Société Civile et les Responsables des organisations paysannes
Élus locaux ❖ Maire ou son adjoint ❖ Conseillers Communaux	Guide d'Entretien Guide d'Entretien	1 personne 5 personnes	Discussion à bâtons rompus
Autorités coutumières ❖ Chef de canton de Gouré (autorité morale) ❖ Chefs des quartiers (villages)	Guide d'Entretien Guide d'Entretien	1 personne 7 personnes	Entretien individuel avec le Chef de Canton d'une part, *focus group* pour les chefs de quartier de l'autre.

Le présent questionnaire entre dans le cadre d'un travail de recherche en thèse. L'Analyse interroge la récurrence des crises alimentaires au Niger en général et dans le département de Gouré en particulier avec une attention spécifique portée sur celle de 2005.

En tant qu'acteur, vos points de vue et vos appréciations nous sont indispensables aux fins de mieux saisir la thématique. C'est dans ce sens que, nous vous prions de bien vouloir nous accorder le temps de répondre. Merci pour votre compréhension !

***Nota Bene** : les informations recueillies restent strictement confidentielles.*

QUESTIONNAIRE : À L'ATTENTION DES CHEFS DES MÉNAGES

A. Identité de l'enquêté (e) :

1. Âge ___
2. Sexe M ☐ F ☐
3. Statut matrimonial :Marié (e) ☐ Célibataire ☐ Divorcé (e) ☐ veuf (ve) ☐
4. Niveau d'instruction : Analphabète ☐ Primaire ☐ Secondaire ☐ Supérieur ☐
5. Situation socio-professionnelle : Agent de l'État ☐ Agent du Privé ☐ Agent retraité (é) ☐
6. Nombre d'enfant (s) en charge dans le foyer ☐
7. Nombre de femme (s) en charge dans le foyer ☐

B. Activités et Niveau de Revenu

8. quelles sont vos principales sources de revenu ?

   a. Les activités agraires ☐ b. L'élevage ☐ c. Le commerce ☐ d. Autres ☐ (Á préciser) ☐

C. Modes et Comportements Alimentaires

9. Lister vos habitudes de consommation pendant :

   a. Petit déjeuner
   b. Déjeuner
   c. Diner

10. Citer par ordre de priorité vos préférences parmi les variétés culturales suivantes :

    a. Mil ☐ b. Maïs ☐ c. Sorgho ☐ d. Haricot ☐ e. Riz ☐ d. Autres ☐

11. Existe-t-il des interdits alimentaires dans vos traditions alimentaires ?

    a. Oui ☐ b. Non ☐

Justifier votre réponse par des exemples

....

....

....

....

....

D. Perceptions des acteurs

12. Qu'est-ce qui explique la récurrence des crises alimentaires dans votre localité ?

a. Une malédiction divine □ b. Des sécheresses □

c. Un dysfonctionnement du système étatique □

Pour chaque type de réponse, nous vous prions de bien vouloir argumenter votre choix

....

....

....

....

....

13. En contexte de pénurie serrez-vous prêt à modifier radicalement vos comportements alimentaires si la situation l'exige ? (s'en tenir aux disponibilités comestibles)

a. Oui □ b. Non □

Justifier votre réponse

....

....

....

....

....

14. Quelle épreuve vous a plus particulièrement marqué dans votre localité en 2005 ?

15. Avez-vous connu d'autres famines avant celle de 2005 dans votre village ?

a. Oui □ b. Non □

Justifier votre réponse en comparant la situation de 2005 à d'autres similaires dont vous aviez connu

....

....

....

....

....

16. Quel est l'organe administratif auquel traditionnellement vous vous referez en contexte de famine ?

a. Préfecture ☐ b. Mairie ☐ c. Conseil Régional ☐ d. Projets[311] ☐

pour chaque type de réponsc, vous êtes prié de bien vouloir le justifié

....

....

....

....

....

17. En contexte de nécessité alimentaire quelles sont vos stratégies de contournement ?

a. L'exode rural ☐ b. Les cultures de contre saison ☐ c. Attendre de l'aide alimentaire ☐ d. Pratiquer des travaux d'intérêt communautaire ☐

Pour chaque type de réponse, prière de justifier votre point de vue

....

....

....

....

....

18. Avez-vous des espaces aménagés pour pratiquer les cultures de rente ?

....

....

....

....

....

[311] Ce sont des projets financés par les bailleurs de fonds et qui interviennent exclusivement dans le monde agricole.

19. Bénéficiez-vous de l'accompagnement des projets de développement dans le secteur agricole ?

a. Oui □ b. Non □

Citer au moins un de ces projets et dites en quoi il a été d'une grande utilité pour la population de Gouré.

....

....

....

....

....

20. Que pensez-vous de la consommation des insectes ?

....

....

....

....

....

21. Dites-nous dans votre culture existe-t-elle une catégorie d'insecte dont la comestibilité est tolérée ?

a. Oui □ b. Non □

Justifier votre réponse

....

....

....

....

....

Le présent guide d'entretien entre dans le cadre d'un travail de recherche en thèse. L'Analyse interroge la récurrence des crises alimentaires au Niger en général et dans le département de Gouré en particulier avec une attention spécifique portée sur celle de 2005.
En tant qu'acteur, vos points de vue et vos appréciations nous sont indispensables aux fins de mieux saisir la thématique. C'est dans ce sens que, nous vous prions de bien vouloir nous accorder le temps de répondre. Merci pour votre compréhension !
***Nota Bene** : les informations recueillies restent strictement confidentielles.*

GUIDE D'ENTRETIEN : À L'ATTENTION DES CHEFS DE MÉNAGES

Identité de l'enquêté (e) :

Thème 1 : Comportements et habitudes alimentaires

- Comment expliquez-vous une pratique alimentaire consistant à cuisiner de la bouillie[312] en guise de petit déjeuner et de la pâte[313] comme dîner chaque jour dans les familles ?
- Y aurait-il des variétés alimentaires plus prisées que d'autres dans vos coutumes ?
- Expliquez en quoi le mil demeure l'alimentation de base dans de nombreux foyers ?

Thème 2 : Degré de Croyance

- Que pensez-vous des interdits alimentaires ?
- Croyez-vous aux règles qui définissent le totem (dans le monde alimentaire) ?
- Existe-t-il des rituels avant ou après chaque repas dans votre tradition ?

Thème 3 : Perception des situations d'indigences alimentaires selon les ménages

- Quelle lecture faites-vous de la récurrence des famines dans votre village ?
- Quelles peuvent être les causes de ce phénomène ?
- Y a-t-il une alternative à une telle situation (les famines à répétition) ?

---

[312] Liquide chaude faite à base de la farine du mil buvable parfois avec du sucre.

[313] C'est une solution (sous forme de la moule) compacte préparée à base de la farine du mil ou du maïs et que l'on fait accompagnée d'une sauce.

Le présent guide d'entretien entre dans le cadre d'un travail de recherche en thèse. L'Analyse interroge la récurrence des crises alimentaires au Niger en général et dans le département de Gouré en particulier avec une attention spécifique portée sur celle de 2005.
En tant qu'acteur, vos points de vue et vos appréciations nous sont indispensables aux fins de mieux saisir la thématique. C'est dans ce sens que, nous vous prions de bien vouloir nous accorder le temps de répondre. Merci pour votre compréhension !
***Nota Bene** : les informations recueillies restent strictement confidentielles.*

GUIDE D'ENTRETIEN : À L'ATTENTION DES AUTORITÉS COUTUMIÈRES DE LA LOCALITÉ DE GOURÉ.

Identité de l'enquêté (e) :

Thème 1 : Place et Rôles des « Gardiens de la tradition » dans l'Administration publique

- Quel rôle échoit à la Chefferie traditionnelle dans les politiques publiques ?
- Êtes-vous avisé dans la prise de décisions d'intérêt général ?
- En quoi la Chefferie constitue-t-elle la gardienne des valeurs traditionnelles ?

Thème 2 : Perceptions des acteurs

- Qu'est-ce qui explique la récurrence des famines dans votre entité ?
- En tant qu'Autorité morale quels enseignements tirez-vous de la situation de 2005 ?
- Quelle est la contribution de votre institution dans ce domaine (insécurité alimentaire) ?

Le présent guide d'entretien entre dans le cadre d'un travail de recherche en thèse. L'Analyse interroge la récurrence des crises alimentaires au Niger en général et dans le département de Gouré en particulier avec une attention spécifique portée sur celle de 2005.
En tant qu'acteur, vos points de vue et vos appréciations nous sont indispensables aux fins de mieux saisir la thématique. C'est dans ce sens que, nous vous prions de bien vouloir nous accorder le temps de répondre. Merci pour votre compréhension !
Nota Bene *: les informations recueillies restent strictement confidentielles.*

GUIDE D'ENTRETIEN : À L'ATTENTION DES LEADERS D'OPINION ET RESPONSABLES DE LA PLATEFORME PAYSANNE

Identité de l'enquêté (e) :

Thème 1 : Perceptions des acteurs

- Que pensez-vous des situations de disettes dans votre localité ?
- Quelles sont vos impressions concernant les décideurs publics dans la mise en œuvre des politiques locales ?
- Quelles sont les actions menées par votre structure pour encourager la résilience alimentaire ?

Thème 2 : Coopération entre les différentes composantes de la société (niveau local)

- Existe-t-il des ateliers de concertation entre vous et les Autorités locales ?
- Êtes-vous associé dans les prises de décisions concernant les politiques de développement locales ?
- Comment s'organisent les secours lors des catastrophes humanitaires ?

Le présent guide d'entretien entre dans le cadre d'un travail de recherche en thèse. L'Analyse interroge la récurrence des crises alimentaires au Niger en général et dans le département de Gouré en particulier avec une attention spécifique portée sur celle de 2005.
En tant qu'acteur, vos points de vue et vos appréciations nous sont indispensables aux fins de mieux saisir la thématique. C'est dans ce sens que, nous vous prions de bien vouloir nous accorder le temps de répondre. Merci pour votre compréhension !
***Nota Bene** : les informations recueillies restent strictement confidentielles.*

GUIDE D'ENTRETIEN : À L'ATTENTION DES AUTORITÉS ADMINISTRATIVES ET ÉLUS LOCAUX (MAIRE ET CONSEILLERS COMMUNAUX)

Identité de l'enquêté (e) :

Thème 1 : Les situations d'indigences selon les décideurs publics

- Comment expliquez-vous la récurrence des famines dans votre localité ?
- Quelle lecture faites-vous de la calamité de 2005 dans le département de Gouré ?
- Quelles sont les stratégies locales (au niveau départemental) mises en œuvre pour faire face à d'éventuelles catastrophes humanitaires (crises alimentaires) ?

Thème 2 : Organigramme de secours en situation de catastrophes

- Existe-t-il un dispositif adéquat pour faire face aux calamités au niveau local ?
- Quelle appréciation portez-vous au dit dispositif ? (Nom de la structure, Missions, Moyens d'interventions, Ressources humaines)
- Y a-t-il une initiative locale (politique) dédiée au renforcement des capacités des acteurs ?

Thème 3 : Coordination de Secours en contexte de pénurie alimentaire

- Comment s'organisent les premières aides dans les situations de crises ?
- Existe-t-il un gage de sécurité (sous forme des vivres ou fonds) en cas d'urgence ?
- Quels sont les outils (stratégies) tendant à rendre efficaces les opérations de secours

ANNEXE 8 : QUELQUES PHOTOGRAPHIES RETRAÇANT LES TEMPS FORTS DE NOTRE TERRAIN

Illustration 1 : Vue panoramique du camp des réfugiés de Maïné-Soroa

Des campements des familles à perte de vue

Illustration 2 : Opération de recensement des personnes dans le camp des réfugiés de Maïné-Soroa

Des réfugiés assis à même le sol attendant d'être recensés pour pouvoir bénéficier des premiers kits de secours

Illustration 3 : Une opération de distribution de vivres à Gouré

Des femmes et des enfants en rang lors d'une opération de distribution de vivres

Illustration 4 : Le recensement des populations vulnérables à Issoufari (Gouré)

L'appel des recensés précède toujours la distribution de l'aide alimentaire comme l'atteste cette image

Illustration 5 : Opération de déchargement de vivres à Gouré

Des personnes qui déchargent des sacs de mil lors d'une distribution gratuite de vivres

Illustration 6 : Un camion chargé de vivres devant le magasin de l'office des produits vivriers du Niger (OPVN) à Gouré

Un camion chargé de vivres en partance vers les zones reculées afin de procéder à la distribution gratuite auprès des populations

Illustration 7 : Un défricheur de paille sèche à Bouné (Gouré)

Un paysan en train de défricher de la paille sèche dans son champ pour le besoin en alimentation de ses animaux

Illustration 8 : Des animaux en quête de fourrage dans la cuvette de Woro

Un troupeau de vaches visiblement affamées par manque de pâturage

Illustration 9 : Visite de terrain d'une délégation des bailleurs de fonds dans la cuvette de Woro (Gouré)

Une délégation des partenaires techniques et financiers en visite dans la cuvette de Woro (Gouré) pour évaluer le besoin des populations nomades en eau. La question de l'abreuvement des bétails constitue la principale thématique qui attise les conflits entre les allochtones et les autochtones dans cette partie du Niger.

Illustration 10 : Le *cash for work* à travers le PASAM de Gouré

Le projet d'appui à la sécurité alimentaire des ménages (PASAM) employait des groupements paysans dans la réalisation des banquettes en terre dans l'objectif de limiter l'essor de la désertification

Illustration 11 : Le modèle des greniers localisables dans les villages environnants le département de Gouré

Ces greniers, ou *Roumbou* en langue locale sont bâtis en terres cuite et restent couverts d'un chapeau en paille qui sert de couverture. Dedans, sont entreposés des vivres couverts par des nattes.

Illustration 12 : Le marché à céréales de Gouré.

Des vendeurs de céréales en détail. Un monsieur vend le mil et à ses côtés, une autre personne commercialise le sorgho.

Illustration 12 : Le quartier Talbari de Gouré inondé

Un quartier de Gouré dans les eaux après des intempéries en juin 2013.
Les populations essayent de sauver ce qui peut l'être

Illustration 13 : Un enfant malnutri au Centre de récupération nutritionnelle de Magaria

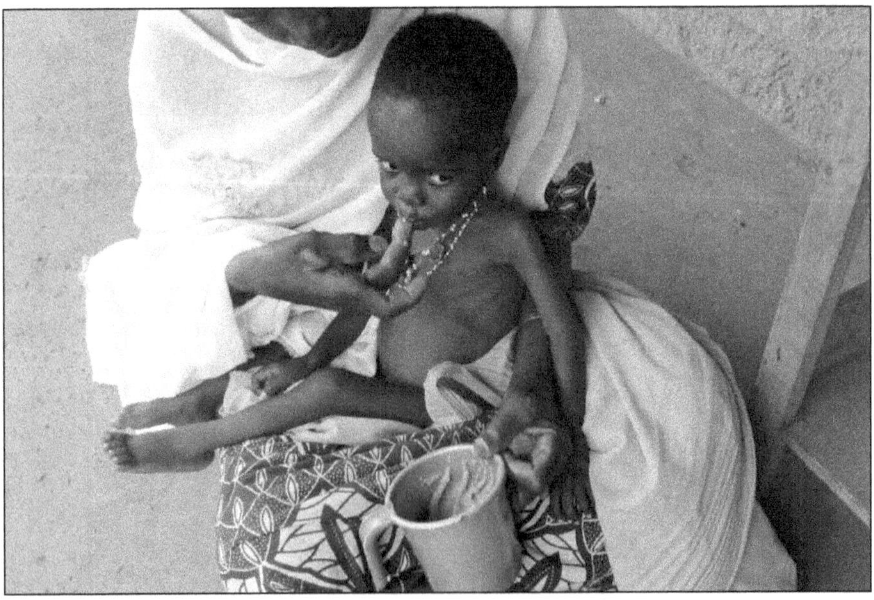

Une maman en train de donner à son enfant malnutri de l'amphétamine

Illustration 13 : Un groupe de femmes en réunion d'information

Des femmes en formation sur les dispositifs à mettre en place
pour éviter à leurs enfants d'être malnutris à l'hôpital de district de Gouré

Illustration 14 : L'ensablement d'une cuvette dans les environs de Gouré

L'ampleur de l'ensablement dans la localité de Gouré,
plus précisément dans la cuvette de Djaberam.

Illustration 15 : L'opération *Cash transfert*

Une bénéficiaire d'un prêt alloué par l'ONG Karkara pour faciliter les activités génératrices de revenu au sein des ménages

Illustration 16 : Sécurisation des resources sylvo-pastorales.

Des bras valides requisitonnés par l'ONG Karkara pour la réalisation des bandes pare-feux dans la localité de Gouré

Illustration 17 : Renforcer la sécurité alimentaire par l'élevage

Des femmes bénéficiaires des chèvres grâce à l'appui de *Vétérinaire sans frontière* afin de rehausser leur pouvoir d'achat à travers l'embouche bovine et le commerces des animaux

Illustration 18 : Une vache en train d'être vaccinée

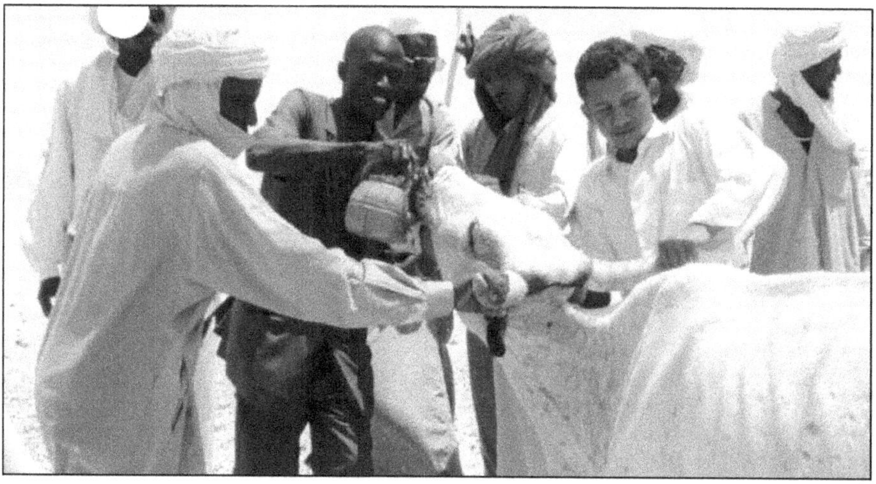

La sécurité alimentaire passe également par la santé des animaux

TABLE DES MATIÈRES

Le Niger
aux éditions L'Harmattan

Dernières parutions

ENTRETIENS AVEC BOUBAKAR BA
Un Nigérien au destin exceptionnel
Abba Seidik
Témoin de l'évolution de l'Afrique contemporaine, cet ouvrage aborde le parcours exceptionnel du professeur Boubakar Ba (décédé en 2013) et les enjeux d'une actualité brûlante : l'État postcolonial en Afrique, la conscience africaine, les défis des universités du continent. Boubakar Ba revient sur ses rencontres avec Léopold Sédar Senghor, Albert Tévoédjré, sur la jeunesse du capitaine Thomas Sankara. Il décrypte le coup d'État militaire d'avril 1974 au Niger, les relations entre Hamani Diori, Seyni Kountché, Mahamadou Issoufou et l'université.
(12.50 euros, 112 p.,)
ISBN : 978-2-343-06027-9, ISBN EBOOK : 978-2-336-37550-2

CHRONIQUE DES KWANAWA
Mémoire des Anciens
Issa-Danni Soumana Dangaladima
Préface de Boubé Namaïwa
Cet ouvrage présente l'histoire d'une communauté, celle des Kwanawa dans la région de Dogondoutchi, au Niger. Remontant à l'alliance originelle nouée entre les humains et les forces de la nature, retraçant l'épopée légendaire qui aboutit à l'organisation des différents pouvoirs avec l'aide des reines du Daura et de Lougou, le récit se poursuit jusqu'à l'époque actuelle, à travers la période coloniale et le Niger indépendant, sans que le fil ne soit à aucun moment rompu.
(Coédition Tarbiyya Tatali, 20.00 euros, 208 p.)
ISBN : 978-2-343-05104-8, ISBN EBOOK : 978-2-336-36804-7

PROFESSION : MARABOUT EN MILIEU RURAL ET URBAIN
L'exemple du Niger
Diarra Mohamed Abdoulay
Le maraboutisme est très présent dans la société contemporaine africaine, aussi bien en milieu urbain que rural. Si l'auteur de ce livre a eu des entretiens avec différents marabouts, il s'interroge sur la compréhension de leur histoire, leurs différentes activités dans la société, les relations qu'ils entretiennent avec leurs clients, les témoignages de ces derniers, et le déroulement de leurs travaux. Ce livre identifie les conditions de l'activité des marabouts au Niger, des origines à nos jours.
(Coll. Études africaines, 26.50 euros, 254 p.)
ISBN : 978-2-336-30132-7, ISBN EBOOK : 978-2-336-35835-2

TRACES (LES) DE MA MÉMOIRE
Souvenirs d'un instituteur nigérien
Boubacar Hama Beïdi
Né vers 1951 à Birni N'Gaouré, à une centaine de kilomètres au sud-est de Niamey (Niger), l'auteur nous fait découvrir sa vie d'enfant et d'adolescent jusqu'à sa sortie du lycée avec son BEPC, en 1967. Son vécu, c'est à la fois celui de la culture peule, sa communauté, sous ses divers aspects, et celui de l'histoire du Niger, qui nous conduit de la fin de la période coloniale au début,

difficile et violent, de l'indépendance, quand s'affrontent les partis de l'éléphant (RDA) et du dromadaire (SAWABA).
(Coll. Écrire l'Afrique, 23.50 euros, 272 p.)
ISBN : 978-2-343-04199-5, ISBN EBOOK : 978-2-336-35704-1

COMMERÇANTS ET ENTREPRENEURS DU NIGER (1922-2006)
Gandah Nabi Hassane - Préface de Odile Goerg
Cet ouvrage porte sur l'organisation du commerce au Niger de l'époque coloniale à nos jours et appréhende à travers les mutations socio-économiques et politiques les trajectoires personnelles des entrepreneurs et les principaux ressorts de l'accumulation.
(Coll. Études africaines, 36.00 euros, 352 p.)
ISBN : 978-2-336-29136-9, ISBN EBOOK : 978-2-296-51596-3

DYNAMIQUE DU *PULAAKU* DANS LES SOCIÉTÉS PEULES DU DALLOL BOSSO (NIGER)
Oumarou Amadou
Cet ouvrage s'attache d'abord à identifier les conditions de variation des principaux cadres au sein desquels s'exprime le *Pulaaku* dans les sociétés peules du Dallol Bosso (Niger) et voir en quoi les pratiques socioéconomiques ou religieuses contribuent à la réinvention et/ou au maintien du système de culture peule. Il analyse ensuite le «processus de réinvention» de ce système culturel à travers les stratégies d'adaptation et d'intégration des éléments de changement dans son fonctionnement quotidien.
(Coll. Études africaines, 29.00 euros, 290 p.)
ISBN : 978-2-296-99466-9, ISBN EBOOK : 978-2-296-50148-5

ANTHROPOLOGIE ET ÉCOSYSTÈMES AU NIGER
Humains, lions et esprits de la forêt dans la culture gourmantché
Pedro Galhano Alves Joao - Préface de Danielle Vazeilles
Au sud-ouest du Niger des communautés humaines coexistent encore quotidiennement avec des lions et la grande faune sauvage. Cet ouvrage explore la complexité de ces cultures et de leurs relations avec la nature. Il procède à une description de la région, de ces sociétés, de leurs systèmes d'utilisation des ressources naturelles, de leurs représentations culturelles et de leurs relations avec la biodiversité. Il étudie l'ensemble de la culture et du mode de vie des Gourmantché.
(45.00 euros, 448 p.) ISBN : 978-2-296-99197-2

OIGNON (L') DU NIGER
Etude d'une filière traditionnelle face à un marché globalisé
Tarchiani Vieri, Abass Mallam Assoumane, Robbiati Georgia
Forte d'une production annuelle de plus de 400 000 tonnes, la filière oignon représente aujourd'hui pour le Niger la principale source de recettes d'exportation après l'uranium. L'étude de cette filière ouvre des perspectives nouvelles et contribue à redéfinir le rôle de l'agriculture sahélienne dans le développement et l'intégration régionale. En dépit de la mondialisation, la filière nigérienne reste dominante sur les marchés régionaux.
(16.50 euros, 164 p.) ISBN : 978-2-296-56282-0

NIGER : LE CAS DU DAMAGARAM
Développement régional et identités locales
Danda Mahamadou
Comment les institutions de gestion administrative régionale s'articulent-elles à des espaces sociaux pour construire des espaces politiques essentiels à la mise en oeuvre des politiques publiques dans la perspective de la *good governance* et espérer optimiser les stratégies de réduction de la pauvreté ? L'auteur appréhende l'influence de la vitrine identitaire du Damagaram dans le fonctionnement des institutions en charge du développement en région.
(Coll. Etudes africaines, 31.50 euros, 308 p.)
ISBN : 978-2-296-96078-7

ÉCONOMIE (L') AGRICOLE AU NIGER
Boureima Moussa
L'économie agricole nigérienne se caractérise par une production dépendante des aléas climatiques et insuffisante pour assurer la sécurité alimentaire des populations, un surpeuplement des sphères productives occupant plus de 80% de la population active nationale, une faiblesse structurelle de l'épargne et de l'investissement, une balance commerciale déficitaire pour les céréales. En voici un panorama.
(Coll. Études africaines, 10.50 euros, 70 p.) ISBN : 978-2-296-96360-3

PEULS (LES) WODAABÉ DU NIGER
Douce brousse
Kristin Loftdottir
Traduit de l'anglais par Marie-Françoise De Munck
Voici un regard très personnel sur la vie des WoDaaBé, nomades du Niger qui tentent de vivre entre la brousse et la ville. Les observations scientifiques sont entrecoupées par les réflexions plus personnelles et les analyses issues de l'expérience de l'auteur, jeune femme blanche immergée dans la vie quotidienne des WoDaaBé.
(23.50 euros, 228 p.) ISBN : 978-2-296-96941-4

L'HARMATTAN ITALIA
Via Degli Artisti 15; 10124 Torino
harmattan.italia@gmail.com

L'HARMATTAN HONGRIE
Könyvesbolt ; Kossuth L. u. 14-16
1053 Budapest

L'HARMATTAN KINSHASA
185, avenue Nyangwe
Commune de Lingwala
Kinshasa, R.D. Congo
(00243) 998697603 ou (00243) 999229662

L'HARMATTAN CONGO
67, av. E. P. Lumumba
Bât. – Congo Pharmacie (Bib. Nat.)
BP2874 Brazzaville
harmattan.congo@yahoo.fr

L'HARMATTAN GUINÉE
Almamya Rue KA 028, en face
du restaurant Le Cèdre
OKB agency BP 3470 Conakry
(00224) 657 20 85 08 / 664 28 91 96
harmattanguinee@yahoo.fr

L'HARMATTAN MALI
Rue 73, Porte 536, Niamakoro,
Cité Unicef, Bamako
Tél. 00 (223) 20205724 / +(223) 76378082
poudiougopaul@yahoo.fr
pp.harmattan@gmail.com

L'HARMATTAN CAMEROUN
BP 11486
Face à la SNI, immeuble Don Bosco
Yaoundé
(00237) 99 76 61 66
harmattancam@yahoo.fr

L'HARMATTAN CÔTE D'IVOIRE
Résidence Karl / cité des arts
Abidjan-Cocody 03 BP 1588 Abidjan 03
(00225) 05 77 87 31
etien_nda@yahoo.fr

L'HARMATTAN BURKINA
Penou Achille Some
Ouagadougou
(+226) 70 26 88 27

L'HARMATTAN SÉNÉGAL
10 VDN en face Mermoz, après le pont de Fann
BP 45034 Dakar Fann
33 825 98 58 / 33 860 9858
senharmattan@gmail.com / senlibraire@gmail.com
www.harmattansenegal.com

L'HARMATTAN BÉNIN
ISOR-BENIN
01 BP 359 COTONOU-RP
Quartier Gbèdjromèdé,
Rue Agbélenco, Lot 1247 I
Tél : 00 229 21 32 53 79
christian_dablaka123@yahoo.fr

Achevé d'imprimer par Corlet Numérique - 14110 Condé-sur-Noireau
N° d'Imprimeur : 133290 - Dépôt légal : novembre 2016 - *Imprimé en France*